从新手到高手

Excel
财务与会计
从新手到高手

尚品科技◎编著

清华大学出版社

北 京

内容简介

本书详细介绍了财会工作中所需使用的Excel技术，以及将这些技术应用于实际案例的具体方法和技巧。

本书内容系统，案例丰富，既可将Excel技术和案例制作分开学习，也可在学习案例制作的过程中随时跳转查阅相关的Excel技术点。

本书主要面向从事财会工作的专职或兼职人员，特别是职场新手和迫切希望提高自身职业技能的进阶者，对具有一定工作经验但想提高Excel操作水平的财会人员也有很大帮助，也适合所有想要学习使用Excel进行数据计算，以及处理分析的用户阅读。

图书在版编目（CIP）数据

Excel财务与会计从新手到高手 / 尚品科技编著. —北京：清华大学出版社，2019
（从新手到高手）

ISBN 978-7-302-53247-7

Ⅰ ①E… Ⅱ. ①尚… Ⅲ.①表处理软件—应用—财务会计 Ⅳ. ①F234.4-39

中国版本图书馆CIP数据核字（2019）第134519号

责任编辑：张　敏
封面设计：杨玉兰
责任校对：徐俊伟
责任印制：宋　林

出版发行：清华大学出版社
网　　　址：http://www.tup.com.cn，http://www.wqbook.com
地　　　址：北京清华大学学研大厦A座　　　　邮　　编：100084
社 总 机：010-62770175　　　　　　　　　　 邮　　购：010-62786544
投稿与读者服务：010-62776969, c-service@tup.tsinghua.edu.cn
质量反馈：010-62772015, zhiliang@tup.tsinghua.edu.cn
印 装 者：北京密云胶印厂
经　　销：全国新华书店
开　　本：185mm×260mm　　　印　　张：16.5　　　字　　数：446千字
版　　次：2019年9月第1版　　　印　　次：2019年9月第1次印刷
定　　价：69.80元

产品编号：081496-01

前 言

本书旨在帮助读者快速掌握 Excel 在财会工作中用到的工具和技术，顺利完成实际工作中的任务，并解决实际应用中遇到的问题。本书主要有以下 3 个特点：

（1）全书结构鲜明，内容针对性强：本书涉及的 Excel 技术以财会工作中所需使用的技术和操作为主，并非对 Excel 所有功能进行大全式介绍。

（2）技术讲解与案例制作有效分离：将 Excel 技术点的讲解与案例制作步骤分开，这种技术与案例分开的方式，可以避免不同案例使用相同技术点时的重复性讲解，消除冗余内容，提升内容的含金量，同时使案例的操作过程更加流畅。

（3）为读者提供便捷的技术点查阅方式：在案例制作过程中提供了随处可见的交叉参考，便于读者在案例制作过程中随时跳转查阅相关技术点。

本书以 Excel 2016 为主要操作环境，但内容本身同样适用于 Excel 2019 以及 Excel 2016 之前的 Excel 版本，如果您正在使用 Excel 2007/2010/2013/2016/2019 中的任意一个版本，则界面环境与 Excel 2016 差别很小。

本书共包括 12 章和 1 个附录，各章的具体情况见下表。

章　　名	简　　介
第 1 章　输入与编辑财务数据	首先对 Excel 的一些基本操作进行介绍，然后主要介绍输入与编辑财务数据的方法和技巧
第 2 章　设置财务数据和报表的格式	主要从数据格式、报表格式、动态格式 3 个方面来介绍财会工作中经常遇到的格式方面的设置，具体包括字体格式、日期格式、金额格式、对齐方式、换行、单元格尺寸、单元格边框和背景、条件格式等的设置方法
第 3 章　使用公式和函数计算财务数据	首先介绍公式和函数的一些基础知识，然后介绍在财会工作中比较常用的一些函数
第 4 章　使用分析工具分析与展示财务数据	介绍使用 Excel 中的排序、筛选、分类汇总、数据透视表、模拟分析等工具对财务数据进行分析的方法，还将介绍使用图表以图形化的方式展示数据的方法

章　名	简　介
第 5 章　保护财务数据的方法	介绍使用 Excel 为工作簿和工作表提供的安全功能来保护财务数据的方法，还介绍了创建与使用工作簿和工作表模板的方法
第 6 章　创建凭证、凭证汇总及总账	介绍在 Excel 中创建凭证记录表、凭证汇总表及总账表的方法，它们是会计工作中最核心的部分
第 7 章　工资核算	介绍在 Excel 中使用公式和函数构建一套自动的工资核算系统的方法
第 8 章　固定资产核算	介绍使用 Excel 中的公式和函数对固定资产折旧进行计算的方法
第 9 章　销售数据分析	从 3 个方面介绍处理和分析销售数据的方法，包括销售费用预测分析、销售额分析和产销率分析
第 10 章　成本费用分析	以材料成本对比分析为例，通过 Excel 中的公式、函数和图表，对不同时期的材料成本进行计算和对比分析，并通过图表以可视化的方式展示出来，还介绍了收费统计表的创建和分析方法
第 11 章　往来账分析	介绍使用 Excel 中的筛选功能，以及公式和函数对往来账进行分析的方法
第 12 章　投资决策	介绍使用 Excel 中的公式和函数，对投资决策中的投资现值、投资终值、等额还款和投资回收期等常用参数进行计算的方法
附　录　Excel 快捷键和组合键	列出 Excel 常用命令对应的快捷键和组合键，可以提高操作效率

本书适合以下人群阅读：

- 从事财会工作的专职或兼职人员。
- 以 Excel 为主要工作环境进行数据计算和分析的办公人员。
- 经常使用 Excel 制作各类报表和图表的用户。
- 希望掌握 Excel 公式、函数、图表、数据透视表的用户。
- 在校学生和社会求职者。

本书附赠以下资源：

- 本书所有案例的源文件。
- 重点内容的多媒体视频教程。
- 案例的多媒体视频教程。
- Excel 公式与函数电子书。
- Excel 图表电子书。
- Excel VBA 编程电子书。
- Excel 文档模板。
- Windows 10 多媒体视频教程。

如果在使用本书的过程中遇到问题，或对本书的编写有什么意见或建议，欢迎随时加入专为本书建立的 QQ 技术交流群（261068528）进行在线交流，加群时请注明"读者"或书名以验证身份，验证通过后可获取本书赠送资源。

目　录

第1章
输入与编辑财务数据

财会工作中会涉及大量的报表和数据，对于财会工作来说，细微的错误都可能会造成极其严重的后果，因此，在 Excel 中如何快速、准确地输入数据就变得非常重要。本章将介绍在 Excel 中输入与编辑数据的方法和技巧，掌握这些内容，不但可以提高工作效率，还可以避免错误的发生。为了让没有太多 Excel 使用经验的读者顺利使用 Excel，本章首先介绍 Excel 工作簿和工作表的基本操作，以及选择单元格的多种方法。

1.1 工作簿、工作表和单元格的基本操作

工作簿是对 Excel 文件的特定称呼。一个工作簿可以包含一个或多个工作表，每个工作表包含上百万个单元格。掌握工作簿、工作表和单元格的相关操作，是在 Excel 中进行其他操作的基础，本节将介绍这 3 类对象的基本操作。

1.1.1 工作簿的新建、打开、保存和关闭

启动 Excel 后，默认会显示如图 1-1 所示的界面，该界面称为"开始屏幕"。界面左侧列出了最近打开过的几个工作簿名称，右侧以缩略图的形式显示一些内置模板，可以使用这些模板创建新的工作簿。如需获得更多的内置模板，则可以在上方的文本框中输入关键字进行搜索。如果要新建一个空白工作簿，则可以单击界面中的"空白工作簿"。

如果已从开始屏幕切换到正常的 Excel 窗口，并希望在当前环境下新建工作簿，则可以使用以下两种方法：

- 单击快速访问工具栏中的"新建"按钮，或按 Ctrl+N 组合键，创建一个空白工作簿。
- 单击"文件"|"新建"命令，在进入的界面中选择要基于哪个模板创建工作簿，该界面类似于开始屏幕。

在 Excel 开始屏幕中，可以快速打开列出的一些曾经使用过的工作簿。如果要打开的工作簿没有列出，则可以单击"打开其他工作簿"，进入如图 1-2 所示的界面，然后选择工作簿所在的位置进行打开。

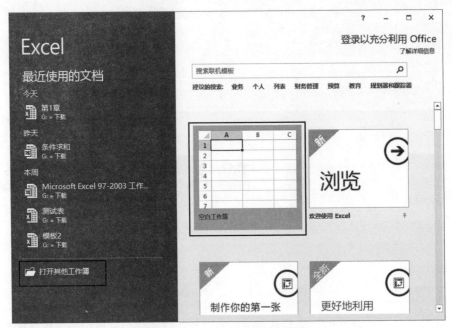

图 1-1　Excel "开始屏幕" 界面

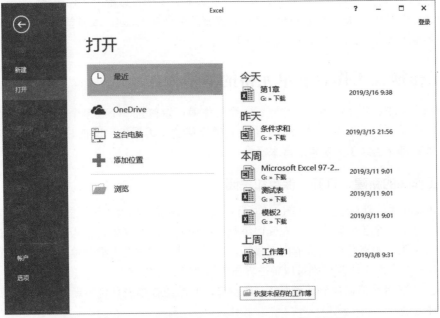

图 1-2　选择要打开的工作簿或其所在的特定位置

如果当前正在 Excel 窗口中工作，则可以使用以下两种方法打开工作簿：

- 如果已将 "打开" 命令添加到快速访问工具栏，则可以单击该命令，然后在 "打开" 对话框中选择要打开的工作簿，如图 1-3 所示。与在 Windows 文件资源管理器中选择文件的方法类似，在 "打开" 对话框中可以使用 Ctrl 键或 Shift 键并配合鼠标单击，来选择一个或多个工作簿，并将它们同时打开。
- 单击 "文件" | "打开" 命令，在进入的界面中选择要打开的工作簿或其所在的特定位置。

图 1-3　"打开"对话框

提示： 按 Ctrl+O 组合键也可以打开"打开"对话框。

为了在以后随时查看和编辑工作簿，需要将工作簿中的现有内容保存到计算机中，有以下两种方法：

- 单击快速访问工具栏中的"保存"命令，或按 Ctrl+S 组合键。
- 单击"文件" | "保存"命令。

如果当前是一个新建的工作簿，在单击"保存"命令时，将显示如图 1-4 所示的"另存为"对话框，设置好文件名和存储位置，然后单击"保存"按钮，即可将当前工作簿保存到计算机中。

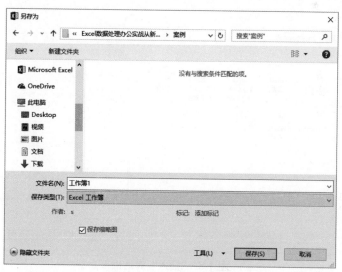

图 1-4　"另存为"对话框

如果已将工作簿保存到计算机中，则在单击"保存"命令时，Excel 会将自上次保存之后的最新修改，直接保存到当前工作簿中，而不再显示"另存为"对话框。如果想要将当前工作簿用其他名称保存，则可以单击"文件" | "另存为"命令，在进入的界面中选择一个目标位置，然后在打开的"另存为"对话框中设置要保存的文件名，最后单击"保存"按钮。

可以将暂时不使用的工作簿关闭，从而节省它们占用的内存资源。关闭工作簿的方法有以下两种：

- 如果已将"关闭"命令添加到快速访问工具栏，则可以单击该命令。
- 单击"文件"|"关闭"命令。

如果在关闭工作簿时含有未保存的内容，则会弹出如图1-5所示的对话框，单击"保存"按钮，即可保存内容并关闭工作簿。

图 1-5　关闭含有未保存内容的工作簿时显示的提示信息

1.1.2　添加工作表

在实际应用中，通常需要在一个工作簿中包含多个工作表，此时可以手动添加新的工作表，有以下几种方法：

- 单击工作表标签右侧的"新工作表"按钮⊕。
- 在功能区"开始"|"单元格"组中单击"插入"按钮上的下拉按钮，然后在下拉菜单中单击"插入工作表"命令。
- 右击任意一个工作表标签，在弹出的快捷菜单中单击"插入"命令，打开"插入"对话框的"常用"选项卡，选择"工作表"并单击"确定"按钮，或者直接双击"工作表"，如图1-6所示。
- 按 Shift+F11 组合键或 Alt+Shift+F1 组合键。

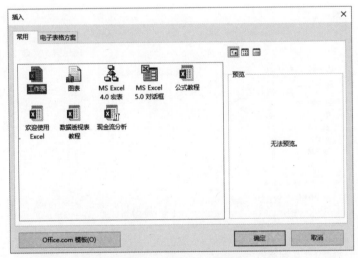

图 1-6　"插入"对话框

提示：*使用第一种方法添加的工作表位于活动工作表的右侧，使用其他3种方法添加的工作表位于活动工作表的左侧。*

在一些版本的 Excel 中，新建的工作簿中默认只包含一个工作表。如果经常要在工作簿中使用多个工作表，则可以通过设置工作簿，改变新建工作簿时默认包含的工作表数量，操作步骤如下：

（1）单击"文件"|"选项"命令，打开"Excel 选项"对话框。

（2）选择"常规"选项卡，然后在"新建工作簿时"区域中修改"包含的工作表数"文本框中的数字，如图 1-7 所示，该数字就是新建工作簿时默认包含的工作表数量。

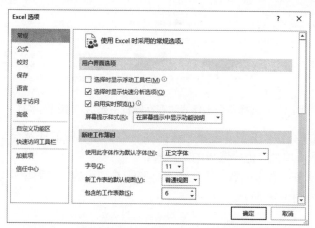

图 1-7　设置新建的工作簿中默认包含的工作表数量

（3）单击"确定"按钮，关闭"Excel 选项"对话框。

提示：工作簿包含的工作表的最大数量受计算机可用内存容量的限制。

1.1.3　选择工作表

在工作表中输入数据之前，需要先选择特定的工作表。选择一个工作表后，该工作表就会显示在当前 Excel 窗口中，此时的这个工作表就是"活动工作表"。

每个工作表都有一个标签，位于工作表单元格区域的下边缘与状态栏之间，标签用于显示工作表的名称，如 Sheet1、Sheet2、Sheet3。单击工作表标签即可选择相应的工作表，此时的这个工作表标签的外观与其他标签将有所区别。如图 1-8 所示的 Sheet2 工作表是活动工作表，其标签呈凸起状态（或称反白），标签中的文字显示为绿色。

图 1-8　活动工作表

如果一个工作簿包含多个工作表，则可以选择位置上相邻或不相邻的多个工作表，还可以选择工作簿中的所有工作表，方法如下：

- 选择相邻的多个工作表：先选择所有待选择的工作表中的第一个工作表，然后按住 Shift 键，再选择这些工作表中位于最后一个位置上的工作表，即可选中包含这两个工作表在内，以及位于它们之间的所有工作表。

提示：同时选择多个工作表时，会在 Excel 窗口标题栏中显示"[组]"字样，如图 1-9 所示，表示当前已选中多个工作表。

图 1-9　选择多个工作表时在标题栏中显示"[组]"字样

- 选择不相邻的多个工作表：选择待选择的所有工作表中的任意一个工作表，然后按住 Ctrl 键，再依次单击其他要选择的工作表。
- 选择所有工作表：右击任意一个工作表标签，在弹出的快捷菜单中单击"选定全部工作表"命令，如图 1-10 所示。

图 1-10　单击"选定全部工作表"命令

如果想要取消多个工作表的选中状态，则可以单击未被选中的任意一个工作表。如果当前选中了所有工作表，则需要单击活动工作表以外的任意一个工作表。还可以右击选中的任意一个工作表，在弹出的快捷菜单中单击"取消组合工作表"命令。取消多个工作表的选中状态后，Excel 窗口标题栏中的"[组]"字样也将消失。

1.1.4　重命名工作表

Excel 默认使用 Sheet1、Sheet2、Sheet3 等作为工作表的默认名称，用户可以为工作表设置更有意义的名称。使用以下几种方法可以重命名工作表：

- 双击工作表标签。
- 右击工作表标签，在弹出的快捷菜单中单击"重命名"命令。
- 在功能区"开始"|"单元格"组中单击"格式"按钮，然后在下拉菜单中单击"重命名工作表"命令。

使用以上任意一种方法都将进入名称编辑状态，输入新名称后按 Enter 键确认。

工作表名称最多可以包含 31 个字符，名称中可以包含空格，但是不能包含以下字符："?/*\[:]"。

1.1.5　移动和复制工作表

移动工作表可以改变工作表的位置，复制工作表可以获得工作表的副本。可以将一个工作表移动或复制到当前打开的任意一个工作簿中，也可以是一个新建的工作簿。可以使用鼠标配合键盘进行移动和复制，也可以在"移动或复制工作表"对话框中完成移动和复制操作。

　　如果使用鼠标移动或复制工作表，则可以单击要移动的工作表标签，然后按住鼠标左键并将其拖动到目标位置，即可完成移动操作。如果在拖动过程中按住 Ctrl 键，则将执行复制工作表的操作。拖动工作表标签时会显示一个黑色三角，它指示当前移动或复制到的位置，如图 1-11 所示。

　　移动或复制工作表的另一种方法是使用"移动或复制工作表"对话框。右击要移动或复制的工作表标签，在弹出的快捷菜单中单击"移动或复制"命令，打开如图 1-12 所示的"移动或复制工作表"对话框，在"下列选定工作表之前"列表框中选择要将工作表移动到哪个工作表的左侧。

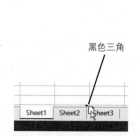

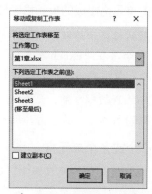

图 1-11　拖动工作表标签时会显示黑色三角　　　图 1-12　"移动或复制工作表"对话框

　　如果要复制工作表，则需要选中"建立副本"复选框。如果要将工作表移动或复制到其他工作簿，则可以在"工作簿"下拉列表中选择目标工作簿。如果选择的是"（新工作簿）"，则将工作表移动或复制到一个新建的工作簿中，设置完成后单击"确定"按钮。

1.1.6　删除工作表

　　可以将工作簿中不需要的工作表删除，但是当工作簿中只有一个工作表时，无法将其删除。如果在删除工作表后，保存并关闭了其所在的工作簿，则将无法恢复已删除的工作表。删除工作表的方法有以下两种：

- 右击要删除的工作表标签，在弹出的快捷菜单中单击"删除"命令。
- 选择要删除的工作表，然后在功能区"开始"|"单元格"组中单击"删除"按钮上的下拉按钮，在下拉菜单中单击"删除工作表"命令。

　　如果正在删除的工作表包含内容或格式设置信息，则会弹出如图 1-13 所示的对话框，单击"删除"按钮即可将该工作表删除。

图 1-13　删除包含数据的工作表时显示的提示信息

1.1.7　选择单元格

　　默认情况下，Excel 工作表中的每一行由 1、2、3 等数字标识，将这些数字称为"行号"，每一列由 A、B、C 等英文字母标识，将这些字母称为"列标"。在 Excel 2007 及其 Excel 更高版本中，工作表的最大行号为 1048576，最大列标为 XFD（即 16384 列）。

单元格是一行和一列的交点，并以其所在的行号和列标进行标识，列标在前，行号在后。例如，第 6 行与 B 列的交点上的单元格表示为 B6，B6 就是单元格的地址。Excel 通过单元格地址来引用其中存储的数据，将这种调用数据的方式称为"单元格引用"，将使用列标和行号表示单元格地址的方式称为"A1 引用样式"。

单元格区域是指由相邻的多个单元格构成的矩形区域。单元格区域的地址由区域左上角的单元格、冒号、区域右下角的单元格地址来表示。例如，"B2:D6"表示由 B2 和 D6 作为区域左上角和右下角的单元格组成的单元格区域。

提示：如果列标显示为数字而非字母，则说明当前使用的是 R1C1 引用样式。可以单击"文件"|"选项"命令，在"Excel 选项"对话框中选择"保存"选项卡，然后取消选中"R1C1 引用样式"复选框，最后单击"确定"按钮。

在工作表中输入数据之前，需要先选择要存放数据的单元格。掌握正确的单元格选择方法，可以确保将数据输入到正确的位置，而且单元格选择方面的一些技巧还可以提高操作效率。

1．选择一个或多个单元格

单击某个单元格，即可将其选中。如果要选择由相邻的多个单元格组成的区域，则可以使用以下几种方法：

- 选择区域左上角的单元格，然后按住鼠标左键，并向区域右下角单元格的方向拖动，到达右下角单元格时释放鼠标左键。
- 选择区域左上角的单元格，然后按住 Shift 键，再选择区域右下角的单元格。
- 选择区域左上角的单元格，然后按 F8 键进入"扩展"模式，直接选择区域右下角的单元格，而不需要按住 Shift 键。在"扩展"模式下按 F8 键或 Esc 键将退出该模式。

如果要选择的多个单元格不相邻，则可以使用以下两种方法：

- 选择一个单元格，然后按住 Ctrl 键，再选择其他单元格或区域。
- 选择一个单元格，然后按 Shift+F8 组合键进入"添加"模式，依次选择其他单元格或区域，而不需要按住 Ctrl 键。在"添加"模式下按 Shift+F8 组合键或 Esc 键将退出该模式。

提示：选择一个单元格后，该单元格将成为活动单元格，输入的内容会被添加到活动单元格中。如果选择的是一个单元格区域，那么其中高亮显示的单元格是活动单元格。如图 1-14 所示，当前选中 B2:D5 单元格区域，其中的 B2 单元格是活动单元格。

图 1-14　选区中的活动单元格

2．选择整行或整列

单击某行的行号或某列的列标，即可选中相应的行或列。选中行的行号和选中列的列标的背景色会发生改变，整行或整列中的单元格都将高亮显示，如图 1-15 所示。

图 1-15　同时选择行和列

选择一行后，按住鼠标左键并向上或向下拖动，即可选择连续的多行。选择多列的方法与此类似。如果要选择不连续的多行，则可以先选择一行，然后按住 Ctrl 键，再选择其他行。选择不连续多列的方法与此类似。

3．选择所有单元格

单击工作表区域左上角的全选按钮，即可选中工作表中的所有单元格，如图 1-16 所示。

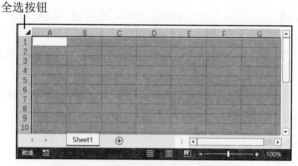

图 1-16　选择工作表中的所有单元格

如果工作表中不包含任何数据，可以按 Ctrl+A 组合键选中工作表中的所有单元格。如果工作表中包含数据，单击数据区域中的任意一个单元格，然后按两次 Ctrl+A 组合键，即可选中工作表中的所有单元格。

4．使用名称框选择单元格

如果要选择的单元格区域范围很大，那么使用拖动鼠标的方法将变得很不方便。此时可以在名称框中直接输入单元格区域的地址，然后按 Enter 键来快速选择。例如，如果要选择 G100:H600 单元格区域，则可以单击名称框，输入"G100:H600"，然后按 Enter 键，如图 1-17 所示。

除了使用名称框之外，还可以使用 Excel 的定位功能来实现类似的选择方法。在功能区"开始"|"编辑"组中单击"查找和选择"按钮，然后在下拉菜单中单击"转到"命令，或直接按 F5 键，打开"定位"对话框，在"引用位置"文本框中输入要选择的单元格区域的地址，最后单击"确定"按钮，如图 1-18 所示。

技巧：如果要使用名称框或定位功能选择不相邻的多个区域，则可以在输入的多组地址之间使用英文半角逗号分隔，如"A6,B2:E6,H8,D10:F50"。

图 1-17　使用名称框选择单元格区域

图 1-18　使用定位功能选择连续区域

5. 选择符合特定条件的单元格

在实际应用中,遇到的更多情况是选择符合特定条件的单元格,如包含文本或数值的单元格,使用定位条件功能可以满足这类需求。

按 F5 键打开"定位"对话框,单击"定位条件"按钮,打开"定位条件"对话框,如图 1-19 所示,选择一个特定的条件,然后单击"确定"按钮,即可自动选中与所选条件匹配的单元格。具体选择哪些单元格,还由以下因素决定:

- 如果在打开"定位条件"对话框之前选择了一个单元格区域,Excel 将在该区域中查找并选择符合条件的单元格。
- 如果在打开"定位条件"对话框之前只选择了一个单元格,Excel 将在当前整个工作表中查找并选择符合条件的单元格。

图 1-19　"定位条件"对话框

6. 选择多个工作表中的单元格

如果要处理多个工作表中的相同单元格,则可以先在其中一个工作表中选择要处理的单元格,然后使用本章 1.1.3 节介绍的方法,同时选择其他所需处理的工作表,再对选区进行所需的处理,如输入内容、设置格式等,操作结果会自动作用于所有选中的工作表的相同区域中。

1.2　Excel 中的数据类型

Excel 为数据输入提供了多种不同的方式,用户可以根据要输入的数据类型及实际需求,来选择最合适的方法进行输入。换句话说，数据类型的不同在一定程度上决定用户所选择的输入方式。因此，在输入数据前，有必要了解一下 Excel 中的数据类型。

Excel 中的数据分为文本、数值、日期和时间、逻辑值、错误值 5 种基本类型，日期和时间本质上是数值的一种特殊形式。下面将简要介绍这 5 种数据类型各自具有的一些特性，这些内容会为读者以后在 Excel 中输入和处理数据提供帮助。

1．文本

文本用于表示任何具有描述性的内容，如姓名、商品名称、产品编号、报表标题等。文本可以是任意字符的组合，一些不需要计算的数字也可以文本格式存储，如电话号码、身份证号码等。文本不能用于数值计算，但是可以比较文本的大小。

一个单元格最多容纳 32767 个字符，所有内容可以完整显示在编辑栏中，而在单元格中最多只能显示 1024 个字符。在单元格中输入的文本默认为左对齐。

2．数值

数值用于表示具有特定含义的数量，如销量、销售额、人数、体重等。数值可以参与计算，但并不是所有数值都有必要参与计算。例如，在员工健康调查表中，通常不会对员工的身高和体重进行任何计算。在单元格中输入的数值默认为右对齐。

Excel 支持的最大正数约为 9E+307，最小正数约为 2E-308，最大负数与最小负数与这两个数字相同，只是需要在数字开头添加负号。虽然 Excel 支持一定范围内的数字，但只能正常存储和显示最大精确到 15 位有效数字的数字。对于超过 15 位的整数，多出的位数会自动变为 0，如 12 345 678 987 654 321 会变为 12 345 678 987 654 300。对于超过 15 位有效数字的小数，多出的位数会被截去。如果要在单元格中输入 15 位以上的数字，则必须以文本格式输入，才能保持数字的原貌。

在单元格中输入数值时，如果数值位数的长度超过单元格的宽度，Excel 会自动增加列宽以完全容纳其中的内容。如果整数位数超过 11 位，则将以科学计数形式显示。如果数值的小数位数较多，且超过单元格的宽度，Excel 会自动对超出宽度的第一个小数位进行四舍五入，并截去其后的小数位。

3．日期和时间

在 Excel 中，日期和时间存储为"序列值"，其范围是 1 ～ 2 958 465，每个序列值对应一个日期。因此，日期和时间实际上是一个特定范围内的数值，这个数值范围就是 1 ～ 2 958 465，在 Windows 操作系统中，序列值 1 对应的日期是 1900 年 1 月 1 日，序列值 2 对应的日期是 1900 年 1 月 2 日，以此类推，最大序列值 2 958 465 对应的日期是 9999 年 12 月 31 日。在单元格中输入的日期和时间默认为右对齐。

表示日期的序列值是一个整数，一天的数值单位是 1，一天有 24 个小时，因此 1 小时可以表示为 1/24。1 小时有 60 分钟，那么 1 分钟可以表示为 1/（24×60）。按照这种换算方式，一天中的每一个时刻都有与其对应的数值表示形式，如中午 12 点可以表示为 0.5。对于一个大于 1 的小数，Excel 会将其整数部分换算为日期，将小数部分换算为时间。例如，序列值 43 466.75 表示 2019 年 1 月 1 日 18 点。

技巧：如果要查看一个日期对应的序列值，可以先在单元格中输入这个日期，然后将其格式设置为"常规"。

4．逻辑值

逻辑值主要用在公式中，作为条件判断的结果，只包含 TRUE（真）和 FALSE（假）两个值。当条件判断结果为 TRUE 时，执行一种指定的计算；当条件判断结果为 FALSE 时，执行另一种指定的计算，从而实现更智能的计算方式。

逻辑值可以进行四则运算，此时的 TRUE 等价于 1，FALSE 等价于 0。当逻辑值用在条件判断时，任何非 0 的数字等价于逻辑值 TRUE，0 等价于逻辑值 FALSE。在单元格中输入的逻辑值默认为居中对齐。

5．错误值

错误值包含 #DIV/0!、#NUM!、#VALUE!、#REF!、#NAME?、#N/A、#NULL! 七个，用于表示不同的错误类型。每个错误值都以 # 符号开头。用户可以手动输入错误值，但是在更多的情况下，错误值是由公式出错自动产生的。错误值不参与数据计算和排序。

1.3　输入数据的基本方法

输入数据前，需要先选择一个单元格，然后输入所需的内容，输入过程中会显示一个闪烁的竖线（可称其为"插入点"），表示当前输入内容的位置。输入完成后，按 Enter 键或单击编辑栏左侧的✔按钮确认输入。输入的内容会同时显示在单元格和编辑栏中，如图 1-20 所示。如果在输入过程中想要取消本次输入，可以按 Esc 键或单击编辑栏左侧的✖按钮。

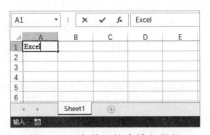

图 1-20　在单元格中输入数据

提示：按 Enter 键会使当前单元格下方的单元格成为活动单元格，而单击✔按钮不会改变活动单元格的位置。

输入内容前，状态栏左侧显示"就绪"字样，一旦开始在单元格中输入内容，状态栏左侧会显示"输入"字样。此时如果按箭头键，其效果与按 Enter 键类似，将结束当前的输入。如果想要在输入过程中使用箭头键移动插入点的位置，以便修改已输入的内容，则可以按 F2 键，此时状态栏左侧会显示"编辑"字样。

可以修改单元格中的部分内容，也可以使用新内容替换单元格中的所有内容。如果要修改单元格中的部分内容，则可以使用以下几种方法进入"编辑"模式，然后将插入点定位到所需位置，使用 BackSpace 键或 Delete 键删除插入点左侧或右侧的内容，再输入所需内容。

- 双击单元格。
- 单击单元格，然后按 F2 键。
- 单击单元格，然后单击编辑栏。

如果要替换单元格中的所有内容，选择这个单元格，然后输入所需内容即可，不需要进入"编辑"模式。

如果要删除单元格中的内容，选择单元格，然后按 Delete 键。如果为单元格设置了格式，那么使用该方法只能删除内容，无法删除单元格中的格式。如果要同时删除单元格中的内容和格式，则可以在功能区"开始"|"编辑"组中单击"清除"按钮，然后在下拉菜单中单击"全部清除"命令，如图 1-21 所示。

图 1-21　单击"全部清除"命令删除内容和格式

1.4　输入数字

财会工作需要经常与数字打交道，因此，数字是财会工作中输入最多的一类数据。普通数字的输入方法可参考 1.3 节，本节主要介绍一些特殊数字的输入方法，因为输入它们的方法与输入普通数字不同。

1.4.1　输入分数

当用户在单元格中输入分数形式的数字时，默认会被 Excel 识别为日期，如输入"1/5"后按 Enter 键，Excel 会将其识别为"1 月 5 日"。如果想要保留分数形式，则可以使用以下 3 种方法：

- 选择要输入分数的单元格，在功能区"开始"|"数字"组中打开"数字格式"下拉列表，从中选择"文本"，如图 1-22 所示，然后输入所需的分数，如"1/5"。

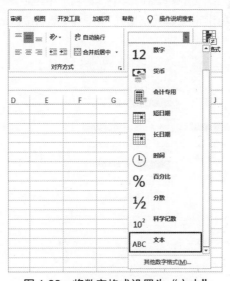

图 1-22　将数字格式设置为"文本"

- 在单元格中先输入一个英文半角单引号"'"，然后输入所需的分数，如"1/5"。
- 先输入一个 0 和一个空格，然后输入所需的分数，如图 1-23 所示。

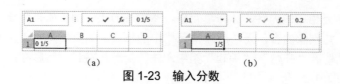

（a）　　　　　　　　　　　　（b）

图 1-23　输入分数

提示：如果分数包含整数部分，则使用整数部分代替 0，即先输入整数部分和一个空格，然后输入分数部分。

1.4.2　输入指数

如果要输入带指数的数字，则可以将单元格的数字格式设置为"文本"，然后为要作为指数的数字设置"上标"格式。在 A1 单元格中输入 10^2 的操作步骤如下：

（1）选择 A1 单元格，然后在功能区"开始" | "数字"组中的"数字格式"下拉列表中选择"文本"，将单元格设置为文本格式。

（2）在 A1 单元格中输入"102"，按 F2 键进入"编辑"模式，然后拖动光标选中"2"并右击，在弹出的快捷菜单中单击"设置单元格格式"命令，如图 1-24 所示。

图 1-24　单击"设置单元格格式"命令

（3）打开"设置单元格格式"对话框，在"字体"选项卡中选中"上标"复选框，如图 1-25 所示。

（4）单击"确定"按钮，关闭"设置单元格格式"对话框，然后按 Enter 键，设置结果如图 1-26 所示。

图 1-25　选中"上标"复选框

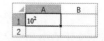

图 1-26　输入带指数的数字

1.4.3 输入 15 位以上的数字

Excel 支持的有效数字的位数最多为 15 位，超过 15 位的数字自动显示为 0。例如，在 A1 单元格中输入数字 1 234 567 890 123 456 789，按 Enter 键后，将显示如图 1-27 所示的结果，Excel 自动将输入的数字设置为科学计数形式，在编辑栏中可以看到超过 15 位的数字都变为 0。

图 1-27　超过 15 位的数字显示为 0

如果要让超过 15 位的数字正常显示，则需要先将单元格的数字格式设置为"文本"，然后再输入所需的数字，有以下两种方法：

- 选择要输入数字的单元格，然后在功能区"开始"|"数字"组中打开"数字格式"下拉列表，然后选择"文本"。
- 在单元格中先输入一个英文半角单引号"'"，然后输入所需的数字。

如图 1-28 所示，使用第 2 种方法在 A1 单元格输入上面的数字，超过 15 位的数字将正常显示，输入的单引号只会显示在编辑栏中。

图 1-28　以文本格式输入超过 15 位的数字

1.4.4　快速输入一系列数字

如果输入的多个数字之间存在某种关系或规律，则可以使用填充功能快速输入这些数字。例如，输入从 1 或任意数字开始的自然数序列。"填充"是指使用鼠标拖动单元格右下角的填充柄，在鼠标拖动过的每个单元格中自动填入数据，这些数据与起始单元格存在某种关系。"填充柄"是指选中的单元格右下角的小方块，将光标指向填充柄时，光标会变为十字形状，此时可以拖动鼠标执行填充数据的操作，如图 1-29 所示。

提示：如果不能正常使用填充功能，则可以单击"文件"|"选项"命令，打开"Excel 选项"对话框，选择"高级"选项卡，然后在"编辑选项"区域选中"启用填充柄和单元格拖放功能"复选框，如图 1-30 所示。

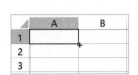

图 1-29　单元格右下角的填充柄

图 1-30　选中"启用填充柄和单元格拖放功能"复选框

15

可以使用以下两种方法填充数值：

- 在相邻的两个单元格中输入数据序列中的前两个值，然后选择这两个值所在的单元格，在水平方向或垂直方向上拖动第二个单元格右下角的填充柄，拖动的方向取决于前两个值是水平排列还是垂直排列。
- 输入数据序列中的第一个值，按住 Ctrl 键后拖动单元格右下角的填充柄。如果不按住 Ctrl 键进行拖动，则会执行复制操作。

数值默认以等差的方式进行填充。填充数值时，在单元格中依次填入哪些值取决于起始两个值之间的差值。如果使用第二种方法只输入一个起始值，则将按自然数序列进行填充，即按差值为 1 依次填充各个值，如图 1-31 所示。将相邻两个数字之间的差值称为"步长值"。

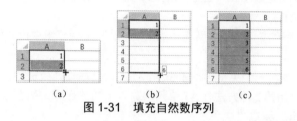

图 1-31　填充自然数序列

用户也可以自定义步长值，以便通过填充的方式，快速输入特定的数字序列。例如，要在 A 列中自动输入 1、3、5、7、9、11 等相邻数字之间差值为 2 的数字序列，操作步骤如下：

（1）在 A 列任意两个相邻的单元格中输入数字 1 和 3，这里为 A1 和 A2 单元格。

（2）选择 A1 和 A2 单元格，然后将光标指向 A2 单元格右下角的填充柄。当光标变为十字形时，按住鼠标左键向下拖动，拖动过的每个单元格中都会自动填入与上一个单元格差值为 2 的值，如 A3 单元格的值为 5，A4 单元格的值就会为 7，如图 1-32 所示。

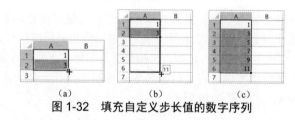

图 1-32　填充自定义步长值的数字序列

技巧：除了使用鼠标拖动填充柄的方式填充数据之外，还可以直接双击填充柄，快速将数据填充至相邻列中连续数据区域的最后一个数据所在的位置。

还可以等比的方式填充数值，此时需要使用鼠标右键拖动填充柄，然后在弹出的快捷菜单中单击"等比序列"命令，如图 1-33 所示。

图 1-33　鼠标右键快捷菜单中的"等比序列"命令

1.5　输入文本

普通文本的输入方法可参考 1.3 节。本节主要介绍输入两种特殊的文本，一种是包含数字的文本，这种文本通常是一个序列，通过填充的方式可以自动输入。另一种是不包含数字但具有特定逻辑顺序的文本，这类文本在数据排序或数据有效性中经常用到，可以通过创建自定义文本序列的方式来输入。

1.5.1　输入包含数字的文本

如果输入的文本中包含数字，当想要输入一系列这样的文本，并保持文本中的数字逐渐递增时，如输入员工或产品编号，则可以使用类似于 1.4.4 节中的方法，通过填充功能快速输入。

在一个空单元格中输入作为起始编号的第一个文本，然后将光标指向该单元格右下角的填充柄，当光标变为十字形时，在水平或垂直方向上拖动光标，将在光标拖动过的单元格中输入包含连续编号的文本，如图 1-34 所示。

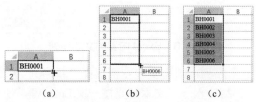

（a）　　　　　　（b）　　　　　　（c）

图 1-34　使用填充功能快速输入包含数字的文本

1.5.2　输入自定义文本序列

默认情况下，对单元格中输入的文本使用填充柄填充时，会执行复制操作。如果输入的文本正好是 Excel 内置文本序列中的值，则会自动使用该文本序列进行填充。例如，如果拖动包含"甲"字的单元格填充柄，则在拖动过程中会依次在各单元格中输入"乙""丙""丁"等字。如果输入的是"乙"字，则会从"乙"字开始继续填充文本序列中的每个字。

如果用户想要快速输入一系列具有特定顺序的文本，则需要将这些文本创建为新的文本序列，操作步骤如下：

（1）单击"文件"|"选项"命令，打开"Excel 选项"对话框。

（2）选择"高级"选项卡，在"常规"区域中单击"编辑自定义列表"按钮，如图 1-35 所示。

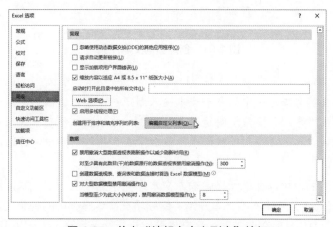

图 1-35　单击"编辑自定义列表"按钮

（3）打开"自定义序列"对话框，左侧显示了 Excel 内置的文本序列，选择任意一个序列，右侧会显示该序列中包含的所有值，如图 1-36 所示。

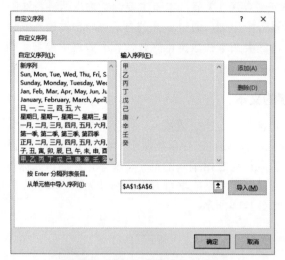

图 1-36　Excel 内置的文本序列

（4）如果要创建新的文本序列，则需要在左侧选择"新序列"，然后在右侧的文本框中输入文本序列中的每一个文本，每输入一个文本都要按一次 Enter 键，使所有文本呈纵向排列。最后单击"添加"按钮，将输入的文本序列添加到左侧列表框中，如图 1-37 所示。

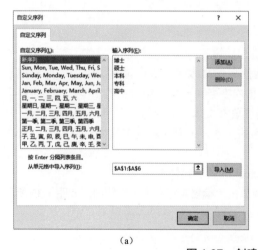
（a）

（b）

图 1-37　创建新的文本序列

（5）单击两次"确定"按钮，依次关闭打开的对话框。

提示： 如果事先将文本序列中的每个文本输入到了一个单元格区域中，则可以在"自定义序列"对话框中单击"导入"按钮左侧的折叠按钮，然后在工作表中选择该单元格区域，再单击展开按钮返回"自定义序列"对话框，最后单击"导入"按钮，将选区中的内容创建为文本序列。

创建好文本序列后，可以在单元格中输入文本序列中的任意一个文本，然后拖动该单元格右下角的填充柄，Excel 会从输入的文本开始，继续填充文本序列中的各个文本。填充到序列中的最后一个文本后，会再从序列中的第一个文本开始进行循环填充，如图 1-38 所示。

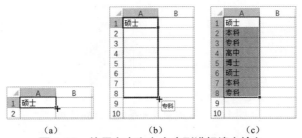

图 1-38　使用自定义文本序列进行填充输入

1.6　输入日期和时间

输入日期和时间的方法与输入数字和文本有些不同，因为 Excel 对日期和时间的格式有一定的要求。如果用户输入的日期和时间格式不符合要求，则将无法被 Excel 正确识别为日期和时间，这样就会影响日期和时间方面的计算，包括无法使用日期和时间函数来处理日期和时间。本节首先介绍输入日期和时间的基本方法，然后介绍快速输入一系列日期的两种方法。

1.6.1　输入日期和时间的基本方法

由于 Excel 中的日期和时间本质上是数值，因此，如果要让输入的数据被 Excel 正确识别为日期和时间，则需要按照特定的格式进行输入。对于 Windows 中文操作系统来说，在表示年、月、日的数字之间使用"-"或"/"符号，Excel 会将输入的内容识别为日期。在一个日期中可以混合使用"-"和"/"符号，还可以在表示年、月、日的数字之后添加"年""月""日"等字，Excel 也会将其识别为日期，如 2018-6-8、2018/6/8、2018-6/8、2018 年 6 月 8 日等。

提示：*如果省略表示年份的数字，则表示系统当前年份的日期。如果省略表示日的数字，则表示所输入的月份的第一天。如果在表示年、月、日的数字之间使用空格或其他符号作为分隔符，则会被视为文本。*

输入时间时，使用冒号分隔表示小时、分钟和秒的数字即可。时间分为 12 小时制和 24 小时制两种，如果想要使用 12 小时制来表示时间，则需要在表示凌晨和上午的时间结尾添加"Am"，在表示下午和晚上的时间结尾添加"Pm"。

例如，"8:30 Am"表示上午 8 点 30 分，"8:30 Pm"表示晚上 8 点 30 分。如果时间结尾没有 Am 或 Pm，则表示 24 小时制的时间，此时的"8:30"表示上午 8 点 30 分，晚上 8 点 30 分则表示为"20:30"。

输入的时间必须包含"小时"和"分钟"两个部分，可以省略"秒"的部分。如果要在时间中输入"秒"，使用冒号分隔"秒"和"分钟"两个部分即可，如"8:30:10"表示上午 8 点 30 分 10 秒。

1.6.2　快速输入一系列连续的日期

Excel 允许用户通过填充功能快速输入一系列连续的日期。在一个单元格中输入一个起始日期，然后在水平方向或垂直方向上拖动单元格右下角的填充柄，即可在拖动过的单元格中输入一系列连续的日期，如图 1-39 所示。

提示：*如果使用鼠标右键拖动填充柄，则可以在弹出的快捷菜单中单击"以月填充"或"以年填充"命令，以"月"或"年"为单位来填充日期，从而快速输入不同年或月但位于同一天的日期。*

图 1-39　快速输入一系列连续的日期

1.6.3　以指定的时间间隔输入一系列日期

Excel 默认以"日"为单位填充日期，相邻日期之间的天数间隔为 1。如果要以指定的时间间隔填充日期，则需要在"序列"对话框中进行设置，可以使用以下两种方法打开"序列"对话框：

- 使用鼠标右键拖动填充柄，然后在弹出的快捷菜单中单击"序列"命令。
- 单击包含日期的单元格，然后在功能区"开始"|"编辑"组中单击"填充"按钮，在下拉菜单中单击"序列"命令，如图 1-40 所示。

打开如图 1-41 所示的"序列"对话框，在该对话框中可以对日期和数值填充的相关选项进行设置，由于本节介绍的是日期填充，因此下面主要以日期填充为主来介绍选项的设置。

图 1-40　单击"序列"命令

图 1-41　"序列"对话框

"序列"对话框中各选项的作用如下。

- 序列产生在：在"序列产生在"中可以选择在"行"或"列"的方向上填充，该项设置不受拖动填充柄方向的影响。例如，如果在打开"序列"对话框之前，在垂直方向上拖动填充柄，但是在打开的"序列"对话框中点选"行"单选按钮，那么最终会将日期填充到一行中，而不是一列。
- 类型：在"类型"中可以选择填充类型，如果选中的单元格中包含日期，则会自动点选"日期"单选按钮。
- 日期单位：该设置仅对日期有效，只有在"类型"中点选"日期"单选按钮后，才能选择一种日期单位。
- 步长值：对于日期填充来说，步长值是指所选择的日期单位的时间间隔。例如，如果将"日期单位"设置为"日"，并将"步长值"设置为 5，则表示两个相邻日期的时间间隔为 5 天。对于数值的等差填充来说，步长值是指两个相邻数值之间的差值；对于数值的等比填充来说，步长值是指两个相邻数值之间的比值。
- 终止值：终止值是指填充序列中的最后一个值。如果设置了终止值，则无论将填充柄拖到哪里，只要达到终止值，填充序列就会自动停止。这也意味着，在打开"序列"对话框之前，可以不需要先将填充柄拖动到所需的位置，而通过设置"终止值"来自动确定序列的长度。

- 预测趋势：当在连续两个或两个以上的单元格中输入数据，并选择好要填充的区域后，如果在"序列"对话框中选中"预测趋势"复选框，那么 Excel 将根据已输入数据之间的规律，自动判断填充方式并进行填充。

如图 1-42 所示，A 列任意两个相邻的日期之间都相差 5 天，该日期序列中的最后一个日期不能超过 5 月 31 日。使用填充功能输入这列日期的操作步骤如下：

（1）在 A1 单元格中输入起始日期，如"5 月 1 日"。

（2）选择 A1 单元格，然后使用本节前面介绍的任意一种方法打开"序列"对话框，进行以下设置，如图 1-43 所示。

- 将"序列产生在"设置为"列"。
- 将"类型"设置为"日期"，将"日期单位"设置为"日"。
- 将"步长值"设置为"5"，将"终止值"设置为"5 月 31 日"。

图 1-42　以 5 天为间隔的一系列日期　　　　图 1-43　设置日期填充选项

（3）单击"确定"按钮，将在 A 列自动填充从 5 月 1 日开始，以 5 天为间隔的一系列日期，最后一个日期不会超过 5 月 31 日。

1.7　使用数据验证功能限制数据的输入

Excel 为用户提供了非常灵活的数据输入方式，用户可以在工作表中随意输入任何内容。这样带来的问题也很明显，输入的很多不规范数据为后期的数据汇总和分析带来麻烦。利用 Excel 中的数据验证功能，用户可以设置数据输入规则，只有符合规则的数据才会被输入到单元格中，从而起到规范化数据输入的目的。从 Excel 2013 开始，将原来的"数据有效性"改名为"数据验证"。

1.7.1　了解数据验证

数据验证功能是根据用户指定的验证规则，检查用户输入的数据，只有符合规则的数据才会被添加到单元格中，并禁止在单元格中输入不符合规则的数据。数据验证功能是基于单元格的，因此，可以针对一个或多个单元格进行设置。复制单元格时，默认也会复制其中包含的数据验证规则。

选择要设置数据验证规则的单元格，然后在功能区"数据"|"数据工具"组中单击"数据验证"按钮，打开"数据验证"对话框，在"设置"选项卡中打开"允许"下拉列表，从中选择一种数据验证方式，如图 1-44 所示。

下面对这几种验证方式进行简要说明。

- 任何值：在单元格中输入的内容不受限制。
- 整数：只能在单元格中输入特定范围内的整数。

图 1-44 "数据验证"对话框

- 小数：只能在单元格中输入特定范围内的小数。
- 序列：为单元格提供一个下拉列表，只能从下拉列表中选择一项输入到单元格中。
- 日期：只能在单元格中输入特定范围内的日期。
- 时间：只能在单元格中输入特定范围内的时间。
- 文本长度：只能在单元格中输入特定长度的字符。
- 自定义：使用公式和函数设置数据验证规则。如果公式返回逻辑值 TRUE 或非 0 数字，则表示输入的数据符合验证规则；如果公式返回逻辑值 FALSE 或 0，则表示输入的数据不符合验证规则。

除了"设置"选项卡外，"数据验证"对话框还包含"输入信息""出错警告"和"输入法模式"3 个选项卡，经常设置的是"输入信息"和"出错警告"选项卡。"输入信息"选项卡用于设置当选择包含数据验证规则的单元格时，要向用户显示的提示信息；"出错警告"选项卡用于设置当输入的数据不符合数据验证规则时，向用户发出的警告信息，并可选择是否禁止当前的输入。

在"数据验证"对话框中设置好所需的选项，单击"确定"按钮，即可为所选单元格创建数据验证规则。单击任意一个选项卡左下角的"全部清除"按钮，将清除用户在所有选项卡中进行的设置。

1.7.2　在单元格中提供下拉列表选项

数据验证功能最常见的一个应用是为单元格提供下拉列表，用户可以通过选择下拉列表中的选项来向单元格输入内容，如果用户在单元格中输入列表之外的内容，Excel 会发出警告信息并禁止输入，这样就可以只允许用户向单元格输入指定范围中的内容。

要实现此功能，需要在"数据验证"对话框的"设置"选项卡的"允许"下拉列表中选择"序列"，然后在"来源"文本框中输入列表中的每一项，各项之间使用英文半角逗号分隔，如图 1-45 所示。如果要修改"来源"文本框中的内容，则需要按 F2 键进入编辑状态，然后才能随意移动光标，与在单元格中输入和编辑数据的方法类似。

为了让用户可以正常打开下拉列表，需要确保已选中"提供下拉箭头"复选框，这样就会在设置了数据验证规则的单元格中显示一个下拉按钮，单击该按钮将打开一个下拉列表，如图 1-46 所示。

图 1-45　输入下拉列表中的各项　　　图 1-46　通过数据验证功能创建的下拉列表

提示：如果单元格区域中已经包含下拉列表中的各项，则可以单击"来源"文本框右侧的折叠按钮，在工作表中选择该区域，即可将区域中的内容直接导入到"来源"文本框中。

如果要禁止用户在单元格中输入列表之外的内容，则需要在"数据验证"对话框的"出错警告"选项卡中进行设置。首先选中"输入无效数据时显示出错警告"复选框，然后在"样式"下拉列表中选择"停止"。如果希望在输入无效数据时，向用户发出自定义的提示信息，则可以设置"标题"和"错误信息"两项，如图 1-47 所示。如果在设置了数据验证规则的单元格中输入了无效的数据，在按下 Enter 键时，会显示如图 1-48 所示的警告信息。

图 1-47　设置输入无效数据时的警告信息　　　图 1-48　输入无效数据时显示的警告信息

提示：如果要求用户必须在设置了数据验证规则的单元格中输入一个有效的值，则需要在"数据验证"对话框的"设置"选项卡中取消选中"忽略空值"复选框。

1.7.3　创建基于公式的数据验证规则

如果想要发挥数据验证的强大功能，则需要在数据验证规则中使用公式。1.7.1 节曾经介绍过，在数据验证规则中使用的公式需要返回一个逻辑值 TRUE 或 FALSE，逻辑值 TRUE 表示输入的数据符合验证规则，Excel 允许将其输入到单元格中，逻辑值 FALSE 表示输入的数据不符合验证规则，Excel 禁止将其输入到单元格中。如果公式返回的是一个数字，那么所有非 0 数字等价于 TRUE，0 等价于 FALSE。

要创建使用公式的数据验证规则，需要在"数据验证"对话框的"设置"选项卡的"允许"下拉列表中选择"自定义"，然后在"公式"文本框中输入公式。

使用公式的数据验证规则的一个常见应用是在输入编号类的数据时，检查并防止输入重复的编号。首先选择要输入编号的单元格区域，如 A2:A10，然后打开"数据验证"对话框，在"设置"选项卡中进行以下设置，如图 1-49 所示。

- 在"允许"下拉列表中选择"自定义"。
- 在"公式"文本框中输入下面的公式，判断 A2:A10 中的每一个单元格在该区域中的计数是否是 1，如果是则说明没有重复，否则说明出现重复。

```
=COUNTIF($A$2:$A$10,A2)=1
```

单击"确定"按钮，关闭"数据验证"对话框。如果在 A2:A10 单元格区域中输入重复的编号，则会显示警告信息并禁止当前重复编号的输入，如图 1-50 所示。这里显示的是默认的警告信息，用户可以使用前面介绍的方法自定义警告信息。

图 1-49　在数据验证规则中输入公式

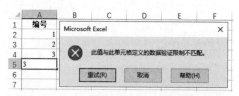

图 1-50　输入重复编号时显示的警告信息

提示：COUNTIF 函数将在第 3 章进行详细介绍。

1.7.4　管理数据验证

如果要修改现有的数据验证规则，则需要先选择包含数据验证规则的单元格，然后打开"数据验证"对话框，再进行所需的修改。

如果为多个单元格设置了相同的数据验证规则，则可以先修改任意一个单元格的数据验证规则，然后在关闭"数据验证"对话框之前，在"设置"选项卡中选中"对有同样设置的所有其他单元格应用这些更改"复选框，即可将当前设置结果应用到其他包含相同数据验证规则的单元格中。

当复制包含数据验证规则的单元格时，会同时复制该单元格包含的内容和数据验证规则。如果只想复制单元格中的数据验证规则，则可以在单击"复制"命令后，右击要进行粘贴的位置，然后在弹出的快捷菜单中单击"选择性粘贴"命令，在打开的对话框中选择"数据验证"选项，最后单击"确定"按钮。

注意：如果复制一个不包含数据验证规则的单元格，并将其粘贴到包含数据验证规则的单元格中，则会覆盖目标单元格中的数据验证规则。

如果要删除单元格中的数据验证规则，则可以打开"数据验证"对话框，然后在任意一个选项卡中单击"全部清除"按钮。当工作表中包含不止一种数据验证规则时，删除所有这些数据验证规则的操作步骤如下：

（1）单击单元格区域左上角的全选按钮，选中工作表中的所有单元格。

（2）在功能区"数据"|"数据验证"组中单击"数据验证"按钮，将显示如图 1-51 所示的提示信息，单击"确定"按钮。

图 1-51　包含多种数据验证规则时显示的提示信息

（3）打开"数据验证"对话框，不作任何设置，直接单击"确定"按钮，即可删除当前工作表中包含的所有数据验证规则。

1.8　移动和复制数据

移动和复制是对数据执行的两个常用操作，移动可以改变数据的位置，复制可以创建数据的副本。可以使用多种方法执行移动和复制操作，包括功能区命令、鼠标右键快捷菜单命令、键盘快捷键或拖动鼠标等。除了拖动鼠标的方法之外，在使用其他几种方法移动和复制数据时，最后都需要执行粘贴操作。Excel 提供了多种粘贴方式，从而允许用户选择移动和复制数据后的格式。

1.8.1　移动和复制数据的几种方法

移动或复制的数据可以位于单个单元格中，也可以位于单元格区域中。不能同时移动不相邻的单元格中的数据，但是可以对具有相同行数或相同列数的连续或不连续的单元格进行复制。如图 1-52 所示的两个选区（A1:A3 和 C1:D3）可以执行复制操作，因为它们都包含 3 行，即使它们的列数不同。如图 1-53 所示的两个选区（A1:A3 和 C1:D2）不能进行复制操作，因为它们包含不同的行数，在对这样结构的区域执行移动或复制操作时，会显示如图 1-54 所示的提示信息。

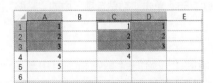

图 1-52　可以同时复制的两个选区

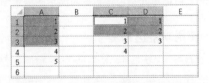

图 1-53　不能同时复制的两个选区

图 1-54　不允许对不连续的单元格执行复制操作

下面介绍移动和复制数据的几种方法。

1．使用鼠标拖动

移动数据：将光标指向单元格的边框，当光标变为十字箭头时，按住鼠标左键并拖动到目标单元格，即可完成数据的移动。

复制数据：复制数据的方法与移动数据类似，在拖动鼠标的过程中按住 Ctrl 键，到达目标单元格后，先释放鼠标左键，再释放 Ctrl 键，即可完成数据的复制。

无论移动还是复制数据，如果目标单元格包含数据，都会显示如图 1-55 所示的提示信息，用户需要选择是否使用当前正在移动或复制的数据覆盖目标单元格中的数据。

2．使用鼠标右键快捷菜单中的命令

移动数据：右击包含数据的单元格，在弹出的快捷菜单中单击"剪切"命令，然后右击目标单元格，在弹出的快捷菜单中单击"粘贴选项"中的"粘贴"命令，如图 1-56 所示，即可完成数据的移动。

复制数据：复制数据的方法与移动数据类似，将移动数据时单击的"剪切"命令改为单击"复制"命令即可，其他操作相同。

图 1-55　目标单元格包含数据时显示的提示信息　　图 1-56　单击"粘贴选项"中的"粘贴"命令

3．使用功能区命令

移动数据：选择包含数据的单元格，然后在功能区"开始"|"剪贴板"组中单击"剪切"按钮，选择目标单元格，在功能区"开始"|"剪贴板"组中单击"粘贴"按钮，即可完成数据的移动。

复制数据：复制数据的方法与移动数据类似，将移动数据时单击的"剪切"按钮改为单击"复制"按钮即可，其他操作相同。

4．使用快捷键

移动数据：选择包含数据的单元格，按 Ctrl+X 组合键执行剪切操作，然后选择目标单元格，按 Ctrl+V 组合键或 Enter 键执行粘贴操作，即可完成数据的移动。

复制数据：复制数据的方法与移动数据类似，将移动数据时按下的 Ctrl+X 组合键改为 Ctrl+C 组合键即可，其他操作相同。

提示：无论使用以上哪种方法移动和复制数据，在对单元格执行"剪切"或"复制"命令后，相应单元格的边框都会显示虚线，表示当前处于剪切复制模式。在该模式下，可以执行多次粘贴操作，但如果是通过按 Enter 键执行粘贴操作，则在粘贴后会自动退出剪切复制模式。如果要在执行粘贴操作前退出该模式，则可以按 Esc 键。

1.8.2　使用不同的粘贴方式

无论移动还是复制数据，最后都需要执行粘贴操作，才能将数据移动或复制到目标位置。默认情况下，Excel 会将执行移动或复制操作的原始单元格中的所有内容和格式粘贴到目标单元格。为了实现更灵活的移动和复制操作，Excel 为用户提供了很多粘贴选项，用户可以选择粘贴数据的方式，这项功能称为"选择性粘贴"。

对数据执行"复制"命令后，粘贴选项会出现在以下 3 个位置：

- 右击目标单元格，在弹出的快捷菜单中将光标指向"选择性粘贴"右侧的箭头后弹出的菜单，如图 1-57 所示。

图 1-57　鼠标右键快捷菜单中的粘贴选项

- 在功能区"开始"|"剪贴板"组中单击"粘贴"按钮上的下拉按钮后弹出的菜单，如图 1-58 所示。
- 对目标单元格执行"粘贴"命令，然后单击目标单元格右下角的"粘贴选项"按钮后弹出的菜单，如图 1-59 所示。

图 1-58　功能区中的粘贴选项

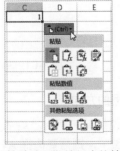

图 1-59　"粘贴选项"按钮中的粘贴选项

提供粘贴选项的另一个位置是"选择性粘贴"对话框，该对话框包含完整的粘贴选项。单击"复制"命令后，在目标位置右击，在弹出的快捷菜单中单击"选择性粘贴"命令，即可打开"选择性粘贴"对话框，如图 1-60 所示。

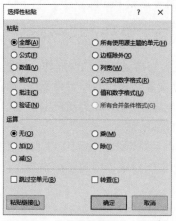

图 1-60 "选择性粘贴"对话框

选择性粘贴功能最常见的两个应用是将单元格中的公式转换为固定不变的值，以及将数据在行、列方向上互转。

1．将公式转换为固定值

将公式转换为固定值是指将公式的计算结果转换为不再发生改变的值，即删除公式中的所有内容，只保留计算结果，以后无论公式中涉及的单元格的值发生怎样的变化，都不再影响公式的计算结果。

例如，B1 单元格中包含以下公式，用于对 A1:A6 单元格区域求和。

```
=SUM(A1:A6)
```

如果只想保留公式结果，并删除公式，则可以选择公式所在的 B1 单元格，按 Ctrl+C 组合键执行复制操作，然后右击 B1 单元格，在弹出的快捷菜单中单击"粘贴选项"中的"值"命令，如图 1-61 所示。

图 1-61 单击"值"命令将公式转换为固定值

2．转换数据的方向

A1:A4 单元格区域中包含"姓名""性别""年龄""学历"，如果要将这些内容输入到从 A1:D1 单元格区域中，则需要选择 A1:A4 单元格区域，按 Ctrl+C 组合键执行复制操作，然后右击 B1 单元格，在弹出的快捷菜单中单击"粘贴选项"中的"转置"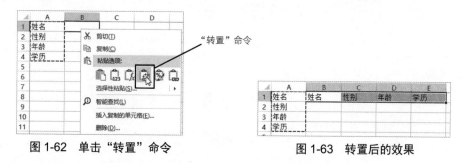命令，如图 1-62 所示。将 A1:A4 中的内容粘贴到 B1:E1 单元格区域中，如图 1-63 所示，最后删除 A 列即可。

图 1-62　单击"转置"命令

图 1-63　转置后的效果

1.8.3　使用 Office 剪贴板进行粘贴

Office 剪贴板是 Microsoft Office 程序中的一个内部功能，它与 Windows 剪贴板类似，也用于临时存放用户剪切或复制的内容。与 Windows 剪贴板不同的是，Office 剪贴板可以临时存储 24 项内容，极大地增强了 Office 剪贴板交换信息的能力。Windows 剪贴板中的内容对应于 Office 剪贴板中的第一项内容。

打开 Office 剪贴板的方法主要有以下两种：

- 单击功能区"开始"|"剪贴板"组右下角的对话框启动器。
- 连续按两次"Ctrl+C"组合键。如果该方法无效，则可以单击 Office 剪贴板下方的"选项"按钮，在下拉菜单中选择"按 Ctrl+C 两次后显示 Office 剪贴板"选项，使其左侧出现对勾标记，如图 1-64 所示。

图 1-64　选择"按 Ctrl+C 两次后显示 Office 剪贴板"选项

打开 Office 剪贴板后，每次单击"剪切"或"复制"命令时，相应的数据会被添加到 Office 剪贴板中，最新剪切或复制的内容位于列表顶部。可以使用以下几种方法将 Office 剪贴板中的内容粘贴到工作表中：

- 粘贴一项或多项：单击 Office 剪贴板中要粘贴的内容，将其粘贴到单元格中。
- 粘贴所有项：单击 Office 剪贴板中的"全部粘贴"按钮。如果对粘贴后的内容顺序有要求，那么在复制这些内容时就需要注意复制的顺序。
- 粘贴除个别项以外的其他所有项：在 Office 剪贴板中右击要排除的项，然后在弹出的快捷菜单中单击"删除"命令，将其从 Office 剪贴板中删除，如图 1-65 所示。再单击"全部粘贴"按钮，将其他所有项粘贴到工作表中。

图 1-65　从 Office 剪贴板中删除不需要的项

如果要删除 Office 剪贴板中的所有项，则可以单击"全部清空"按钮。

1.8.4　将数据一次性复制到多个工作表

如果要将一个工作表中的数据复制到同一个工作簿中的其他工作表中，则可以选择包含要复制的数据区域，然后使用 1.1.3 节中介绍的方法选择多个工作表，再在功能区"开始"|"编辑"组中单击"填充"按钮，在下拉菜单中单击"成组工作表"命令，如图 1-66 所示。

打开"填充成组工作表"对话框，选择一种复制方式，"全部"是指同时复制单元格中的内容和格式；"内容"是指只复制单元格中的内容；"格式"是指只复制单元格中的格式，如图 1-67 所示。选择好复制方式后单击"确定"按钮，将指定内容复制到选择的所有工作表中的相同位置上。

图 1-66　单击"成组工作表"命令

图 1-67　选择复制方式

注意：如果要复制到的目标工作表中包含数据，并且数据的位置正好与源工作表中复制数据的位置相同，那么复制后会自动覆盖目标工作表中的数据，而不会显示任何提示。

第 2 章
设置财务数据和报表的格式

在财会工作中，为了制作出易于阅读和理解的表格和报表，应该为数据设置合适的格式。设置数据的格式只改变数据的显示外观，不影响数据本身。本章主要从数据格式、报表格式、动态格式 3 个方面来介绍财会工作中经常遇到的格式方面的设置，具体包括字体格式、日期格式、金额格式、对齐方式、换行、单元格尺寸、单元格边框和背景、条件格式等的设置方法。

2.1 设置财务数据的格式

财会工作中经常需要制作各种表格和报表，其中包含不同类型的数据，如编号、日期、金额等。为了使这些数据能够清晰直观地反映出数据本身的含义，并使表格更美观，可以利用 Excel 提供的格式工具为数据设置所需的格式，如字体格式、数字格式、对齐方式、换行等，本节将介绍使用以上这些工具为财务数据设置格式的方法。

2.1.1 设置字体格式

Excel 2016 的默认字体是"等线"，字号是 11 号。"默认"意味着在每次新建的工作表中，每个单元格的字体都是"等线"，字体大小都是 11 号。用户可以手动更改单元格的字体格式，有以下几种方法：

- 在功能区"开始"|"字体"组中，从"字体"下拉列表中选择字体，从"字号"下拉列表中选择字号，"字体"组中还提供了其他一些有关字体格式的选项，如加粗、倾斜、字体颜色等，如图 2-1 所示。

图 2-1 "字体"组中的字体格式选项

- 在"设置单元格格式"对话框的"字体"选项卡中设置字体格式，如图 2-2 所示。
- 使用浮动工具栏设置字体格式。

图 2-2 "字体"选项卡

无论使用哪种方法，都需要先选择要设置字体格式的单元格，然后再进行设置。如图 2-3 所示是将 A1:C1 单元格区域中的文字字体设置为"楷体"，将字号设置为 12，并设置字体加粗后的效果，操作步骤如下：

（1）选择 A1:C1 单元格区域，然后在功能区"开始"|"字体"组中单击"加粗"按钮，为选区中的文字设置加粗格式，如图 2-4 所示。

图 2-3 为文字设置字体格式

图 2-4 单击"加粗"按钮

（2）保持选区不变，在功能区"开始"|"字体"组中打开"字体"下拉列表，从中选择"楷体"，如图 2-5 所示。

（3）保持选区不变，在功能区"开始"|"字体"组中打开"字号"下拉列表，从中选择"12"，如图 2-6 所示。

提示：可以只设置单元格中部分内容的字体格式，为此需要先进入单元格的"编辑"模式，然后拖动鼠标选择要设置的内容，再设置所需的字体格式。

如果在工作表中总是使用某种固定的字体格式，则可以将这种字体格式设置为 Excel 的默认字体，以后每次新建工作表时，所有单元格的字体就是所设置的默认字体。设置默认字体需要打开"Excel 选项"对话框，选择"常规"选项卡，然后在"新建工作簿时"区域中设置"使用此字体作为默认字体"和"字号"两个选项，如图 2-7 所示。

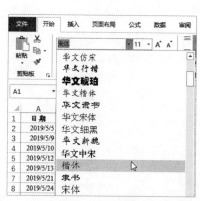

图 2-5　从"字体"下拉列表中选择一种字体

图 2-6　从"字号"下拉列表中选择一种字号

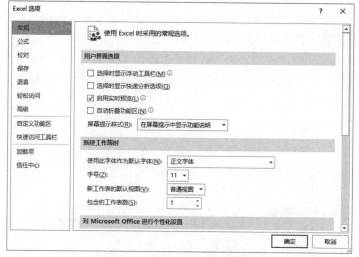

图 2-7　设置 Excel 默认字体

2.1.2　设置日期的格式

在工作表中输入数据时，经常会包含日期。Excel 提供了多种日期格式，可以满足用户在日期格式方面的不同需求。使用第 1 章介绍的方法输入符合 Excel 要求的日期后，单元格中就会以用户输入的格式来显示日期，但是用户可以根据实际需要，对日期的显示方式进行设置。

根据日期的本质是一个表示序列的数字这一特性，用户可以将任意一个位于合理范围内的数字转换为日期格式。"合理范围内"是指 1 ～ 2 958 465 的数字，这个范围对应于 Excel 允许的日期范围，即 1900 年 1 月 1 日～ 9999 年 12 月 31 日。

要将单元格中的数字转换为日期格式，需要选择这个单元格，然后在功能区"开始"|"数字"组中打开"数字格式"下拉列表，从中选择"短日期"或"长日期"，在"短日期"和"长日期"选项上会显示当前数字对应的日期。如图 2-8 所示，数字 43 586 对应的日期是 2019 年 5 月 1 日。

图 2-8　在功能区中选择一种日期格式

如果使用第 1 章介绍的方法，以 Excel 可识别的格式输入了日期，如使用"-"或"/"符号分隔表示年、月、日的数字，或者使用"年""月""日"等字分隔表示年、月、日的数字，那么可以在输入好日期后，更改日期的显示方式。

右击包含日期的单元格，在弹出的快捷菜单中单击"设置单元格格式"命令，打开"设置单元格格式"对话框。在"数字"选项卡的"分类"列表框中选择"日期"，然后在右侧选择一种日期格式，如图 2-9 所示。

图 2-9　在"设置单元格格式"对话框中选择一种日期格式

如果 Excel 内置的日期格式无法满足实际需求，那么用户还可以创建新的日期格式。在图 2-9 的"分类"列表框中选择"自定义"，然后在右侧的文本框中输入日期格式代码，上方的"示例"部分会显示当前输入的代码的预览效果。

如图 2-10 所示，当前输入的代码用于让个位数的"月份"和"日"都以两位数显示，缺少的十位数自动补 0，如 2019 年 5 月 1 日会显示为 2019 年 05 月 01 日。

图 2-10　通过格式代码创建新的日期格式

表 2-1 列出了在创建日期和时间格式的代码中可以使用的字符及其含义。

表 2-1　用于日期和时间格式代码的字符及其含义

代　码	说　　明
y	使用两位数字显示年份（00～99）
yy	使用两位数字显示年份（00～99）
yyyy	用四位数字显示年份（1900～9999）
m	使用没有前导零的数字显示月份（1～12）或分钟（0～59）
mm	使用有前导零的数字显示显示月份（01～12）或分钟（00～59）
mmm	使用英文缩写显示月份（Jan～Dec）
mmmm	使用英文全拼显示月份（January～December）
mmmmm	使用英文首字母显示月份（J～D）
d	使用没有前导零的数字显示日期（1～31）
dd	使用有前导零的数字显示日期（01～31）
ddd	使用英文全称显示日期（Sun～Sat）
dddd	使用英文全拼显示日期（Sunday～Saturday）
aaa	使用中文简称显示星期几（一～日）
aaaa	使用中文全称显示星期几（星期一～星期日）

例如，如果想要同时显示日期和星期几，则可以创建下面的格式代码，设置该代码的日期效果如图 2-11 所示。

```
YYYY"年"m"月"d"日" aaaa
```

图 2-11　在日期中显示星期几

由编辑栏中显示的日期可以看出，A1 单元格中的星期三不是手动输入进去的，而是通过设置单元格的数字格式得到的。这同时也可以说明，设置单元格的数字格式只改变内容的显示方式，而不会改变内容本身。

2.1.3　设置金额的格式

在不同的场合下，单元格中的数字可能具有特定的含义。例如，在销售分析表中，单元格中的数字可能表示商品的销量；在员工信息表中，该数字可能表示员工的体重；在财务报表中，该数字可能表示员工工资或商品的销售额。

为了让单元格中的数字清晰表达出特定的含义，可以为表示金额的数字设置货币格式。最简单的方法就是在选中单元格后，在功能区"开始"|"数字"组中的"数字格式"下拉列表中选择"货币"，如图 2-12 所示。

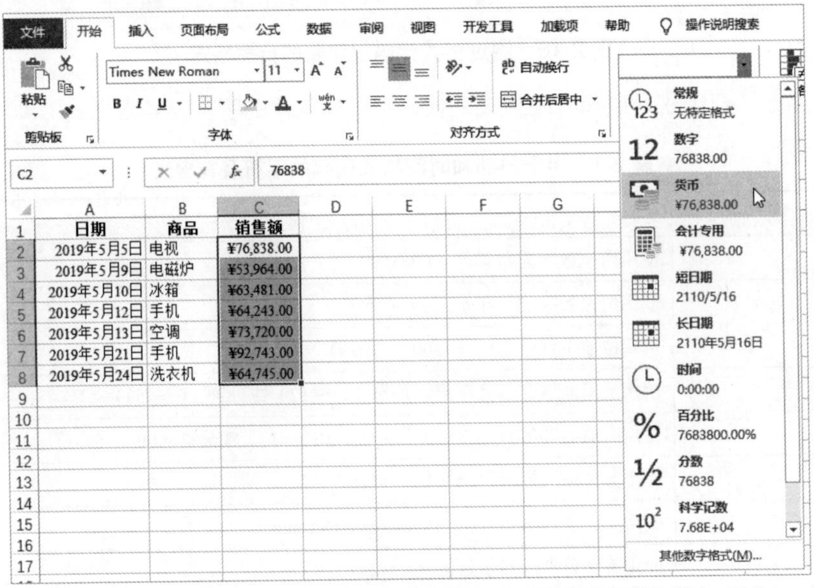

图 2-12　为表示金额的数字设置"货币"格式

如果要对货币格式进行更多的设置，则可以打开"设置单元格格式"对话框，在"设置"选项卡的"分类"列表框中选择"货币"，然后在右侧可以设置货币符号，货币的小数位数以及负数的形式，如图 2-13 所示。

还有一种名为"会计专用"的格式，也可以为数字设置货币格式。"会计专用"与"货币"这两种格式的主要区别在于货币符号是否对齐排列，当数字的位数不同时，设置了"会计专用"格式的所有单元格中的货币符号会自动左对齐，而"货币"格式不会对齐货币符号，但是这两种格式都会使所有数字的小数点对齐。

图 2-13　对货币格式进行更多设置

2.1.4　设置数据在单元格中的对齐方式

将数据输入到单元格之后，不同类型的数据在单元格中具有不同的默认位置：文本在单元格中左对齐，数值、日期和时间在单元格中右对齐，逻辑值和错误值在单元格中居中对齐。

为了表格的美观，用户可以通过设置单元格的对齐方式，来改变数据在单元格中的默认位置。单元格的对齐方式包括水平和垂直两个方向上的对齐，前面提到的不同类型数据的"默认位置"指的是水平对齐，垂直对齐的效果只有在行高超过文字的高度时才会体现出来。

在功能区"开始"|"对齐方式"组中分别提供了 3 种常用的水平对齐和垂直对齐方式。如果想要选择更多的对齐方式，则可以打开"设置单元格格式"对话框的"对齐"选项卡，然后在"水平对齐"和"垂直对齐"两个下拉列表中进行选择，如图 2-14 所示。

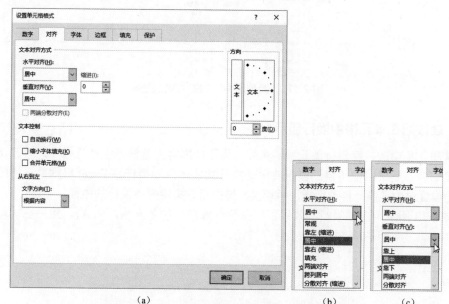

（a）　　　　　　　　　　　　（b）　　　　　（c）

图 2-14　在"对齐"选项卡中选择更多的对齐方式

如图 2-15 所示是将所有数据设置为居中对齐后的效果，表格看起来显得比较整齐。

图 2-15　将所有数据设置为居中对齐

在所有的水平对齐方式中，"填充"和"跨列居中"的效果比较特殊，下面进行详细说明。

- 填充：如果要在单元格中将内容重复输入多次，则输入内容一次，然后将单元格的对齐方式设置为"填充"，Excel 会自动重复使用单元格中包含的内容来填充这个单元格，直到填满单元格为止，或单元格的剩余空间无法完整容纳该内容。例如，单元格中包含"Excel"，如果将该单元格的对齐方式设置为"填充"，那么效果类似如图 2-16 所示，在当前宽度下，Excel 会自动使用"Excel"填充单元格，直到单元格中的剩余空间不足以容纳"Excel"。

图 2-16　"填充"对齐方式的效果

- 跨列居中："跨列居中"对齐方式的效果与使用功能区"开始"|"对齐方式"组中的"合并后居中"命令类似，但是"跨列居中"并未真正合并单元格，而只是在显示方面具有合并居中的效果。如图 2-17 所示是将 A1:C1 单元格区域的对齐方式设置为"跨列居中"后的效果，内容实际上位于 A1 单元格中。

图 2-17　"跨列居中"对齐方式的效果

2.1.5　让数据在单元格中换行显示

如果单元格中的内容超过单元格的宽度，为了让内容完整显示在单元格中，除了调整单元格的宽度之外，还可以使用自动换行或手动换行功能。自动换行是 Excel 根据单元格的宽度，在适当的位置对内容进行自动换行，手动换行是由用户指定开始换行的位置。

如图 2-18 所示为自动换行的效果。选择要设置换行的单元格，如 A1，然后在功能区"开始"|"对齐方式"组中单击"自动换行"按钮。

（a）　　　　　　　（b）

图 2-18　自动换行效果

如图 2-19 所示为手动换行的效果，从特定的位置开始换行，而不是根据单元格的宽度进行换行，而且手动换行可以用于从内容的多处位置开始换行。首先进入单元格的"编辑"模式，将光标定位到要换行的位置，然后按 Alt+Enter 组合键。

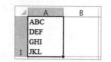

图 2-19　手动换行效果

2.2　设置报表的整体格式

报表的整体格式主要是指数据所在单元格的尺寸、边框和背景色等。如果想要一次性为单元格设置多种格式，则可以使用单元格样式。

2.2.1　设置单元格的尺寸

单元格的尺寸是指单元格的宽度和高度，一旦改变某个单元格的宽度和高度，贯穿于该单元格的整行和整列的尺寸也会同时改变，因此，设置单元格的宽度和高度实际上是在设置其所在列的列宽和所在行的行高。可以使用以下 3 种方法设置列宽和行高：

- 使用鼠标拖动的方法手动调整列宽和行高。
- 根据数据的字符高度和长度，让 Excel 自动将列宽和行高设置为正好容纳数据的最合适尺寸。
- 将列宽和行高设置为精确的值。

1．手动调整列宽和行高

当单元格包含文本类型的内容，且内容长度超过单元格的宽度时，为了让内容在单元格中完全显示，可以将光标指向两个列标之间的位置，当光标变为左右箭头时，按住鼠标左键并向左或向右拖动，即可改变单元格的宽度，如图 2-20 所示。

图 2-20　手动调整列宽

手动调整行高的方法与调整列宽类似，将光标指向两个行号之间，当光标变为上下箭头时向上或向下拖动即可。

2．自适应调整列宽和行高

如果要让单元格的宽度正好容纳其中的内容，一种方法是手动调整列宽以达到宽度匹配，另一种更简单的方法是让 Excel 自动进行调整，有以下两种方法：

- 选择要调整宽度的一列或多列，然后在功能区"开始"|"单元格"组中单击"格式"按钮，在下拉菜单中单击"自动调整列宽"命令，如图 2-21 所示。如果要调整行高，则单击"自动调整行高"命令。
- 将光标指向两个列标之间的位置，当光标变为左右箭头时双击，即可自动调整光标左侧列的宽度。该方法也可同时用于多列，选择这些列，然后双击其中任意两列之间的位置，即可同时调整这些列的列宽。自动调整行高的方法与此类似，双击两个行号之间的位置。

图 2-21　单击"自动调整列宽"命令

3. 精确设置列宽和行高

如果要为列宽精确设置一个值，则需要先选择要设置的一列或多列，然后右击选区范围内或选中的任意一个列标，在弹出的快捷菜单中单击"列宽"命令，如图 2-22 所示。打开"列宽"对话框，如图 2-23 所示，输入要设置的值，然后单击"确定"按钮。

图 2-22　单击"列宽"命令

图 2-23　精确设置列宽

设置行高的方法与此类似，右击行号后单击"行高"命令，然后在"行高"对话框中进行设置。

2.2.2　设置单元格的边框

默认情况下，Excel 中的单元格由纵横交错的浅灰色线条包围，将这些线条称为"网格线"。通过网格线可以清晰显示单元格的边界，使用功能区"视图"|"显示"组中的"网格线"复选框，可以控制网格线的显示或隐藏，如图 2-24 所示。

图 2-24　使用"网格线"复选框控制网格线的显示状态

注意：打印工作表时，不会将这些网格线打印到纸张上。

如果想让屏幕中或打印到纸张上的表格显示明确的边框线，则用户需要手动为单元格添加边框，有以下两种方法：

- 在功能区"开始"|"对齐方式"组中打开"边框"下拉列表，然后选择内置的边框方案或选择手动绘制边框，如图 2-25 所示。
- 如果要对边框进行更多设置，则可以打开"设置单元格格式"对话框的"边框"选项卡，然后对边框的线型、颜色、添加的位置等进行设置。

图 2-25　选择内置的边框方案或选择手动绘制边框

打开"设置单元格格式"对话框的"边框"选项卡的方法有以下几种：

- 在图 2-25 菜单中单击"其他边框"命令。
- 在功能区"开始"选项卡的"字体""对齐方式"或"数字"这 3 个组的任一组中单击对话框启动器，打开"设置单元格格式"对话框，然后切换到"边框"选项卡。
- 右击选区，在弹出的快捷菜单中单击"设置单元格格式"命令，然后在打开的"设置单元格格式"对话框中切换到"边框"选项卡。
- 按 Ctrl+1 组合键。

如图 2-26 所示，为 A1:C8 单元格区域设置了蓝色的双线边框，操作步骤如下：

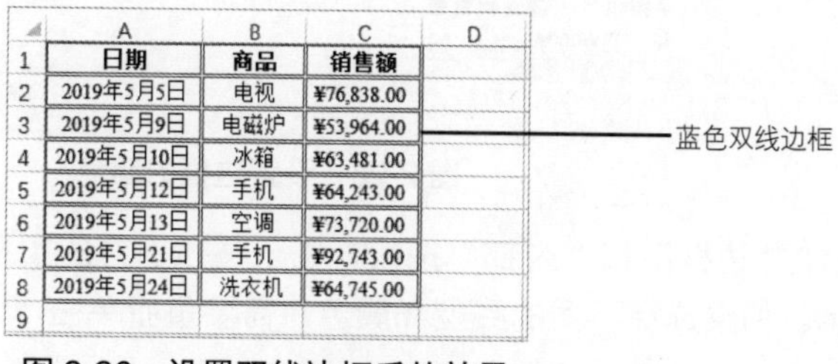

	A	B	C	D
1	日期	商品	销售额	
2	2019年5月5日	电视	¥76,838.00	
3	2019年5月9日	电磁炉	¥53,964.00	
4	2019年5月10日	冰箱	¥63,481.00	
5	2019年5月12日	手机	¥64,243.00	
6	2019年5月13日	空调	¥73,720.00	
7	2019年5月21日	手机	¥92,743.00	
8	2019年5月24日	洗衣机	¥64,745.00	
9				

蓝色双线边框

图 2-26　设置双线边框后的效果

（1）选择 A1:C8 单元格区域，打开"设置单元格格式"对话框，切换到"边框"选项卡，在"样式"中选择双线型，如图 2-27 所示。

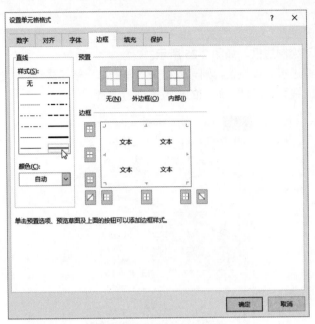

图 2-27　设置边框的线型

（2）在"颜色"下拉列表中选择"蓝色"，如图 2-28 所示。

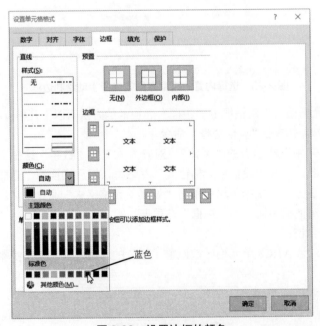

图 2-28　设置边框的颜色

（3）单击"外边框"和"内部"按钮，位于按钮下方的预览图会显示添加边框后的效果，如图 2-29 所示。如果选择不同的线型和颜色，需要重新单击"外边框"和"内部"按钮，以应用最新的更改。

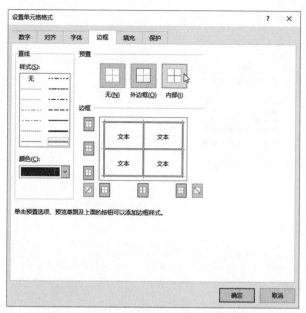

图 2-29　单击"外边框"和"内部"按钮

提示：可以使用"边框"区域中的 8 个按钮控制单元格各个边框的显示状态。

（4）设置完成后，单击"确定"按钮。

2.2.3　设置单元格的背景色

单元格边框主要是为数据提供了视觉上的分界线。对于只在屏幕中显示的电子表格来说，设置更多的可能是单元格的背景色，背景色可以增强表格的视觉效果。

如图 2-30 所示是为 A1:C1 单元格区域设置灰色背景色后的效果。选择 A1:C1 单元格区域，然后在功能区"开始"|"字体"组中单击"填充颜色"按钮上的下拉按钮，在打开的颜色列表中选择一种灰色，如图 2-31 所示。

图 2-30　设置背景色后的效果

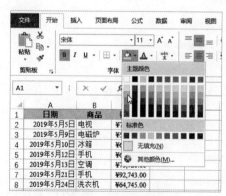

图 2-31　选择背景色

如果要对单元格的背景色进行更多设置，则可以打开"设置单元格格式"对话框的"填充"选项卡，在该选项卡中除了可以设置单色背景色之外，还可以设置渐变色背景、图案背景等多种背景效果，如图 2-32 所示。

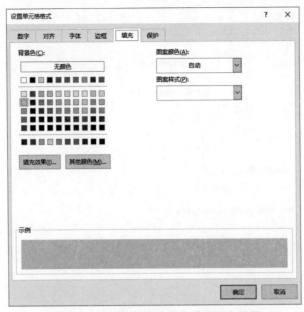

图 2-32　对单元格的背景色进行更多设置

2.2.4　使用样式快速设置多种格式

　　如果想要一次性为单元格设置字体、数字格式、对齐方式、边框、填充等多种格式，则需要使用单元格样式。在单元格样式中可以包含以下 6 种单元格格式：数字、对齐、字体、边框、填充、保护，它们对应于"设置单元格格式"对话框中的 6 个选项卡。

　　Excel 内置了很多单元格样式，选择要设置格式的单元格或区域，然后在功能区"开始"|"样式"组中单击"单元格样式"按钮，在打开的列表中选择一种单元格样式，如图 2-33 所示。

图 2-33　选择 Excel 内置的单元格样式

　　如果内置的单元格样式无法满足需求，则可对与所需的目标样式比较接近的内置样式进行修改。打开图 2-33 中的单元格样式列表，右击要修改的样式，在弹出的快捷菜单中单击"修改"命令，如图 2-34 所示。

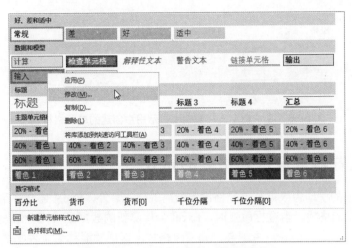

图 2-34　右击样式后单击"修改"命令

打开"样式"对话框，样式中的每一种格式都有一个复选框，处于选中状态的复选框表示相应的格式在当前样式中正处于使用状态，如图 2-35 所示。希望在样式中使用哪些格式，就选中与这些格式对应的复选框。如果要对特定的格式进行修改，则单击"格式"按钮，然后在打开的"设置单元格格式"对话框中进行设置。

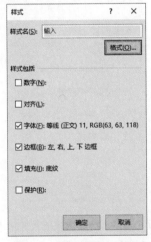

图 2-35　修改样式中的格式

提示：如果要修改某个内置的单元格样式，但是又不想破坏它原来的格式，则可以在单元格样式列表中右击要修改的样式，然后在弹出的快捷菜单中单击"复制"命令，这样将会创建该样式的一个副本，之后的修改工作只用于这个样式副本，而不会影响原始样式。

除了使用 Excel 内置的单元格样式，用户还可以创建新的单元格样式，创建过程与修改内置的单元格样式类似，主要区别在于能否设置样式的名称。修改内置的单元格样式时不能修改样式名，而创建新的单元格样式则可以设置样式名。在打开的单元格样式列表中单击"新建单元格样式"命令，即可创建新的单元格。

创建好的单元格样式显示在单元格样式列表顶部的"自定义"类别中，如图 2-36 所示。以后可以随时修改用户创建的单元格样式，方法与修改内置单元格样式类似。

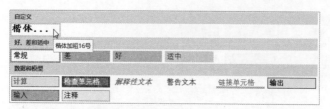

图 2-36　在"自定义"类别中显示用户创建的单元格样式

2.3　动态设置财务数据和报表的格式

除了前面介绍的手动为数据和单元格设置所需的格式之外，Excel 还允许用户为符合条件的数据自动设置指定的格式。当数据改变时，Excel 会检测新的数据是否符合所设置的条件，如果符合，则继续应用指定的格式，否则会自动清除格式。这项功能称为条件格式，用户使用该功能可以为数据设置动态的格式。

2.3.1　条件格式简介

Excel 内置了很多条件格式，它们可以满足一般应用需求。在功能区"开始"|"样式"组中单击"条件格式"按钮，弹出如图 2-37 所示的菜单，"突出显示单元格规则""最前 / 最后规则""数据条""色阶"和"图标集"这 5 个命令是 Excel 内置的 5 种条件格式，它们的功能见表 2-2。

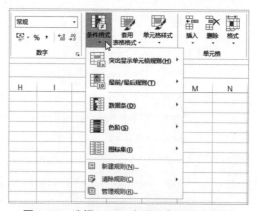

图 2-37　选择 Excel 内置的条件格式规则

表 2-2　内置条件格式规则的功能

条件格式规则	说　　明
突出显示单元格规则	创建基于数值大小比较的规则，包括大于、小于、等于、介于、文本包含、发生日期、重复值或唯一值等
最前 / 最后规则	创建基于排名或平均值的规则，包括前 n 项、后 n 项、前百分之项、后百分之 n 项、高于平均值、低于平均值等
数据条、色阶、图标集	以图形的方式呈现单元格中的值，包括数据条、色阶或图标集 3 种图形类型

选择要设置条件格式的单元格，然后从图 2-37 菜单中选择一种条件格式规则，如"突出显示单元格规则"，在子菜单中选择一个具体的规则，如"大于"。此时会打开如图 2-38 所示的对话框，在左侧设置一个基准值，如 3 500，在右侧选择当单元格中的值大于基准值时，为单元

格设置的格式。单击“确定”按钮，Excel 自动为选区中所有大于 3 500 的单元格设置格式，如图 2-39 所示。

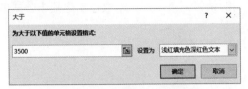

图 2-38　设置条件格式规则

	A	B	C	D
1	编号	性别	年龄	工资
2	A001	男	23	3800
3	A002	女	26	3900
4	A003	女	25	3600
5	A004	男	29	3000
6	A005	女	39	3300

图 2-39　设置条件格式后的效果

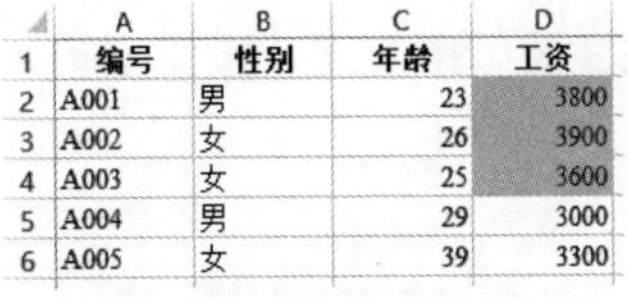

提示：如果想要自定义设置符合条件时设置的格式，则可以在类似前面打开的“大于”对话框的“设置为”下拉列表中选择“自定义格式”命令，如图 2-40 所示，然后在打开的“设置单元格格式”对话框中设置所需的格式。

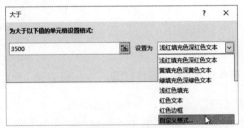

图 2-40　选择“自定义格式”命令自定义设置格式

如图 2-41 所示显示了使用其他类型的内置条件格式的效果。

	A	B	C	D	E	F	G	H	I
1	编号	性别	年龄	工资		编号	性别	年龄	工资
2	A001	男	23	3800		A001	男	23	3800
3	A002	女	26	3900		A002	女	26	3900
4	A003	女	25	3600		A003	女	25	3600
5	A004	男	29	3000		A004	男	29	3000
6	A005	女	39	3300		A005	女	39	3300
7									
8									
9	编号	性别	年龄	工资		编号	性别	年龄	工资
10	A001	男	23	3800		A001	男	23	3800
11	A002	女	26	3900		A002	女	26	3900
12	A003	女	25	3600		A003	女	25	3600
13	A004	男	29	3000		A004	男	29	3000
14	A005	女	39	3300		A005	女	39	3300

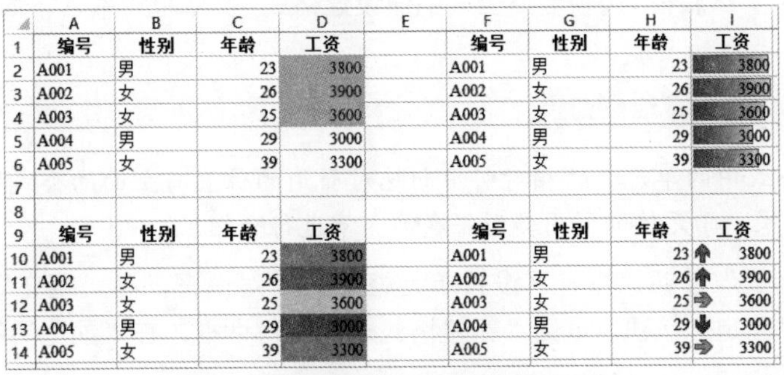

图 2-41　使用不同内置条件格式的效果

2.3.2　突出显示满足特定条件的数据

虽然 Excel 内置了很多条件格式，但是仍然无法满足灵活多变的应用需求。通过创建基于公式的条件格式规则，可以让格式的设置完全由公式的计算结果决定。

与创建基于公式的数据验证规则类似，在条件格式规则中创建的公式也需要返回逻辑值 TRUE 或 FALSE，如果返回的是数字，那么 0 等价于 FALSE，所有非 0 数字等价于 TRUE。当公式返回逻辑值 TRUE 或非 0 数字时，将自动为单元格设置由用户指定的格式，否则不为单元格设置任何格式。

要创建基于公式的条件格式规则，需要在功能区“开始”|“样式”组中单击“条件格式”按钮，然后在下拉菜单中单击“新建规则”命令。打开“新建格式规则”对话框，在“选择规则类型”列表框中选择“使用公式确定要设置格式的单元格”，进入如图 2-42 所示的界面，在“为符合

此公式的值设置格式"文本框中输入所需的公式，然后单击"格式"按钮设置符合条件时应用的格式。

如图 2-43 所示，如果想要快速标记出日期相同的销售记录，则可以通过创建基于公式的条件格式规则来实现，操作步骤如下：

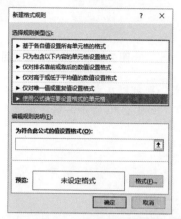

图 2-42　创建基于公式的条件格式规则的操作界面

▲	A	B	C
1	日期	商品	销售额
2	2019年5月5日	电视	76838
3	2019年5月9日	电磁炉	53964
4	2019年5月9日	冰箱	63481
5	2019年5月12日	手机	64243
6	2019年5月13日	空调	73720
7	2019年5月21日	手机	92743
8	2019年5月21日	洗衣机	64745

图 2-43　包含相同日期的销售记录

（1）选择要设置条件格式的数据区域，本例为 A2:C8。

（2）在功能区"开始"|"样式"组中单击"条件格式"按钮，然后在下拉菜单中单击"新建规则"命令。

（3）打开"新建格式规则"对话框，在"选择规则类型"列表框中选择"使用公式确定要设置格式的单元格"，然后在"为符合此公式的值设置格式"文本框中输入下面的公式，如图 2-44 所示。

```
=COUNTIF($A$2:$C$8,$A2)>1
```

注意：确保公式中的单元格的相对引用和绝对引用的位置与上面的公式完全相同，否则可能会得到不同的结果。单元格的引用类型将在第 3 章进行介绍。

（4）单击"格式"按钮，打开"设置单元格格式"对话框，在"填充"选项卡中选择一种背景色。单击"确定"按钮，返回"新建格式规则"对话框，在"预览"中将会看到所选择的颜色，如图 2-45 所示。

图 2-44　输入用于条件格式规则的公式

图 2-45　在"预览"中显示用户选择的颜色

（5）单击"确定"按钮，选区中所有日期相同的销售记录所在的行会被设置为指定的背景色，如图 2-46 所示。

图 2-46　自动为日期相同的销售记录行设置背景色

2.3.3　为报表设置隔行底纹

如果报表包含很多行，可以通过设置隔行底纹使报表中的各行数据更加清晰。隔行底纹是指相邻的两行使用不同的颜色作为单元格的背景色，从而实现视觉上的分隔效果。使用条件格式功能可以为工作表自动设置隔行底纹，底纹会随数据行的增加或减少自动变化，而手动设置的底纹则不具备这种功能。

如图 2-47 所示，为工作表中包含数据的奇数行设置灰色背景，当在新行中输入数据时，如果数据所在的是奇数行，则 Excel 会为该行数据设置灰色背景。实现此功能的操作步骤如下：

（1）本例数据位于 A1:C8 单元格区域，占据 A ～ C 三列，因此同时选择 A:C 列。

（2）在功能区"开始"|"样式"组中单击"条件格式"按钮，然后在下拉菜单中单击"新建规则"命令，如图 2-47 所示。

图 2-47　单击"新建规则"命令

（3）打开"新建格式规则"对话框，在"选择规则类型"列表框中选择"使用公式确定要设置格式的单元格"选项，然后在"为符合此公式的值设置格式"文本框中输入下面的公式，如图 2-48 所示。

```
=AND(MOD(ROW(A1),2)=1,COUNTA(A1))
```

技巧：由于 MOD(ROW(A1),2) 返回的不是 1 就是 0，而所有非 0 数字等价于逻辑值 TRUE，由于返回 1 时表示奇数行，因此，可以将上面的公式简化为"=MOD(ROW(A1),2)"，即把原公式结尾部分的"=1"删除。

（4）单击"格式"按钮，打开"设置单元格格式"对话框，在"填充"选项卡中为单元格选择一种背景色，如"灰色"，如图 2-49 所示。

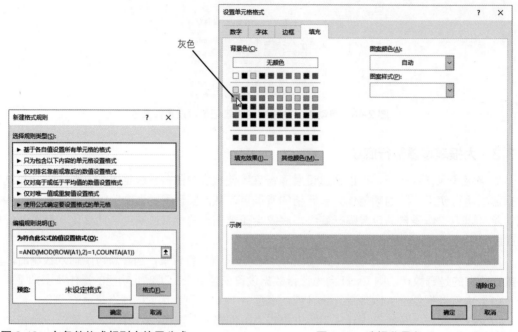

图 2-48　在条件格式规则中使用公式　　　　图 2-49　选择背景色

（5）单击两次"确定"按钮，依次关闭打开的对话框，将自动为数据区域中的奇数行设置灰色背景，如图 2-50 所示。当在第 9 行和第 10 行输入新数据时，Excel 会自动为第 9 行设置灰色背景，因为该行是奇数行，如图 2-51 所示。

图 2-50　为奇数行数据设置背景色　　　　图 2-51　自动为新增加的奇数行数据设置背景色

2.3.4　管理条件格式

可以随时修改或删除现有的条件格式规则。选择任意一个设置了条件格式的单元格，然后在功能区"开始"|"样式"组中单击"条件格式"按钮，在下拉菜单中单击"管理规则"命令，打开"条件格式规则管理器"对话框，其中显示了为当前选中的单元格设置的所有条件格式规则，如图 2-52 所示。双击要修改的规则，在打开的"编辑格式规则"对话框中进行修改，或者选择要删除的规则，然后单击"删除规则"按钮将其删除。

如果要显示当前工作表中包含的所有条件格式规则，则可以在"显示其格式规则"下拉列表中选择"当前工作表"。如果要显示其他工作表中包含的条件格式，则可以在该下拉列表中选择其他工作表的名称。

图 2-52　"条件格式规则管理器"对话框

　　如果为同一个单元格或区域设置了多个条件格式规则,那么这些规则的执行顺序以它们在"条件格式规则管理器"对话框中的显示顺序为准,从上到下依次执行,但是可以通过单击"上移"按钮▲或"下移"按钮▼调整规则的执行顺序。

　　如果为同一个单元格或区域设置了相同的条件格式规则,但是这些规则具有不同的格式设置,那么可以通过选中相应规则右侧的"如果为真则停止"复选框,以便在符合条件格式规则时,只应用特定规则中的格式,而不是所有相同规则中的格式。

　　例如,如果为一个单元格区域设置了相同的两个规则,但是这两个规则的格式设置不同,其中一个规则为单元格设置背景色,另一个规则将字体设置为加粗和倾斜。如果在符合规则时只想设置其中一个规则中的格式,则可以选中该规则右侧的"如果为真则停止"复选框。

　　如果多个规则在格式设置上存在冲突,则只执行优先级较高的规则。例如,一个规则为单元格设置红色的背景色,另一个规则为单元格设置蓝色的背景色,最终为单元格设置的背景色由这两个规则中具有较高优先级的那个规则决定。

第 3 章
使用公式和函数计算财务数据

公式和函数是 Excel 中所有数据计算的基础和核心，使用公式和函数可以构建能够自动计算且逻辑结构强的工作表。此外，像数据验证、条件格式、动态图表等功能，只有将公式和函数融入它们当中，才能让这些功能更强大，应用范围更广。本章首先介绍公式和函数的一些基础知识，然后介绍在财会工作中比较常用的一些函数。

3.1 公式和函数基础

在开始介绍具体的函数之前，首先应该对公式和函数的基本概念和相关操作有所了解。本节内容是独立于特定函数之外的，也就是说，对于任何类型的函数，本节内容都具有通用性。

3.1.1 公式的组成

Excel 中的公式由等号、常量、运算符、单元格引用、函数、定义的名称等内容组成。公式可以包括以上这些内容中一部分或全部，具体包括哪些由公式的复杂程度决定。无论哪个公式，都必须以等号开头，只有这样才会被 Excel 认为当前输入的是公式而不是文本或数字。

简单的公式可以只包含一个单元格引用或一个函数，如"=B1"和"=NOW()"；稍复杂一点的公式可能会包含常量、单元格引用、运算符和函数，如"=SUM(A1:A6)/2"；更复杂的公式会包含多个函数的嵌套使用。

常量就是字面量，可以是文本、数值或日期，如 666、Office、2019 年 5 月 1 日。单元格引用就是单元格地址，可以是单个单元格地址，也可以是单元格区域的地址，如 A1、A3:D6。函数可以是 Excel 内置的函数，如 SUM、LEFT、LOOKUP，也可以是用户通过编写 VBA 代码创建的自定义函数。名称是由用户在 Excel 中创建的，其中可以包含常量、单元格引用或公式，使用名称即可引用它所代表的内容，通常可以简化输入量，并使公式更易读。

运算符用于连接公式中的各个部分，并执行不同类型的运算，如 +（加法运算符）用于计算运算符两侧的数字之和，*（乘法运算符）用于计算运算符两侧的数字乘积。不同类型的运算符具有不同的计算顺序，可以将这种顺序称为运算符的优先级。

Excel 中的运算符包括算术运算符、文本连接运算符、比较运算符、引用运算符 4 种类型，

表 3-1 列出了按优先级从高到低的顺序排列的运算符。

表 3-1　Excel 中的运算符及其说明

运算符类型	运算符	说　明	示　例
引用运算符	冒号（:）	区域运算符，引用由冒号两侧的单元格组成的整个区域	=SUM(A1:A6)
	逗号（,）	联合运算符，将不相邻的多个区域合并为一个引用	=SUM(A1:B2,C5:D6)
	空格（ ）	交叉运算符，引用空格两侧的两个区域的重叠部分	=SUM(A1:B6 B2:C5)
算术运算符	-	负数	=-3*10
	%	百分比	=2*15%
	^	乘方（幂）	=3^2-6
	* 和 /	乘法和除法	=6*5/2
	+ 和 -	加法和减法	=2+18-10
文本连接运算符	&	将两部分内容连接在一起	="Windows"&"系统"
比较运算符	=、<、<=、>、>= 和 <>	比较两部分内容并返回逻辑值	=A1<=A2

如果一个公式中包含多个不同类型的运算符，Excel 将按照这些运算符的优先级对公式中的各部分进行计算。如果一个公式中包含多个具有相同优先级的同一类型的运算符，Excel 将按照运算符在公式中出现的位置，从左到右对各部分进行计算。

例如，下面公式的计算结果为 11，由于 * 和 / 这两个运算符的优先级高于 + 运算符，因此先计算 10*3，再将得到的结果 30 除以 6，最后将得到的结果 5 加 6，最终得到 11。

```
=6+10*3/6
```

如果想要先计算处于低优先级的加法，即 6+10 部分，那么可以使用小括号提升运算符的优先级，使低优先级的运算符先进行计算。下面的公式将 6+10 放到一对小括号中，使其在 * 和 / 之前先计算，因此该公式的计算结果为 8，即 6+10=16，16*3=48，48/6=8。

```
=(6+10)*3/6
```

当公式中包含嵌套的小括号时，即一对小括号位于另一对小括号中。在这种情况下，嵌套小括号的计算顺序是从最内层的小括号逐级向外层小括号进行计算。

3.1.2　输入和修改公式

输入公式的方法与第 1 章介绍的输入普通数据的方法类似，除了包含"输入"和"编辑"两种模式之外，输入公式时还多了一种"点"模式。该模式出现在输入一个运算符之后，如果此时按下方向键或单击任意一个单元格，就会进入"点"模式，当前选中的单元格的边框变为虚线，该单元格的地址会被添加到运算符的右侧，如图 3-1 所示。

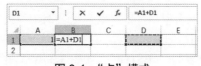

图 3-1　"点"模式

输入公式时，可以在"输入""编辑"和"点" 3 种模式之间随意切换。输入好公式中的所有内容后，按 Enter 键结束输入，如果没有错误，则会得到正确的计算结果。

如果要输入新的公式来代替单元格中的现有公式，选择包含公式的单元格，然后输入新的公式并按 Enter 键。如果要修改公式中的部分内容，则可以选择包含公式的单元格，然后使用以下几种方法进入"编辑"模式：

- 按 F2 键。
- 双击单元格。
- 单击编辑栏。

完成修改后，按 Enter 键确认并保存修改结果。如果在修改时按 Esc 键，则会放弃当前所做的所有修改并退出"编辑"模式。

3.1.3 移动和复制公式

用户可以将单元格中的公式移动或复制到其他位置，方法类似于移动和复制普通数据，具体内容已在第 1 章详细介绍过。填充数据的方法也同样适用于公式，通过拖动包含公式的单元格右下角的填充柄，可以在一行或一列中复制公式。也可以双击填充柄，将公式快速复制到与相邻的行或列中最后一个连续数据相同的位置上。

如果在复制的公式中包含单元格引用，那么单元格引用的类型将会影响复制后的公式。Excel 中的单元格引用类型分为相对引用、绝对引用、混合引用 3 种，可以通过单元格地址中是否包含 $ 符号，来从外观上区分这 3 种引用类型。

如果同时在行号和列标左侧添加 $ 符号，则该单元格的引用类型是绝对引用，如 $A$1。如果行号和列标左侧都没有 $ 符号，则该单元格的引用类型是相对引用，如 A1。如果只在单元格地址的行号左侧添加 $ 符号，则该单元格的引用类型是混合引用，即列相对引用、行绝对引用，如 A$1。如果只在单元格地址的列标左侧添加 $ 符号，则该单元格的引用类型也是混合引用，即列绝对引用、行相对引用，如 $A1。

用户可以在单元格地址中手动输入 $ 符号来改变单元格的引用类型。更便捷的方法是在单元格或编辑栏中选中单元格地址，然后使用 F4 键在不同的引用类型之间快速切换。假设 A1 单元格最初为相对引用，使用下面的方法将在不同的引用类型之间切换：

- 按 1 次 F4 键，将相对引用转换为绝对引用，即 A1 → $A$1。
- 按 2 次 F4 键：将相对引用转换为行绝对引用、列相对引用，即 A1 → A$1。
- 按 3 次 F4 键：将相对引用转换为行相对引用、列绝对引用，即 A1 → $A1。
- 按 4 次 F4 键：单元格的引用类型恢复为最初状态。

在将公式从一个单元格复制到另一个单元格时，公式中绝对引用的单元格地址不会改变，而相对引用的单元格地址则会根据复制前、后的位置关系动态改变。将复制前的单元格地址看作起点，根据公式复制到的目标单元格与原始单元格之间的相对位置，改变复制公式后的单元格地址。

例如，如果 B1 单元格中的公式为"=A1+6"，将公式复制到 C3 单元格后，公式变为"=B3+6"，原来的 A1 自动变为 B3，如图 3-2 所示。公式由 B1 复制到 C3，相当于从 B1 向下移动 2 行，向右移动 1 列，从而到达 C3。由于公式中的 A1 是相对引用，因此，该单元格也要向下移动 2 行，向右移动 1 列，从而到达 B3。

如果单元格的引用类型是混合引用，则在复制公式时，只改变相对引用的部分，绝对引用的部分保持不变。仍使用上面的示例进行说明，如果 B1 单元格中的公式为"=A$1+6"，将该公式复制到 C3 单元格后，公式将变为"=B$1+6"，如图 3-3 所示。由于原来的 A$1 是行绝对引用、列相对引用，因此复制后只改变列的位置。

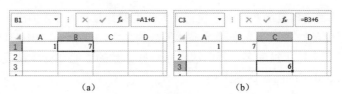

图 3-2　相对引用对复制公式的影响

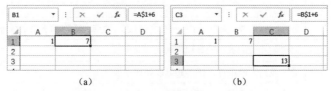

图 3-3　混合引用对复制公式的影响

3.1.4　改变公式的计算方式

在修改公式中的内容后，按 Enter 键会得到最新的计算结果。如果工作表中包含使用随机数函数的公式，则在编辑其他单元格并结束编辑后，随机数函数的值会自动更新，这是因为 Excel 的计算方式默认设置为"自动"。

如果工作表中包含大量的公式，那么这种自动重算功能会严重影响 Excel 的整体性能。此时，可以将计算方式改为"手动"，在功能区"公式"|"计算"组中单击"计算选项"按钮，然后在下拉菜单中单击"手动"命令，如图 3-4 所示。

图 3-4　改变公式的计算方式

提示：如果将计算方式设置为"除模拟运算表外，自动重算"，则在 Excel 重新计算公式时会自动忽略模拟运算表的相关公式。

将计算方式设置为"手动"后，如果工作表中存在任何未计算的公式，则会在状态栏中显示"计算"字样，此时可以使用以下几种方法对公式执行计算：

● 在功能区"公式"|"计算"组中单击"开始计算"按钮，或按 F9 键，将重新计算所有打开工作簿中的所有工作表中未计算的公式。

● 在功能区"公式"|"计算"组中单击"计算工作表"按钮，或按 Shift+F9 组合键，将重新计算当前工作表中的公式。

● 按 Ctrl+Alt+F9 组合键，将重新计算所有打开工作簿中的所有工作表中的公式，无论这些公式是否需要重新计算。

● 按 Ctrl+Shift+Alt+F9 组合键，将重新检查相关的公式，并重新计算所有打开工作簿中的所有工作表中的公式，无论这些公式是否需要重新计算。

3.1.5 函数的类型

Excel 提供了几百个内置函数，用于执行不同类型的计算，表 3-2 列出了 Excel 中的函数类别及其说明。为了使函数名可以更准确地描述函数的功能，从 Excel 2010 开始微软对 Excel 早期版本中的一些函数进行了重命名，同时改进了一些函数的性能和计算精度。后来的 Excel 版本仍然沿用 Excel 2010 中的函数命名方式。

表 3-2　Excel 中的函数类别及其说明

函 数 类 别	说　　明
数学和三角函数	包括四则运算、数字舍入、指数与对数、阶乘、矩阵和三角函数等数学计算
日期和时间函数	对日期和时间进行计算和推算
逻辑函数	通过设置判断条件，使公式可以处理多种情况
文本函数	对文本进行查找、替换、提取或设置格式
查找和引用函数	查找和返回工作表中的匹配数据或特定信息
信息函数	返回单元格格式或数据类型的相关信息
统计函数	对数据进行统计计算和分析
财务函数	对财务数据进行计算和分析
工程函数	对工程数据进行计算和分析
数据库函数	对数据列表和数据库中的数据进行计算和分析
多维数据集函数	对多维数据集合中的数据进行计算和分析
Web 函数	在 Excel 2013 中新增的函数类别，用于与网络数据进行交互
加载宏和自动化函数	通过加载宏提供的函数，扩展 Excel 函数的功能
兼容性函数	这些函数已被重命名后的函数代替，保留这些函数主要用于 Excel 早期版本

为了保持与 Excel 早期版本的兼容性，Excel 2010 及 Excel 更高版本中保留了重命名前的函数，它们位于功能区中的"公式"|"函数库"|"其他函数"|"兼容性"下拉列表中，如图 3-5 所示。重命名后的函数名称通常是在原有函数名称中间的某个位置添加了一个英文句点"."，有的函数会在其原有名称的结尾添加包含英文句点在内的扩展名。例如，NORMSDIST 是 Excel 2003 中的标准正态累积分布函数，在 Excel 2010 及 Excel 更高版本中，将该函数重命名为 NORM.S.DIST。

图 3-5　兼容性函数

在关闭一些工作簿时，可能会显示用户是否保存工作簿的提示信息。即使在打开工作簿后未进行任何修改，关闭工作簿时仍然会显示这类提示信息。出现这种情况通常是由于在工作簿中使用了易失性函数。

在工作表中的任意一个单元格中输入或编辑数据，甚至只是打开工作簿这样的简单操作，工作表中的易失性函数都会自动重新计算，此时关闭工作簿，工作簿就成了未保存状态，因此会显示是否保存的提示信息。常见的易失性函数有 TODAY、NOW、RAND、RANDBETWEEN、OFFSET、INDIRECT、CELL、INFO 等。

下面的操作不会触发易失性函数的自动重算：
- 将计算方式设置为"手动计算"。
- 设置单元格格式或其他显示方面的属性。
- 输入或编辑单元格时，按 Esc 键取消本次输入或编辑操作。
- 使用除鼠标双击外的其他方法调整单元格的行高和列宽。

3.1.6　在公式中输入函数及其参数

可以使用以下几种方法在公式中输入函数：
- 手动输入函数。
- 使用功能区中的函数命令。
- 使用"插入函数"对话框。

1．手动输入函数

如果知道要使用的函数，那么手动输入函数是简单直接的方法。当用户在公式中输入函数的首字母或前几个字母时，Excel 会自动显示包含与用户输入相匹配的函数和名称的列表，该列表由"公式记忆式键入"功能控制，用户可以从列表中选择某个函数，或继续输入更多的字母以缩小匹配范围。

例如，要使用 SUM 函数计算数字之和，首先在单元格中输入一个等号，然后输入 SUM 函数的首字母 S，此时会显示以字母 S 开头的所有函数和名称的列表，如图 3-6 所示。继续输入 SUM 函数的第 2 个字母 U，列表被自动筛选一次，此时显示以字母 SU 开头的函数和名称的列表。滚动鼠标滚轮或使用键盘上的方向键选择所需的函数（如 SUM），按 Tab 键即可将该函数添加到公式中，如图 3-7 所示。

图 3-6　输入函数的首字母会显示匹配的函数名

图 3-7　输入更多字母缩小匹配范围

Excel 会自动在函数名的右侧添加一个左括号，并在函数名的下方显示当前需要输入的参数信息，参数名显示为粗体，以中括号包围的参数是可选参数，如图 3-8 所示。输入好参数后，需要输入一个右括号作为当前函数的结束标志。

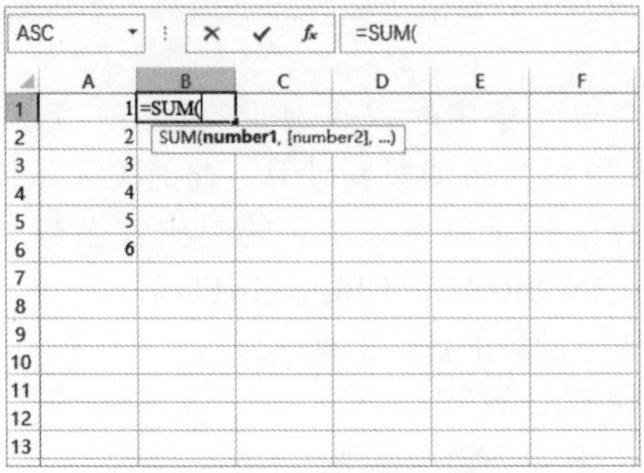

图3-8 将函数输入到公式中

提示： 无论用户在输入函数时使用的是大写字母还是小写字母，只要函数名的拼写正确，按下 Enter 键后，函数名会自动转换为大写字母形式。

2. 使用功能区中的函数命令

在功能区"公式"|"函数库"组中列出了不同的函数类别，用户可以从特定的函数类别中选择所需使用的函数。如图 3-9 所示为从"数学和三角函数"类别中选择的 SUM 函数，当光标指向某个函数时，会自动显示该函数的功能及其包含的参数。

图 3-9 在功能区中选择要使用的函数

选择一个函数后，将打开"函数参数"对话框，其中显示了函数包含的各个参数，用户需要在相应的文本框中输入参数的值，可以单击文本框右侧的 按钮在工作表中使用鼠标选择单元格或区域，每个参数的值会显示在文本框的右侧，下方会显示使用当前函数对各个参数计算后的结果，如图 3-10 所示。确认无误后，单击"确定"按钮，将包含参数的函数输入到公式中。

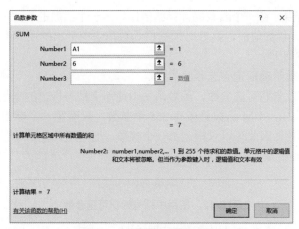

图 3-10　设置函数的参数值

3. 使用"插入函数"对话框

除了使用功能区中的函数命令之外，还可以使用"插入函数"对话框来输入函数。单击编辑栏左侧的 *f*ₓ 按钮，打开"插入函数"对话框。在"搜索函数"文本框中输入有关计算目的或函数功能的描述信息，然后单击"转到"按钮，Excel 会显示与输入的功能相匹配的函数，如图 3-11 所示。

　　　　　　　（a）　　　　　　　　　　　　　　　　（b）
图 3-11　通过输入描述信息找到匹配的函数

在"选择函数"列表框中选择所需的函数，然后单击"确定"按钮，在打开的"函数参数"对话框输入参数的值即可。

在上面介绍输入函数时，都涉及了函数的参数。每个函数都由函数名、一对小括号以及位于小括号中的一个或多个参数组成，各个参数之间使用英文逗号分隔，形式如下：

函数名(参数1,参数2,参数3,……,参数n)

参数是函数要进行计算的数据，用户只有根据函数语法中的参数位置，按照正确顺序输入相应类型的数据，才能使函数得到正确的计算结果，否则会返回错误值。个别函数不包含任何参数，输入这些函数时，输入函数名和一对小括号即可得到计算结果。

参数的值可以有多种形式，包括以常量形式输入的数值或文本、单元格引用、数组、名称或另一个函数的计算结果。将一个函数的计算结果作为另一个函数的参数的形式称为嵌套函数。

在为某些函数指定参数值时，并非必须提供函数语法中列出的所有参数，这是因为参数分为必选参数和可选参考两种：

- 必选参数：必须明确指定必选参数的值。
- 可选参数：可以省略可选参数，函数语法中使用中括号标记的参数就是可选参数，如图 3-12 所示。例如，SUM 函数最多有 255 个参数，只有第一个参数是必选参数，其他参数都是可选参数，因此可以只指定第一个参数，而省略其他 254 个参数。

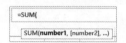

图 3-12　使用中括号标记可选参数

对于包含可选参数的函数来说，如果在可选参数之后还有参数。则当不指定前一个可选参数而直接指定其后的可选参数时，必须保留前一个可选参数的逗号占位符。例如，OFFSET 函数包含 5 个参数，前 3 个参数是必选参数，后两个参数是可选参数，当不指定该函数的第 4 个参数而需要指定第 5 个参数时，必须保留第 4 个参数与第 5 个参数之间的英文逗号，此时 Excel 会为第 4 个参数指定默认值。

3.1.7　在公式中引用其他工作表或工作簿中的数据

公式中引用的数据可以来自于公式所在的工作表，这种情况是最容易处理的。Excel 也支持在公式中引用来自于同一个工作簿的其他工作表或其他工作簿中的数据，此时就需要使用特定的格式在公式中输入所引用的数据。

1．在公式中引用其他工作表中的数据

如果要在公式中引用同一个工作簿的其他工作表中的数据，则需要在单元格地址的左侧添加工作表名称和一个英文感叹号，格式如下：

```
=工作表名称!单元格地址
```

例如，在 Sheet2 工作表的 A1 单元格中包含数值 111，如图 3-13 所示。如果要在该工作簿的 Sheet1 工作表的 A1 单元格中输入一个公式，来计算 Sheet2 工作表的 A1 单元格中的数值与 6 的乘积，则需要在 Sheet1 工作表的 A1 单元格中输入下面的公式，如图 3-14 所示。

```
=Sheet2!A1*6
```

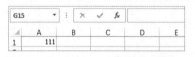 

图 3-13　Sheet2 工作表中的数据　　　　图 3-14　Sheet1 工作表中的公式

注意： 如果工作表的名称以数字开头，或其中包含空格、特殊字符（如 $、%、# 等），则在公式中需要使用一对单引号将工作表名称包围起来，如"='Sheet 2'!A1*6"。以后如果修改工作表的名称，公式中工作表名称会同步更新。

2．在公式中引用其他工作簿中的数据

如果要在公式中引用其他工作簿中的数据，则需要在单元格地址的左侧添加使用中括号括

起的工作簿名称、工作表名称和一个英文感叹号，格式如下：

```
=[工作簿名称]工作表名称!单元格地址
```

如果工作簿名称或工作表名称以数字开头，或其中包含空格、特殊字符，则需要使用一对单引号同时将工作簿名称和工作表名称包围起来，格式如下：

```
='[工作簿名称]工作表名称'!单元格地址
```

如果公式中引用的数据所在的工作簿已经打开，则按照上面的格式输入工作簿的名称，否则必须在公式中输入工作簿的完整路径。为了简化输入，通常在打开工作簿的情况下创建这类公式。

提示：如果在工作簿打开的情况下设置好公式，在关闭工作簿后，其路径会被自动添加到公式中。

如图 3-15 所示，下面的公式引用"销售数据"工作簿 Sheet2 工作表中的 A1 单元格中的数据，并计算它与 5 的乘积。

```
=[销售数据.xlsx]Sheet2!A1*5
```

图 3-15　在公式中引用其他工作簿中的数据

3．在公式中引用多个工作表中的相同区域

如果要引用多个相邻工作表中的相同区域，则可以使用工作表的三维引用，从而简化对每一个工作表的单独引用，格式如下：

```
起始位置的工作表名称:终止位置的工作表名称!单元格地址
```

下面的公式计算 Sheet1、Sheet2 和 Sheet3 这 3 个工作表 A1:A6 单元格区域中的数值总和：

```
=SUM(Sheet1:Sheet3!A1:A6)
```

如果不使用三维引用，则需要在公式中重复引用每一个工作表中的单元格区域，格式如下：

```
=SUM(Sheet1!A1:A6,Sheet2!A1:A6,Sheet3!A1:A6)
```

下面列出的这些函数支持工作表的三维引用：

SUM、AVERAGE、AVERAGEA、COUNT、COUNTA、MAX、MAXA、MIN、MINA、PRODUCT、STDEV.P、STDEV.S、STDEVA、STDEVPA、VAR.P、VAR.S、VARA 和 VARPA。

如果改变公式中引用的多个工作表的起始工作表或终止工作表，或在所引用的多个工作表的范围内添加或删除工作表，那么 Excel 会自动调整公式中所引用的多个工作表的范围及其中包含的工作表。

技巧：如果要引用除了当前工作表之外的其他所有工作表，则可以使用通配符"*"代表公式所在的工作表之外的所有其他工作表的名称，类似于如下形式：

```
=SUM('*'!A1:A6)
```

3.1.8　创建和使用名称

在 Excel 中可以为常量、单元格、公式等内容创建名称，之后可以使用名称代替这些内容，不但可以简化输入，还可以让公式更具可读性。可以使用名称框、"新建名称"对话框和"根据所选内容创建"命令 3 种方法创建名称。

1．使用名称框

在工作表中选择要创建名称的单元格或区域，然后单击名称框，输入一个名称后按 Enter 键，即可为选中的单元格或区域创建名称，如图 3-16 所示。

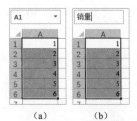

（a）　　　　（b）
图 3-16　使用名称框创建名称

使用名称框创建的名称默认为工作簿级名称，在名称所在工作簿的任意一个工作表中，可以直接使用工作簿级的名称，而不需要添加对工作表名称的引用。

如果想要创建工作表级名称，则要在名称框中输入名称前，先输入当前工作表的名称，然后输入一个感叹号，再输入名称，格式如下：

```
Sheet1!销量
```

2．使用"新建名称"对话框

使用"新建名称"对话框是创建名称最灵活的方法，不但可以为单元格或区域创建名称，还可以为常量或公式创建名称。

在工作表中选择要创建名称的单元格或区域，然后在功能区"公式"|"定义的名称"组中单击"定义名称"按钮，打开如图 3-17 所示的"新建名称"对话框，进行以下设置：

- 在"名称"文本框中输入名称，如"销量"。
- 在"范围"下拉列表中选择名称的级别。如果选择"工作簿"，将创建工作簿级名称；如果选择特定的工作表名，将创建工作表级名称。
- 在"备注"文本框中可以输入简要的说明信息。
- 在"引用位置"文本框中自动填入了事先选中的单元格或区域。可以单击 按钮，在工作表中重新选择区域。

图 3-17　"新建名称"对话框

完成以上设置后，单击"确定"按钮，即可创建名称。

为常量或公式创建名称的方法与此类似，在"引用位置"文本框中输入所需的常量或公式即可。在"引用位置"文本框中输入内容时，也分为输入、编辑、点 3 种输入模式，可以按 F2 键，在"输入"和"编辑"模式之间切换。

3．根据所选内容创建

如果在数据区域的边界包含标题，则可以使用"根据所选内容创建"命令为与标题对应的数据区域创建名称，此方法适用于快速为多行或多列中的每一行或每一列数据创建名称。

如图 3-18 所示，数据区域的第一行是各列数据的标题，如果要将每列顶部的标题创建为相应列的名称，最快的方法是使用"根据所选内容创建"命令，操作步骤如下：

（1）选择包含列标题在内的数据区域，本例为 A1:C6。

（2）在功能区"公式"|"定义的名称"组中单击"根据所选内容创建"按钮，打开"根据所选内容创建名称"对话框，只选中"首行"复选框，如图 3-19 所示。

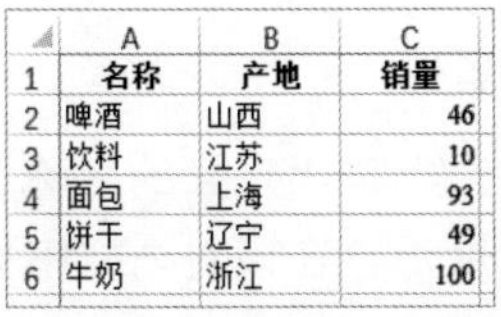

图 3-18　包含标题的数据区域　　　　图 3-19　选中"首行"复选框

（3）单击"确定"按钮，将为每一列数据创建一个名称，名称就是各列顶部的标题。选择不包含标题的任意一列数据，名称框中将显示该列的名称，如图 3-20 所示。

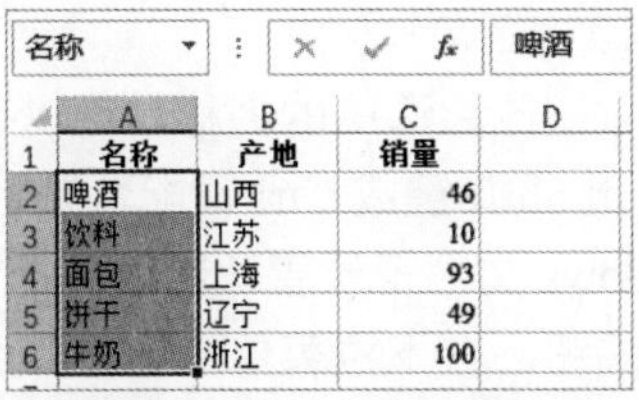

图 3-20　批量为各列创建名称

创建好名称后就可以在公式中使用它了。在公式中输入名称的方法与输入函数类似，Excel 也会自动显示与用户输入相匹配的包含名称和函数的列表，用户可以从中选择所需的名称，然后按 Tab 键，即可将名称添加到公式中。

另一种输入名称的方法是在功能区"公式"|"定义的名称"组中单击"用于公式"按钮，然后在下拉菜单中选择所需的名称，如图 3-21 所示。

图 3-21　在下拉菜单中选择所需的名称

如果在输入好公式之后为公式中的单元格或区域创建了名称，那么可以让 Excel 自动使用名称替换公式中与名称对应的单元格或区域。

在功能区"公式"|"定义的名称"组中单击"定义名称"按钮上的下拉按钮，然后在下拉菜单中单击"应用名称"命令。打开如图 3-22 所示的"应用名称"对话框，在列表框中选择要进行替换的名称，最后单击"确定"按钮。

图 3-22　选择要进行替换的名称

如果要查看和修改已创建的名称，则可以在功能区"公式"|"定义的名称"组中单击"名称管理器"按钮，打开"名称管理器"对话框，如图 3-23 所示。在该对话框中可以创建、编辑和删除名称，具体如下：

- 创建名称：单击"新建"按钮，在打开的"新建名称"对话框中创建名称。
- 修改名称：单击"编辑"按钮，在打开的"编辑名称"对话框中修改名称，不能修改名称的范围。如果只修改名称的引用位置，则可以在"名称管理器"对话框底部的"引用位置"文本框中进行编辑。
- 删除名称：单击"删除"按钮删除选中的名称。可以在"名称管理器"对话框中拖动鼠标选择多个名称，或者使用 Shift 键或 Ctrl 键配合鼠标单击来选择多个相邻或不相邻的名称，方法类似于在 Windows 文件资源管理器中选择文件和文件夹。
- 查看名称：单击"筛选"按钮，在下拉菜单中选择筛选条件，将只显示符合特定条件的名称。

图 3-23　"名称管理器"对话框

3.1.9　创建数组公式

Excel 中的数组是指排列在一行、一列或多行多列中的一组数据的集合。数组中的每一个数据称为数组元素，数组元素的数据类型可以是 Excel 支持的任意数据类型。按数组的维数（维数即不同维度的个数，维度是指数组的行列方向）划分，可以将 Excel 中的数组分为以下两类：

- 一维数组：数组元素排列在一行或一列的数组是一维数组。数组元素排列在一行的数组是水平数组（或横向数组），数组元素排列在一列的数组是垂直数组（或纵向数组）。
- 二维数组：数组元素同时排列在多行多列的数组是二维数组。

数组的尺寸是指数组各行各列的元素个数。一行 N 列的一维水平数组的尺寸为 1×N，一列 N 行的一维垂直数组的尺寸为 N×1，M 行 N 列的二维数组的尺寸为 M×N。

按数组的存在形式划分，可以将 Excel 中的数组分为以下 3 类：

- 常量数组：常量数组是直接在公式中输入数组元素，并使用一对大括号将这些元素包围起来。如果数组元素是文本型数据，则需要使用英文双引号包围数组元素。常量数组不依赖于单元格区域。
- 区域数组：区域数组是公式中的单元格区域引用，如 "=SUM(A1:B6)" 中的 A1:B6 就是区域数组。
- 内存数组：内存数组是在公式的计算过程中，由中间步骤返回的多个结果临时构成的数组，通常作为一个整体继续参与下一步计算。内存数组存在于内存中，因此不依赖于单元格区域。

无论哪种类型的数组，数组中的元素都遵循以下格式：水平数组中的各个元素之间使用英文逗号分隔，垂直数组中的各个元素之间使用英文分号分隔。如图 3-24 所示，A1:F1 单元格区域中包含一个一维水平的常量数组：

```
={1,2,3,4,5,6}
```

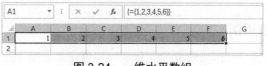

图 3-24　一维水平数组

如图 3-25 所示，A1:A6 单元格区域中包含一个一维垂直的常量数组：

```
={"A";"B";"C";"D";"E";"F"}
```

图 3-25　一维垂直数组

在输入上面两个常量数组时，需要先选择与数组方向及元素个数完全一致的单元格区域，然后输入数组公式并按 Ctrl+Shift+Enter 组合键，Excel 会自动添加一对大括号将整个公式包围起来。

根据数组公式占据的单元格数量，可以分为单个单元格数组公式和多个单元格数组公式（或称多单元格数组公式）。如果要修改多单元格数组公式，则需要选择数组公式占据的整个单元格区域，然后按 F2 键进入"编辑"模式后进行修改，完成后需要按 Ctrl+Shift+Enter 组合键结束。如果单独对多单元格数组公式的某个单元格进行修改，则会弹出如图 3-26 所示的对话框。

图 3-26　禁止修改多单元格数组公式中的部分单元格

删除多单元格数组公式的方法与此类似，需要选择数组公式占据的整个单元格区域，然后按 Delete 键将数组公式删除。

如图 3-27 所示，使用下面的数组公式计算出所有商品的总销售额。如果按照常规方法则需要两步，首先分别计算每种商品的销售额，然后使用 SUM 函数对计算出的各个销售额求和。需要注意的是，公式两侧的大括号是按 Ctrl+Shift+Enter 组合键之后由 Excel 自动添加的，如果用户手动输入则会出错。

```
{=SUM(C2:C6*D2:D6)}
```

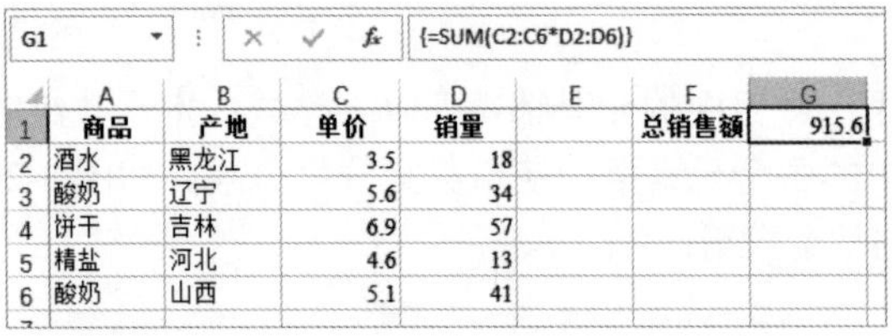

图 3-27　使用数组公式计算所有商品的总销售额

3.1.10　处理公式中的错误

当单元格中的公式发生可被 Excel 识别的错误时，将在单元格中显示 Excel 内置的错误值，它们都以 # 符号开头，每个错误值表示特定的错误类型和产生原因。表 3-3 列出了 Excel 内置的 7 种错误值及其说明。

表 3-3　Excel 内置的 7 种错误值及其说明

错　误　值	说　　　明
#DIV/0!	当数字除以 0 时，将会出现该类型的错误
#NUM!	如果在公式或函数中使用了无效的数值，将会出现该类型的错误
#VALUE!	当在公式或函数中使用的参数或操作数的类型错误时，将会出现该类型的错误
#REF!	当单元格引用无效时，将会出现该类型的错误
#NAME?	当 Excel 无法识别公式中的文本时，将会出现该类型的错误
#N/A	当数值对函数或公式不可用时，将会出现该类型的错误
#NULL!	如果指定两个并不相交的区域的交点，将会出现该类型的错误

除了表 3-3 中列出的 7 种错误值之外，实际应用中经常出现的另一种错误是单元格被 # 符

号填满，出现这种错误的原因主要有以下两个：

- 单元格的列宽过小，导致不能完全显示其中的内容。
- 在单元格中输入了负的日期或时间，而默认的 1900 日期系统不支持负的日期和时间。

当 Excel 检测到单元格中包含错误时，将在该单元格的左上角显示一个绿色的三角，单击这个单元格会显示 按钮，单击该按钮将弹出如图 3-28 所示的菜单，其中包含错误检查和处理的相关命令。

图 3-28　包含错误检查和处理命令的菜单

菜单顶部的文字说明了错误的类型，如图 3-28 中的 "数字错误"，其他命令的功能如下：

- 关于此错误的帮助：打开 "帮助" 窗口并显示相应的错误帮助主题。
- 显示计算步骤：通过分步计算检查发生错误的位置。
- 忽略错误：保留当前值，并忽略单元格中的错误。
- 在编辑栏中编辑：进入单元格的 "编辑" 模式，用户可以在编辑栏中修改单元格中的内容。
- 错误检查选项：打开 "Excel 选项" 对话框的 "公式" 选项卡，在该选项卡中设置错误的检查规则，如图 3-29 所示。只有选中 "允许后台错误检查" 复选框，才会启用 Excel 错误检查功能。

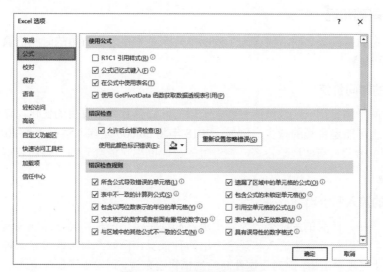

图 3-29　设置错误检查选项

如果公式比较复杂，则在查找出错原因时可能会比较费时。使用 Excel 中的分步计算功能，可以将复杂的计算过程分解为单步计算，提高错误排查的效率。

选择公式所在的单元格，然后在功能区 "公式" | "公式审核" 组中单击 "公式求值" 按钮，打开 "公式求值" 对话框，如图 3-30 所示。带有下画线的内容表示当前准备计算的公式，单击 "求

值"按钮将得到下画线部分的计算结果,如图 3-31 所示。继续单击"求值"按钮依次计算公式中的其他部分,直到得出整个公式的最终结果。完成整个公式的计算后,可以单击"重新启动"按钮重新对公式执行分步计算。

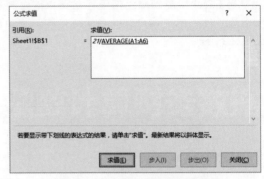

图 3-30　"公式求值"对话框	图 3-31　计算公式中的每个部分

"公式求值"对话框中还有"步入"和"步出"两个按钮。当公式中包含多个计算项且其中含有单元格引用时,"步入"按钮将变为可用状态,单击该按钮会显示分步计算中当前显示下画线部分的值。如果下画线部分包含公式,则会显示具体的公式。单击"步出"按钮可以从步入的下画线部分返回到整个公式中。

3.2　财务计算

由于本书的主题是 Excel 在财务与会计中的应用,因此首先介绍用于财务计算的 Excel 函数,本节主要介绍使用财务函数进行以下两类常见的计算:借贷和投资、计算本金和利息。

3.2.1　财务基础知识

在开始介绍财务函数之前,应该先了解以下几个基本概念:货币的时间价值、现金的流入和流出、单利和复利。

1．货币的时间价值

货币的时间价值是指一定数量的金额在一段时间后其数量上发生的变化,这个变化可能是金额的增加,也可能是金额的减少。例如,2018 年将 50 000 元存入银行,到 2019 年就会获得超过 50 000 元的金额。有些风险投资,在经过一段时间后可能会亏损,最后获得金额就会少于最初的投资额。

2．现金的流入和流出

在财务计算中,所有的金额都分为现金流入和现金流出两种类型,即现金流。无论哪一种交易行为,都会同时存在现金流入和现金流出两种情况。例如,对于购买者来说,在花钱购入一件商品时发生了现金流出,而对于这件商品的销售者来说,则发生了现金流入。在财务公式中,正数代表现金流入,负数代表现金流出。

3．单利和复利

在利息的计算中包括单利和复利两种方式。单利是指按照固定的本金计算利息,即本金固定,到期后一次性结算利息,而本金所产生的利息不再计算利息,如银行的定期存款。复利是指在每经过一个计息期后，都将所产生的利息加入本金，以计算下期的利息，这就是所谓的利滚利，如银行的购房贷款。

3.2.2　借贷和投资

在借贷和投资，以及本金和利息的计算中，经常会遇到下面几个概念：

- 现值：也称为本金，是指当前拥有的金额，现值可以是正数也可以是负数。
- 未来值：现值和利息的总和，未来值可以是正数也可以是负数。
- 付款：现值或现值加利息。
- 利率：在现值基础上增加的一个百分比，通常以年为单位。
- 期数：生成利息的时间总量。
- 周期：获得或支付利息的时间段。

Excel 中有 5 个基本的借贷和投资函数，它们是 FV、PV、PMT、RATE 和 NPER 函数。

FV 函数用于计算在固定利率及等额分期付款方式下投资的未来值，语法如下：

```
FV(rate,nper,pmt,[pv],[type])
```

PV 函数用于计算投资的现值，语法如下：

```
PV(rate,nper,pmt,[fv],[type])
```

PMT 函数用于计算在固定利率及等额分期付款方式下贷款的每期付款额，语法如下：

```
PMT(rate,nper,pv,fv,[type])
```

RATE 函数用于计算年金的各期利率，语法如下：

```
RATE(nper,pmt,pv,[fv],[type],[guess])
```

NPER 函数用于计算在固定利率及等额分期付款方式下投资的总期数，语法如下：

```
NPER(rate,pmt,pv,[fv],[type])
```

这 5 个函数都包含以下 6 个参数，各参数的含义如下：

- fv（必选或可选）：未来值，省略该参数时默认其值为 0。该参数在不同的函数中可能是必选参数，也可能是可选参数。
- pv（必选或可选）：现值。该参数在不同的函数中可能是必选参数，也可能是可选参数。
- pmt（必选）：在整个投资期间，每个周期的投资额。
- rate（必选）：贷款期间的固定利率。
- nper（必选）：付款期的总数。
- type（可选）：付款类型。如果在每个周期的期初付款则以 1 表示，如果在每个周期的期末付款则以 0 表示，省略该参数时默认其值为 0。

注意：必须确保 rate 和 nper 参数的单位相同。例如，对于 10 年期、年利率为 6% 的贷款，如果按月支付，rate 参数应该使用 6% 除以 12，即月利率为 0.5%，而 nper 参数应该使用 10 乘以 12，即 120 个月。

提示：上面几个参数的含义与本节开头介绍的几个概念相对应。

1. 使用FV函数计算投资的未来值

如图 3-32 所示，将 6 万元存入银行，年利率为 5%，每月再存入 1 500 元，使用下面的公式可以计算出 5 年后的本利合计。由于初期存款额和每月存款额都属于现金流出，因此在公式中应将它们转换为负数。

```
=FV(B3/12,B2*12,-B4,-B1)
```

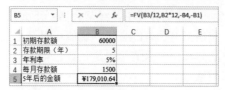

图 3-32　使用 FV 函数计算投资的未来值

2．使用PV函数计算投资的现值

如图 3-33 所示，银行存款的年利率为 5%，如果希望在 10 年后存款额可以达到 20 万元，那么使用下面的公式可以计算出最开始应该一次性存入的金额。

```
=PV(B2,B1,0,B3)
```

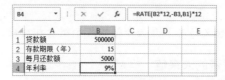

图 3-33　使用 PV 函数计算投资的现值

3．使用PMT函数计算贷款的每期付款额

如图 3-34 所示，从银行贷款 30 万元，年利率为 5%，共贷款 15 年，使用下面的公式可以计算出在采用等额还款方式的情况下，每月需要向银行支付的还款额。

```
=PMT(B3/12,B2*12,B1)
```

B4	: × ✓ fx	=PMT(B3/12,B2*12,B1)

	A	B	C	D	E
1	贷款额	300000			
2	存款期限（年）	15			
3	年利率	5%			
4	每月存款额	¥2,372.38			

图 3-34　使用 PMT 函数计算贷款的每期付款额

4．使用RATE函数计算贷款的年利率

如图 3-35 所示，从银行贷款 50 万元，每月还款 5 000 元，15 年还清，使用下面的公式可以计算出该项贷款的年利率。

```
=RATE(B2*12,-B3,B1)*12
```

B4	: × ✓ fx	=RATE(B2*12,-B3,B1)*12

	A	B	C	D	E
1	贷款额	500000			
2	存款期限（年）	15			
3	每月还款额	5000			
4	年利率	9%			

图 3-35　使用 RATE 函数计算贷款的年利率

5．使用NPER函数计算投资的总期数

如图 3-36 所示，现有存款 6 万元，每月向银行存款 5 000 元，年利率为 5%，如果希望存款总额达到 30 万元，那么使用下面的公式可以计算出所需的存款月数。

```
=ROUND(NPER(B4/12,-B3,-B2,B1),0)
```

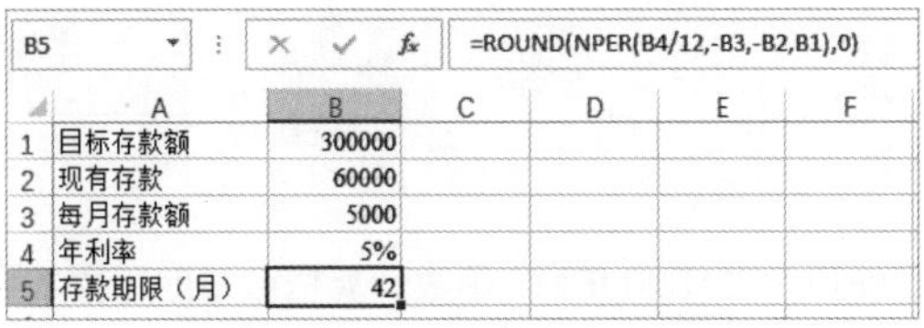

图 3-36　计算投资的总期数

3.2.3　计算本金和利息

财务函数类别中的一些函数可以计算在借贷和投资过程中某个时间点的本金与利息，或两个特定时间段之间的本金和利息的累计值。本节主要介绍以下 4 个函数：PPMT、IPMT、CUMPRINC 和 CUMIPMT 函数。

PPMT 函数用于计算在固定利率及等额分期付款方式下的投资在某一给定期间内的本金偿还额，语法如下：

```
PPMT(rate,per,nper,pv,[fv],[type])
```

IPMT 函数用于计算在固定利率及等额分期付款方式下给定期数内对投资的利息偿还额，语法如下：

```
IPMT(rate,per,nper,pv,[fv],[type])
```

CUMPRINC 函数用于计算一笔贷款在给定的 start_period 到 end_period 期间累计偿还的本金数额，语法如下：

```
CUMPRINC(rate,nper,pv,start_period,end_period,type)
```

CUMIPMT 函数用于计算一笔贷款在给定的 start_period 到 end_period 期间累计偿还的利息数额，语法如下：

```
CUMIPMT(rate,nper,pv,start_period,end_period,type)
```

PPMT 和 IPMT 函数的参数与前面介绍的借贷和投资函数的参数相同。CUMPRINC 和 CUMIPMT 函数的部分参数与前面介绍的借贷和投资函数的参数相同，此外，这两个函数还包含两个特别的参数 start_period 和 end_period，start_period 表示计算中的第一个周期，end_period 表示计算中的最后一个周期，这两个参数都是必选参数。

1．使用PPMT和IPMT函数计算贷款每期还款本金和利息

如图 3-37 所示，从银行贷款 30 万元，年利率为 5%，共贷款 20 年，使用下面的公式可以计算出在等额还款方式下，第 30 个月需要向银行支付的还款本金和利息。

在 B5 单元格中输入下面的公式：

```
=PPMT(B3/12,B4,B2*12,B1)
```

在 B6 单元格中输入下面的公式：

```
=IPMT(B3/12,B4,B2*12,B1)
```

在 B7 单元格中使用 PMT 函数计算每月还款额，计算结果等于 B5 和 B6 两个单元格之和。

B5 =PPMT(B3/12,B4,B2*12,B1)

	A	B	C	D	E
1	贷款额	300000			
2	贷款期限（年）	20			
3	年利率	5%			
4	第n期（月）	30			
5	第n期还款本金	¥-823.40			
6	第n期还款利息	¥-1,156.46			
7	每月还款额	¥-1,979.87			

（a）

B6 =IPMT(B3/12,B4,B2*12,B1)

	A	B	C	D	E
1	贷款额	300000			
2	贷款期限（年）	20			
3	年利率	5%			
4	第n期（月）	30			
5	第n期还款本金	¥-823.40			
6	第n期还款利息	¥-1,156.46			
7	每月还款额	¥-1,979.87			

（b）

图 3-37　使用 PPMT 和 IPMT 函数计算贷款每期还款本金和利息

2．使用CUMPRINC和CUMIPMT函数计算贷款累计还款本金和利息

如图 3-38 所示，从银行贷款 30 万元，年利率为 5%，共贷款 20 年，使用下面的公式可以计算出在等额还款方式下，第 6 年需要向银行支付的还款本金总和与利息总和。第 6 年的时间范围是第 61 个月～第 72 个月。

在 B6 单元格中输入下面的公式：

```
=CUMPRINC(B3/12,B2*12,B1,B4,B5,0)
```

在 B7 单元格中输入下面的公式：

```
=CUMIPMT(B3/12,B2*12,B1,B4,B5,0)
```

在 B8 单元格中输入下面的公式，使用 PMT 函数计算第 6 年的还款总和，计算结果等于 B6 和 B7 两个单元格之和。

```
=PMT(B3/12,B2*12,B1)*(B5-B4+1)
```

B6 =CUMPRINC(B3/12,B2*12,B1,B4,B5,0)

	A	B	C	D	E	F
1	贷款额	300000				
2	贷款期限（年）	20				
3	年利率	5%				
4	第一个周期	61				
5	最后一个周期	72				
6	第6年还款本金总和	¥-11,501.38				
7	第6年还款利息总和	¥-12,257.03				
8	第6年还款总和	¥-23,758.41				

（a）

B7 =CUMIPMT(B3/12,B2*12,B1,B4,B5,0)

	A	B	C	D	E	F
1	贷款额	300000				
2	贷款期限（年）	20				
3	年利率	5%				
4	第一个周期	61				
5	最后一个周期	72				
6	第6年还款本金总和	¥-11,501.38				
7	第6年还款利息总和	¥-12,257.03				
8	第6年还款总和	¥-23,758.41				

（b）

图 3-38　使用 CUMPRINC 和 CUMIPMT 函数计算贷款累计还款本金和利息

注意：CUMPRINC 和 CUMIPMT 函数的最后一个参数 type 是必选参数，而不是可选参数。

如果在工作表中只给出了第 6 年的数字 6，而没有直接给出第一个周期 61 和最后一个周期 72，则可以使用下面的公式计算这两个周期的值，假设表示第 6 年的数字 6 位于 B4 单元格：

```
第一个周期：=(B4-1)*12+1
最后一个周期：=B4*12
```

3.3　数据的汇总求和与统计

在财会工作中经常需要对数据进行汇总求和与统计，如求和、统计数量、求最大值或最小值、对数据排名等。Excel 中的数学函数和统计函数可以满足这些计算要求。本节将介绍以下几个数

学函数和统计函数：SUM、SUMIF、SUMIFS、SUBTOTAL、ROUND、COUNT、COUNTA、COUNTIF、COUNTIFS、MAX、MIN 和 RANK。

3.3.1　数据求和

SUM 函数用于计算数字的总和，语法如下：

```
SUM(number1,[number2],…)
```

- number1（必选）：要进行求和的第 1 项，可以是直接输入的数字、单元格引用或数组。
- number2,…（可选）：要进行求和的第 2 ～ 255 项，可以是直接输入的数字、单元格引用或数组。

注意：如果 SUM 函数的参数是单元格引用或数组，则只计算其中的数值，而忽略文本、逻辑值、空单元格等内容，但是不会忽略错误值。如果 SUM 函数的参数是常量，则参数必须为数值类型或可转换为数值的数据（如文本型数字和逻辑值），否则 SUM 函数将返回 #VALUE! 错误值。

下面的公式计算 C2:C10 单元格区域中的总销量，如图 3-39 所示。由于使用单元格引用作为 SUM 函数的参数，因此会忽略 C2 单元格中的文本型数字，只计算 C3:C10 单元格区域中的数值。

```
=SUM(C2:C10)
```

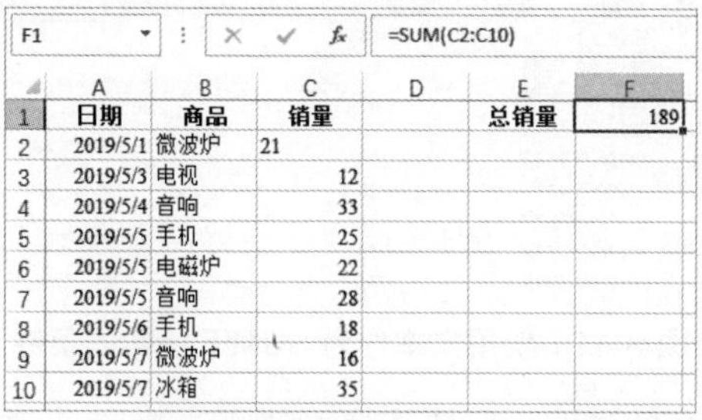

F1　=SUM(C2:C10)

	A	B	C	D	E	F
1	日期	商品	销量		总销量	189
2	2019/5/1	微波炉	21			
3	2019/5/3	电视	12			
4	2019/5/4	音响	33			
5	2019/5/5	手机	25			
6	2019/5/5	电磁炉	22			
7	2019/5/5	音响	28			
8	2019/5/6	手机	18			
9	2019/5/7	微波炉	16			
10	2019/5/7	冰箱	35			

图 3-39　使用单元格引用作为 SUM 函数的参数

下面的公式使用 SUM 函数对用户输入的销量进行求和，如图 3-40 所示。由于使用输入的数据作为 SUM 函数的参数，因此，带有双引号的文本型数字会自动转换为数值并参与计算。

```
=SUM("21",12,33,25,22,28,18,16,35)
```

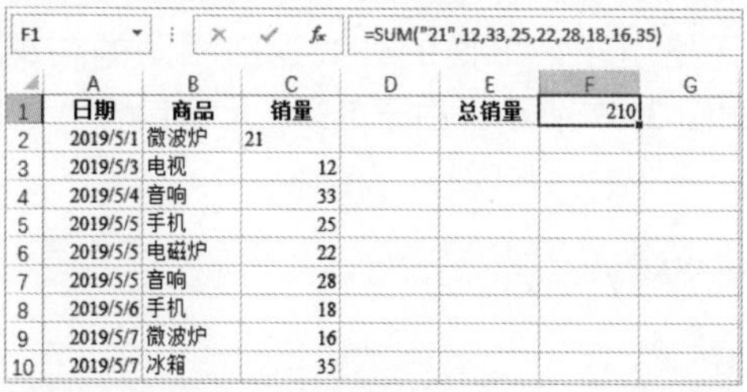

F1　=SUM("21",12,33,25,22,28,18,16,35)

	A	B	C	D	E	F	G
1	日期	商品	销量		总销量	210	
2	2019/5/1	微波炉	21				
3	2019/5/3	电视	12				
4	2019/5/4	音响	33				
5	2019/5/5	手机	25				
6	2019/5/5	电磁炉	22				
7	2019/5/5	音响	28				
8	2019/5/6	手机	18				
9	2019/5/7	微波炉	16				
10	2019/5/7	冰箱	35				

图 3-40　使用输入的数据作为 SUM 函数的参数值

3.3.2　对满足条件的数据求和

SUMIF 和 SUMIFS 函数都用于对区域中满足条件的单元格求和，它们之间的主要区别在于可设置的条件数量不同，SUMIF 函数只支持单个条件，而 SUMIFS 函数支持 1 ～ 127 个条件。

SUMIF 函数的语法如下：

```
SUMIF(range,criteria,[sum_range])
```

- range（必选）：要进行条件判断的区域，判断该区域中的数据是否满足 criteria 参数指定的条件。
- criteria（必选）：要进行判断的条件，可以是数字、文本、单元格引用或表达式，例如 16、"16"、">16"、" 技术部 " 或 ">"&A1。在该参数中可以使用通配符，问号（?）匹配任意单个字符，星号（*）匹配任意零个或多个字符。如果要查找问号或星号本身，需要在这两个字符前添加～符号。
- sum_range（可选）：根据条件判断的结果进行求和的区域。如果省略该参数，则对 range 参数中符合条件的单元格求和。如果 sum_range 参数与 range 参数的大小和形状不同，则将在 sum_range 参数中指定的区域左上角的单元格作为起始单元格，然后从该单元格扩展到与 range 参数中的区域具有相同大小和形状的区域。

下面的公式用于计算电视的总销量，如图 3-41 所示。

```
=SUMIF(B1:B10,"电视",C1:C10)
```

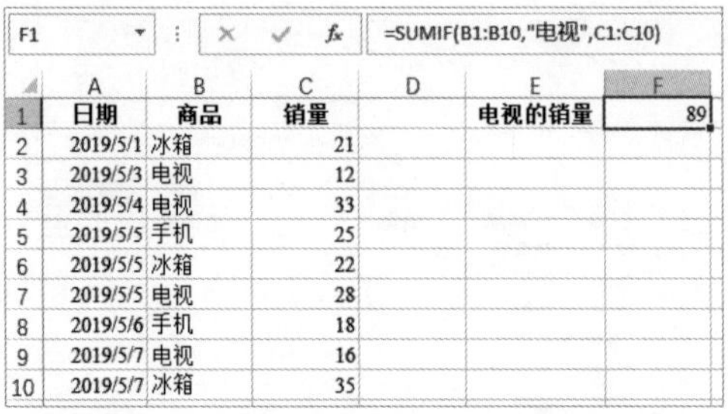
F1 =SUMIF(B1:B10,"电视",C1:C10)

	A	B	C	D	E	F
1	日期	商品	销量		电视的销量	89
2	2019/5/1	冰箱	21			
3	2019/5/3	电视	12			
4	2019/5/4	电视	33			
5	2019/5/5	手机	25			
6	2019/5/5	冰箱	22			
7	2019/5/5	电视	28			
8	2019/5/6	手机	18			
9	2019/5/7	电视	16			
10	2019/5/7	冰箱	35			

图 3-41　使用文本作为 SUMIF 函数的条件

根据前面 sum_range 参数的说明，只要该公式中的 sum_range 参数所指定的区域以 C1 单元格为起点，都可以得到正确的结果，如下面的公式：

```
=SUMIF(B1:B10,"电视",C1:F1)
```

还可以将上面的公式简化为下面的形式：

```
=SUMIF(B1:B10,"电视",C1)
```

可以在条件中使用单元格引用。下面的公式返回相同的结果，但使用单元格引用作为 SUMIF 函数的第二参数，如图 3-42 所示。由于 B3 单元格包含“电视”，因此在公式中可以使用 B3 代替“电视”。

```
=SUMIF(B1:B10,B3,C1:C10)
```

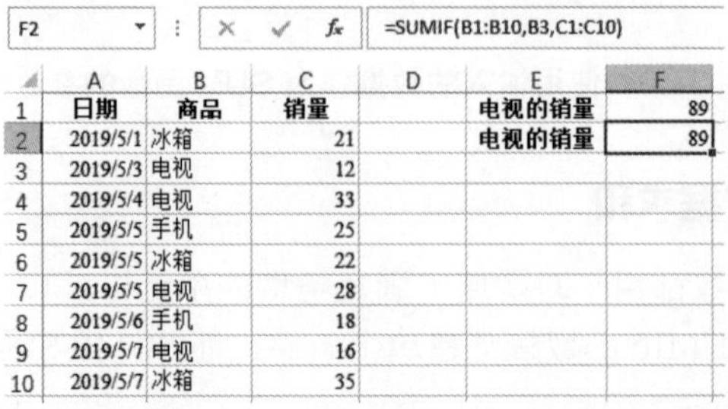
F2 =SUMIF(B1:B10,B3,C1:C10)

	A	B	C	D	E	F
1	日期	商品	销量		电视的销量	89
2	2019/5/1	冰箱	21		电视的销量	89
3	2019/5/3	电视	12			
4	2019/5/4	电视	33			
5	2019/5/5	手机	25			
6	2019/5/5	冰箱	22			
7	2019/5/5	电视	28			
8	2019/5/6	手机	18			
9	2019/5/7	电视	16			
10	2019/5/7	冰箱	35			

图 3-42　使用单元格引用作为 SUMIF 函数的条件

也可以将使用比较运算符构建的表达式作为 SUMIF 函数的条件。下面的公式用于计算除了电视之外的其他商品的总销量，如图 3-43 所示。

```
=SUMIF(B1:B10,"<>电视",C1:C10)
```

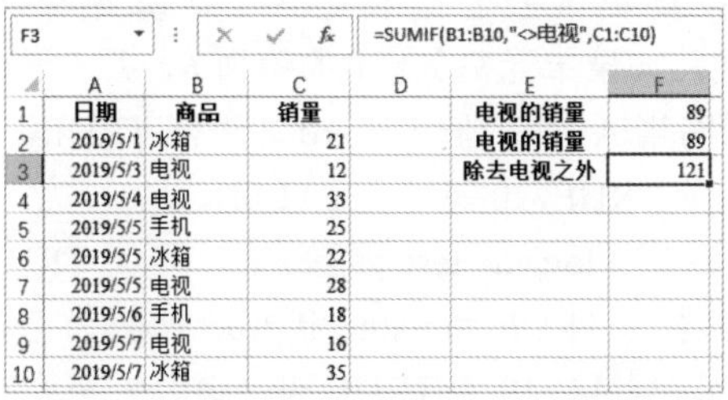

F3　=SUMIF(B1:B10,"<>电视",C1:C10)

	A	B	C	D	E	F
1	日期	商品	销量		电视的销量	89
2	2019/5/1	冰箱	21		电视的销量	89
3	2019/5/3	电视	12		除去电视之外	121
4	2019/5/4	电视	33			
5	2019/5/5	手机	25			
6	2019/5/5	冰箱	22			
7	2019/5/5	电视	28			
8	2019/5/6	手机	18			
9	2019/5/7	电视	16			
10	2019/5/7	冰箱	35			

图 3-43　使用表达式作为 SUMIF 函数的条件

如果在条件中使用单元格引用，则需要使用 & 符号连接比较运算符和单元格引用，公式如下：

```
=SUMIF(B1:B10,"<>"&B3,C1:C10)
```

SUMIFS 函数的语法格式与 SUMIF 函数类似，语法如下：

```
SUMIFS(sum_range,criteria_range1,criteria1,[criteria_range2],[criteria2],…)
```

- sum_range（必选）：根据条件判断的结果进行求和的区域。
- criteria_range1（必选）：要进行条件判断的第 1 个区域，判断该区域中的数据是否满足 criteria1 参数指定的条件。
- criteria1（必选）：要进行判断的第 1 个条件，可以是数字、文本、单元格引用或表达式，在该参数中可以使用通配符。
- criteria_range2,…（可选）：要进行条件判断的第 2 个区域，最多可以有 127 个区域。
- criteria2,…（可选）：要进行判断的第 2 个条件，最多可以有 127 个条件。条件和条件区域的顺序和数量必须一一对应。

注意： SUMIFS 函数中的每个条件区域（criteria_range）的大小和形状必须与求和区域（sum_range）相同。

下面的公式用于计算电视在 5 月 5 日的销量，如图 3-44 所示。

```
=SUMIFS(C1:C10,A1:A10,"2019/5/5",B1:B10,"电视")
```

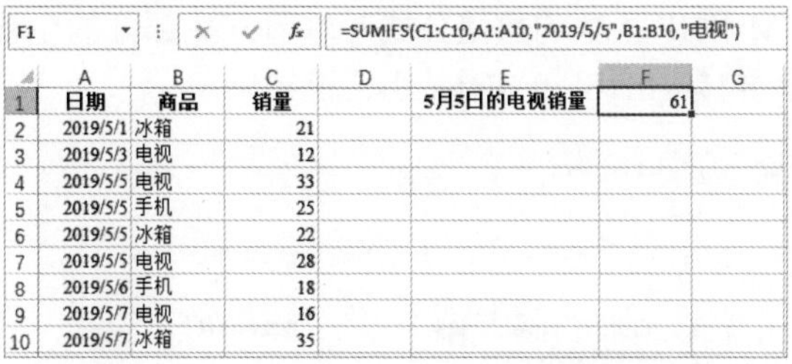

F1　=SUMIFS(C1:C10,A1:A10,"2019/5/5",B1:B10,"电视")

	A	B	C	D	E	F	G
1	日期	商品	销量		5月5日的电视销量	61	
2	2019/5/1	冰箱	21				
3	2019/5/3	电视	12				
4	2019/5/5	电视	33				
5	2019/5/5	手机	25				
6	2019/5/5	冰箱	22				
7	2019/5/5	电视	28				
8	2019/5/6	手机	18				
9	2019/5/7	电视	16				
10	2019/5/7	冰箱	35				

图 3-44　使用 SUMIFS 函数进行多条件求和

公式说明： SUMIFS 函数的第一个条件判断 A 列中包含日期“2019/5/5”的单元格为 A4、A5、A6 和 A7，然后判断 B 列中与该日期对应的“电视”所在的单元格为 B4 和 B7，最后在 C 列中查找与这两个单元格对应的销量，即 C4 中的 33 和 C7 中的 28，求和结果为 33+28=61。

使用 SUM 和 IF 函数也可以实现 SUMIF 函数的功能。IF 函数用于在公式中设置判断条件，根据判断条件返回的逻辑值 TRUE 或 FALSE 来得到不同的值，语法如下：

```
IF(logical_test,[value_if_true],[value_if_false])
```

- logical_test（必选）：要测试的值或表达式，计算结果为 TRUE 或 FALSE。例如，A1>10 是一个表达式，如果单元格 A1 中的值为 6，那么该表达式的结果为 FALSE（因为 6 不大于 10），只有当 A1 中的值大于 10 才返回 TRUE。如果 logical_test 参数是一个数字，那么非 0 等价于 TRUE，0 等价于 FALSE。
- value_if_true（可选）：当 logical_test 参数的结果为 TRUE 时函数返回的值。如果 logical_test 参数的结果为 TRUE 而 value_if_true 参数为空，IF 函数将返回 0。例如，IF(A1>10,," 小于 10")，当 A1>10 为 TRUE 时，该公式将返回 0，这是因为在省略 value_if_true 参数的值时，Excel 默认将该参数的值设置为 0。
- value_if_false（可选）：当 logical_test 参数的结果为 FALSE 时函数返回的值。如果 logical_test 参数的结果为 FALSE 且省略 value_if_false 参数，那么 IF 函数将返回 FALSE 而不是 0。如果在 value_if_true 参数之后输入一个逗号，但是不提供 value_if_false 参数的值，IF 函数将返回 0 而不是 FALSE，形如 IF(A1>10," 大于 10",)。

通过 IF 函数的语法，可以了解到"省略参数"和"省略参数的值"是两个不同的概念。"省略参数"是针对可选参数来说的，当一个函数包含多个可选参数时，需要从右向左依次省略参数，即从最后一个可选参数开始进行省略，省略时需要同时除去参数的值及其左侧的逗号。

"省略参数的值"对必选参数和可选参数同时有效。与省略参数不同的是，在省略参数的值时，虽然不输入参数的值，但是需要保留该参数左侧的逗号以作为参数的占位符。省略参数的值主要用于代替逻辑值 FALSE、0 和空文本。

下面的公式判断 A1 单元格中的值是否大于 0，如果大于 0，则 IF 函数返回该值与 100 的乘积，否则返回文字"不是正数"，如图 3-45 所示。

```
=IF(A1>0,A1*100,"不是正数")
```

（a）　　　　　　　　　　　　　　　　　（b）

图 3-45　IF 函数

下面的公式使用 SUM 和 IF 函数的数组公式对本节开头部分的电视总销量进行求和，如图 3-46 所示。输入公式时需要按 **Ctrl+Shift+Enter** 组合键结束。

```
{=SUM(IF(B1:B10="电视",C1:C10))}
```

图 3-46　使用 SUM 和 IF 函数进行条件求和

3.3.3　对数据进行多种类型的汇总统计

SUBTOTAL 函数用于以指定的方式对列表或数据库中的数据进行汇总，包括求和、计数、平均值、最大值、最小值、标准差等，语法如下：

```
SUBTOTAL(function_num,ref1,[ref2],…)
```

- function_num（必选）：要对数据进行汇总的方式，表 3-4 列出了该参数的取值范围为 1 ～ 11（包含隐藏值）和 101 ～ 111（忽略隐藏值）。当 function_num 参数的值为 1 ～ 11 时，SUBTOTAL 函数在计算时将包括通过"隐藏行"命令所隐藏的行中的值；当 function_num 参数的值为 101 ～ 111 时，SUBTOTAL 函数在计算时将忽略通过"隐藏行"命令所隐藏的行中的值。无论将 function_num 参数设置为哪个值，SUBTOTAL 函数都会忽略通过筛选操作所隐藏的行。
- ref1（必选）：要进行汇总的第 1 个区域。
- ref2,…（可选）：要进行汇总的第 2 ～ 254 个区域。

表 3-4　function_num 参数的取值范围

function_num 包含隐藏值	function_num 忽略隐藏值	对 应 函 数	功　　能
1	101	AVERAGE	计算平均值
2	102	COUNT	计算数值单元格的数量
3	103	COUNTA	计算非空单元格的数量
4	104	MAX	计算最大值
5	105	MIN	计算最小值
6	106	PRODUCT	计算乘积
7	107	STDEV	计算标准偏差
8	108	STDEVP	计算总体标准偏差
9	109	SUM	计算总和
10	110	VAR	计算方差
11	111	VARP	计算总体方差

注意：SUBTOTAL 函数只适用于垂直区域中的数据，无法用于水平区域中的数据。

下面两个公式返回相同的结果，将 SUBTOTAL 函数的第一参数设置为 9 或 109，都能计算 C2:C10 单元格区域的销量总和，如图 3-47 所示。

```
=SUBTOTAL(9,C2:C10)
=SUBTOTAL(109,C2:C10)
```

(a)　　　　　　　　　　　　　　　　(b)

图 3-47　使用 SUBTOTAL 函数实现 SUM 函数的求和功能

如果要计算的区域包含手动隐藏的行，则 SUBTOTAL 函数第一参数的设置值将会影响最

后的计算结果。如图 3-48 所示，通过功能区中的"开始"|"单元格"|"格式"|"隐藏和取消隐藏"|"隐藏行"命令，将 C2:C10 单元格区域中的第 3 ~ 5 行隐藏起来，然后使用图 3-47 的上面两个公式对该区域进行求和计算，将返回不同的结果：

- 将第二个参数设置为 9 时不会忽略隐藏行，计算 C2:C10 区域中的所有数据，无论是否处于隐藏状态。
- 将第二个参数设置为 109 时会忽略隐藏行，只计算 C2:C10 区域中当前显示的数据。

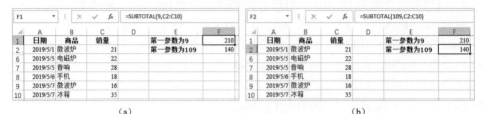

（a）　　　　　　　　　　　　　（b）

图 3-48　SUBTOTAL 函数第二个参数的值会影响计算结果

3.3.4　对数值进行四舍五入

ROUND 函数用于按指定的位数对数字进行四舍五入，语法如下：

```
ROUND(number,num_digits)
```

- number（必选）：要四舍五入的数字，可以是直接输入的数值或单元格引用。
- num_digits（必选）：要进行四舍五入的位数。分为三种情况：如果 num_digits 大于 0，则四舍五入到指定的小数位；如果 num_digits 等于 0，则四舍五入到最接近的整数；如果 num_digits 小于 0，则在小数点左侧进行四舍五入。表 3-5 列出了 ROUND 函数在 num_digits 参数取不同值时的返回值。

表 3-5　num_digits 参数与 ROUND 函数的返回值

要舍入的数字	num_digits 参数值	ROUND 函数返回值
152.456	2	152.46
152.456	1	152.5
152.456	0	152
152.456	-1	150
152.456	-2	200

下面的数组公式对 B2:B11 单元格区域中的数据进行求和，并将求和结果取整舍入到百位，如图 3-49 所示。

```
{=SUM(ROUND(B2:B11,-2))}
```

⊿	A	B	C	D	E
1	日期	营业额		5月上旬营业额	6200
2	5月1日	774.59			
3	5月2日	26.63			
4	5月3日	614.84			
5	5月4日	412.33			
6	5月5日	1012.93			
7	5月6日	335.92			
8	5月7日	231.96			
9	5月8日	1627.87			
10	5月9日	920.42			
11	5月10日	388.31			

图 3-49　ROUND 函数

3.3.5 统计数量

COUNT 函数用于计算区域中包含数字的单元格数量，语法如下：

```
COUNT(value1,[value2],…)
```

- value1（必选）：要计算数字个数的第 1 项，可以是直接输入的数字、单元格引用或数组。
- value2,…（可选）：要计算数字个数的第 2 ～ 255 项，可以是直接输入的数字、单元格引用或数组。

注意：如果 COUNT 函数的参数是单元格引用或数组，则只计算其中的数值，而忽略文本、逻辑值、空单元格等内容，还可以忽略错误值，而 SUM 函数在遇到错误值时会返回该错误值。如果 COUNT 函数的参数是常量，则计算其中的数值或可转换为数值的数据（如文本型数字和逻辑值），其他内容将被忽略。

下面的公式用于计算 A1:A6 单元格区域中包含数值的单元格数量，如图 3-50 所示。

```
=COUNT(A1:A6)
```

图 3-50　计算包含数值的单元格的数量

公式说明：虽然要计算的区域中包含 6 个单元格，但是只有 A1 和 A2 单元格被计算在内，这是因为 A3 单元格是文本型数字，A4 单元格是逻辑值，A5 单元格是文本，A6 单元格是错误值，由于公式中 COUNT 函数的参数是单元格引用的形式，因此 A3:A6 中的非数值数据不会被计算在内。

如果将公式改为下面的形式，则只有 "Excel" 和 #N/A 错误值不会被计算在内，因为这两项不能被转换为数值，而文本型数字 "3" 可以转换为数值类型的 3，逻辑值 TRUE 可以转换为 1。

```
=COUNT(1,2,"3",TRUE,"Excel",#N/A)
```

COUNTA 函数用于计算区域中不为空的单元格数量，其语法格式与 COUNT 函数相同。下面的公式计算 A1:A6 单元格区域中不为空的单元格数量，如图 3-51 所示。

```
=COUNTA(A1:A6)
```

图 3-51　计算不为空的单元格的数量

提示：在使用函数处理数据时，经常会遇到"空单元格""空文本"与"空格"，这 3 个概念并不相同。"空单元格"是指未输入任何内容的单元格，使用 ISBLANK 函数检查空单元格会返回逻辑值 TRUE；“空文本”由不包含任何内容的一对双引号组成，其字符长度为 0，使用 ISBLANK 函数检测包含空文本的单元格时会返回逻辑值 FALSE；“空格”可以使用空格键或 CHAR(32) 产生，空格的长度由空格数量决定，使用 ISBLANK 函数检查包含空格的单元格时也返回逻辑值 FALSE。

3.3.6 对满足条件的数据统计数量

COUNTIF 和 COUNTIFS 函数都用于计算区域中满足条件的单元格数量，它们之间的主要区别在于可设置的条件数量不同，COUNTIF 函数只支持单个条件，而 COUNTIFS 函数支持 1 ～ 127 个条件。

COUNTIF 函数的语法如下：

```
COUNTIF(range,criteria)
```

- range（必选）：根据条件判断的结果进行计数的区域。
- criteria（必选）：要进行判断的条件，可以是数字、文本、单元格引用或表达式，例如 16、"16"、">16"、" 技术部 " 或 ">"&A1，英文不区分大小写。在该参数中可以使用通配符，问号（?）匹配任意单个字符，星号（*）匹配任意零个或多个字符。如果要查找问号或星号本身，需要在这两个字符前添加～符号。

下面的公式用于统计电视的销售记录数，如图 3-52 所示。

```
=COUNTIF(B2:B10,"电视")
```

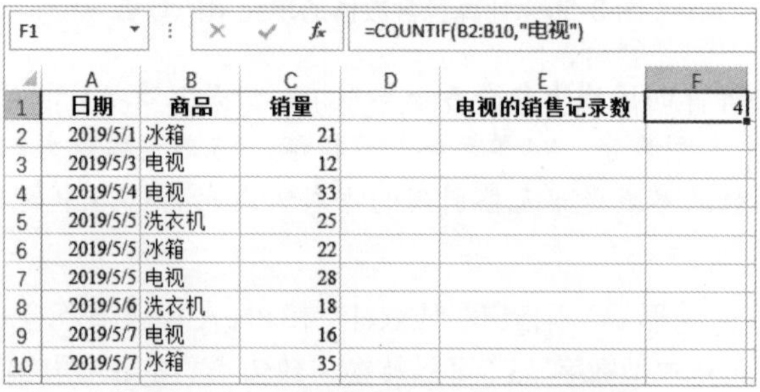

	A	B	C	D	E	F
1	日期	商品	销量		电视的销售记录数	4
2	2019/5/1	冰箱	21			
3	2019/5/3	电视	12			
4	2019/5/4	电视	33			
5	2019/5/5	洗衣机	25			
6	2019/5/5	冰箱	22			
7	2019/5/5	电视	28			
8	2019/5/6	洗衣机	18			
9	2019/5/7	电视	16			
10	2019/5/7	冰箱	35			

图 3-52　计算符合条件的单元格的数量

下面的公式计算包含 3 个字的商品的销售记录数，如图 3-53 所示。公式中使用通配符作为条件，每个问号表示一个字符，3 个问号就表示 3 个字符。

```
=COUNTIF(B2:B10,"???")
```

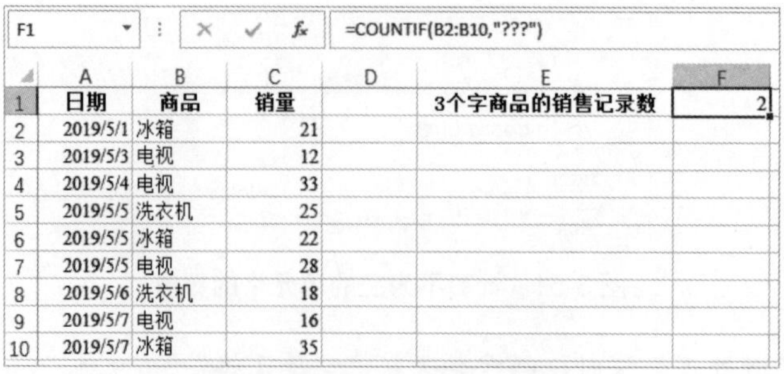

	A	B	C	D	E	F
1	日期	商品	销量		3个字商品的销售记录数	2
2	2019/5/1	冰箱	21			
3	2019/5/3	电视	12			
4	2019/5/4	电视	33			
5	2019/5/5	洗衣机	25			
6	2019/5/5	冰箱	22			
7	2019/5/5	电视	28			
8	2019/5/6	洗衣机	18			
9	2019/5/7	电视	16			
10	2019/5/7	冰箱	35			

图 3-53　在条件中使用通配符

COUNTIFS 函数的语法格式与 COUNTIF 函数类似，语法如下：

```
COUNTIFS(criteria_range1,criteria1,[criteria_range2,criteria2],…)
```

- criteria_range1（必选）：要进行条件判断的第 1 个区域，判断该区域中的数据是否满足 criteria1 参数指定的条件。
- criteria1（必选）：要进行判断的第 1 个条件，可以是数字、文本、单元格引用或表达式，在该参数中可以使用通配符。
- criteria_range2,…（可选）：要进行条件判断的第 2 个区域，最多可以有 127 个区域。
- criteria2,…（可选）：要进行判断的第 2 个条件，最多可以有 127 个条件。条件和条件区域的顺序和数量必须一一对应。

下面的公式用于计算电视销量大于 20 的销售记录数，如图 3-54 所示。

```
=COUNTIFS(B2:B10,"电视",C2:C10,">20")
```

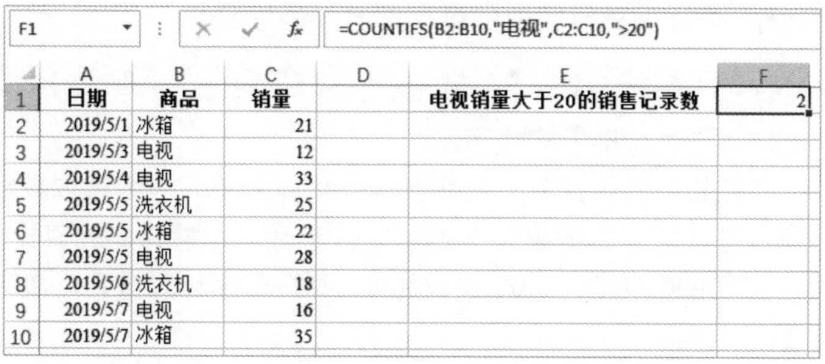
F1　=COUNTIFS(B2:B10,"电视",C2:C10,">20")

	A	B	C	D	E	F
1	日期	商品	销量		电视销量大于20的销售记录数	2
2	2019/5/1	冰箱	21			
3	2019/5/3	电视	12			
4	2019/5/4	电视	33			
5	2019/5/5	洗衣机	25			
6	2019/5/5	冰箱	22			
7	2019/5/5	电视	28			
8	2019/5/6	洗衣机	18			
9	2019/5/7	电视	16			
10	2019/5/7	冰箱	35			

图 3-54　使用 SUMIFS 函数进行多条件计数

3.3.7　求最大值和最小值

MAX 函数返回一组数字中的最大值，语法如下：

```
MAX(number1,[number2],…)
```

MIN 函数返回一组数字中的最小值，语法如下：

```
MIN(number1,[number2],…)
```

MAX 和 MIN 函数都包含以下两个参数：

- number1（必选）：要返回最大值或最小值的第 1 项，可以是直接输入的数字、单元格引用或数组。
- number2,…（可选）：要返回最大值或最小值的第 2 ～ 255 项，可以是直接输入的数字、单元格引用或数组。

注意：如果参数是单元格引用或数组，则只计算其中的数值，而忽略文本、逻辑值、空单元格等内容，但不会忽略错误值。如果参数是常量（即直接输入的实际值），则参数必须为数值类型或可转换为数值的数据（如文本型数字和逻辑值），否则 MAX 和 MIN 函数将返回 #VALUE! 错误值。

下面两个公式分别返回 C2:C10 单元格区域中的最大销量和最小销量，如图 3-55 所示。

```
=MAX(C2:C10)
=MIN(C2:C10)
```

F1 =MAX(C2:C10)

	A	B	C	D	E	F
1	日期	商品	销量		最大销量	35
2	2019/5/1	微波炉	21		最小销量	12
3	2019/5/3	电视	12			
4	2019/5/4	音响	33			
5	2019/5/5	手机	25			
6	2019/5/5	电磁炉	22			
7	2019/5/5	音响	28			
8	2019/5/6	手机	18			
9	2019/5/7	微波炉	16			
10	2019/5/7	冰箱	35			

(a)

F2 =MIN(C2:C10)

	A	B	C	D	E	F
1	日期	商品	销量		最大销量	35
2	2019/5/1	微波炉	21		最小销量	12
3	2019/5/3	电视	12			
4	2019/5/4	音响	33			
5	2019/5/5	手机	25			
6	2019/5/5	电磁炉	22			
7	2019/5/5	音响	28			
8	2019/5/6	手机	18			
9	2019/5/7	微波炉	16			
10	2019/5/7	冰箱	35			

(b)

图 3-55 返回区域中的最大销量和最小销量

3.3.8 数据排名

RANK.EQ 函数用于返回某个数字在其所在的数字列表中大小的排名，以数字表示。如果多个值具有相同的排名，则返回该组数值的最高排名，语法如下：

```
RANK.EQ(number,ref,[order])
```

- number（必选）：要进行排名的数字。
- ref（必选）：要在其中进行排名的数字列表，可以是单元格区域或数组。
- order（可选）：排名方式。如果为 0 或省略该参数，则按降序计算排名，数字越大，排名越高，表示排名的数字越小；如果不为 0，则按升序计算排名，数字越大，排名越低，表示排名的数字越大。

注意： RANK.EQ 函数对重复值的排名结果相同，但会影响后续数值的排名。例如，在一列按升序排列的数字列表中，如果数字 6 出现 3 次，其排名为 2，则数字 7 的排名为 5，因为出现 3 次的数字 6 分别占用了第 2、第 3、第 4 这 3 个位置。

下面的公式返回 C2:C10 单元格区域中的销量在该区域中的排名，如图 3-56 所示。由于省略了第三个参数，因此按降序进行排名。例如，C2 单元格中的销量是 21，该数字在 9 个销量中位于第 6 大，因此其排名为 6，而 C10 单元格中的销量 35 是 9 个销量中最大的一个，因此其排名为 1。

```
=RANK.EQ(C2,$C$2:$C$10)
```

D2 =RANK.EQ(C2,$C$2:$C$10)

	A	B	C	D	E
1	日期	商品	销量	销量降序排名	销量升序排名
2	2019/5/1	微波炉	21	6	
3	2019/5/3	电视	12	9	
4	2019/5/4	音响	33	2	
5	2019/5/5	手机	25	4	
6	2019/5/5	电磁炉	22	5	
7	2019/5/5	音响	28	3	
8	2019/5/6	手机	18	7	
9	2019/5/7	微波炉	16	8	
10	2019/5/7	冰箱	35	1	

图 3-56 按降序进行排名

如果将第三个参数设置为一个非 0 值，则按升序排名，如图 3-57 所示。在这种情况下通常将第三个参数设置为 1，公式如下：

```
=RANK.EQ(C2,$C$2:$C$10,1)
```

图 3-57　按升序进行排名

3.4　日期的计算和推算

使用 Excel 中的日期和时间函数可以对财务数据中的日期进行计算和推算，如获取当前系统日期，从日期中提取年、月、日，计算两个日期之间的时间间隔，计算基于特定日期的过去或未来的日期等。本节将介绍以下几个日期和时间函数：TODAY、NOW、DATE、YEAR、MONTH、DAY、DATEDIF、EDATE、EOMONTH、WORKDAY、NETWORKDAYS。

3.4.1　返回当前系统日期和时间

TODAY 函数返回当前系统日期，NOW 函数返回当前系统日期和时间。这两个函数不包含任何参数，输入它们时，需要在函数名的右侧保留一对小括号，如下所示：

```
=TODAY()
=NOW()
```

TODAY 和 NOW 函数返回的日期和时间会随着操作系统中的日期和时间而变化。每次打开包含这两个函数的工作簿或在工作表中按 F9 键时，会自动将这两个函数返回的日期和时间同步更新到当前系统的日期和时间。

3.4.2　创建日期

DATE 函数用于创建由用户指定年、月、日的日期，语法如下：

```
DATE(year,month,day)
```

- year（必选）：指定日期中的年。
- month（必选）：指定日期中的月。
- day（必选）：指定日期中的日。

下面的公式返回"2019/5/1"，表示 2019 年 5 月 1 日。

```
=DATE(2019,5,1)
```

如果将 day 参数设置为 0，则返回由 month 参数指定的月份的上一个月最后一天的日期。下面的公式返回"2019/5/31"。

```
=DATE(2019,6,0)
```

如果将 month 参数设置为 0，则返回由 year 参数指定的年份的上一年最后一个月的日期。下面的公式返回"2018/12/15"。

```
=DATE(2019,0,15)
```

可以将 month 和 day 参数设置为负数，表示往回倒退特定的月数和天数。下面的公式返回"2019/5/28"。

```
=DATE(2019,6,-3)
```

上面 4 个公式在 Excel 中的效果如图 3-58 所示。

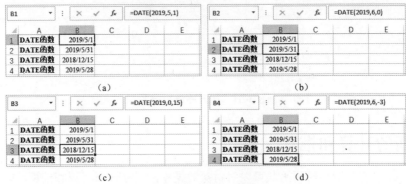

(a)   (b)

(c)   (d)

图 3-58　DATE 函数

3.4.3　返回日期中的年、月、日

YEAR 函数返回日期中的年份，返回值为 1900～9999，语法如下：

```
YEAR(serial_number)
```

MONTH 函数返回日期中的月份，返回值为 1～12，语法如下：

```
MONTH(serial_number)
```

DAY 函数返回日期中的天数，返回值为 1～31，语法如下：

```
DAY(serial_number)
```

3 个函数都只包含一个必选参数 serial_number，表示要从中提取年、月、日的日期。

如果 A2 单元格包含日期"2019/5/1"，那么下面 3 个公式分别返回 2019、5、1，如图 3-59 所示。

```
=YEAR(A2)
=MONTH(A2)
=DAY(A2)
```

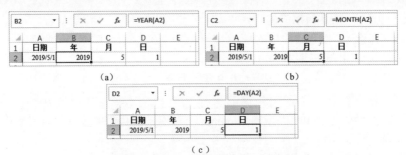

(a)   (b)

(c)

图 3-59　YEAR、MONTH 和 DAY 函数

下面 3 个公式同样返回 2019、5、1，这里将日期常量作为 YEAR、MONTH 和 DAY 函数的参数。

```
=YEAR("2019/5/1")
=MONTH("2019/5/1")
=DAY("2019/5/1")
```

3.4.4　计算两个日期之间的时间间隔

DATEDIF 函数用于计算两个日期之间相差的年、月、天数，语法如下：

```
DATEDIF(start_date,end_date,unit)
```

- start_date（必选）：指定开始日期。
- end_date（必选）：指定结束日期。
- unit（必选）：指定计算时的时间单位，该参数的取值范围见表 3-6。

表 3-6　unit 参数的取值范围

unit 参数值	说　　明
y	开始日期和结束日期之间的整年数
m	开始日期和结束日期之间的整月数
d	开始日期和结束日期之间的天数
ym	开始日期和结束日期之间的月数（日期中的年和日都被忽略）
yd	开始日期和结束日期之间的天数（日期中的年被忽略）
md	开始日期和结束日期之间的天数（日期中的年和月都被忽略）

注意：DATEDIF 函数是一个隐藏的工作表函数，在"插入函数"对话框中不会显示该函数，用户只能在公式中手动输入该函数。

下面的公式计算日期"2019/3/25"和"2019/5/1"之间相差的月数，返回 1。

```
=DATEDIF("2019/3/25","2019/5/1","m")
```

下面的公式返回 0，因为两个日期之间相差不足一个月。

```
=DATEDIF("2019/4/25","2019/5/1","m")
```

下面的公式计算两个日期之间相差的天数，返回 75。

```
=DATEDIF("2019/2/15","2019/5/1","d")
```

上面 3 个公式在 Excel 中的效果如图 3-60 所示。

图 3-60　DATEDIF 函数

3.4.5　计算相隔几个月位于同一天或最后一天的日期

EDATE 函数用于计算与指定日期相隔几个月之前或之后的月份中位于同一天的日期，语法如下：

```
EDATE(start_date,months)
```

EOMONTH 函数用于计算与指定日期相隔几个月之前或之后的月份中最后一天的日期，语法如下：

```
EOMONTH(start_date,months)
```

EDATE 和 EOMONTH 函数都包含以下两个参数：

- start_date（必选）：指定开始日期。
- months（必选）：指定开始日期之前或之后的月数，正数表示未来几个月，负数表示过去几个月，0 表示与开始日期位于同一个月。

如果 A1 单元格包含日期"2019/5/1"，由于将 months 参数设置为 5，因此下面的公式返回的是 5 个月以后同一天的日期"2019/10/1"。

```
=EDATE(A1,5)
```

如果 A1 单元格包含日期"2018/11/1"，那么下面的公式返回"2019/5/1"，从 2018 年 11 月 1 日开始，6 个月以后的日期，日期中的年份会自动调整，并返回第二年指定的月份。

```
=EDATE(A1,6)
```

如果 A1 单元格包含日期"2019/5/31"，下面的公式返回"2019/6/30"，因为 6 月没有 31 天，因此返回第 30 天的日期。

```
=EDATE(A1,1)
```

如果将 months 参数设置为负数，则表示过去的几个月。如果 A1 单元格包含日期"2019/6/30"，那么下面的公式返回"2019/1/30"，因为将 months 参数设置为 -5，表示距离指定日期的 5 个月前。

```
=EDATE(A1,-5)
```

上面 4 个公式在 Excel 中的效果如图 3-61 所示。

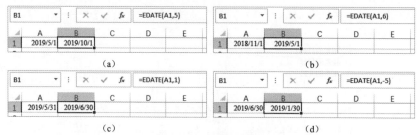

图 3-61　EDATE 函数

如果 A1 单元格包含日期"2019/3/1"，下面的公式返回"2019/6/30"，即 3 个月后的那个月份最后一天的日期。

```
=EOMONTH(A1,3)
```

3.4.6　计算相隔数个工作日的日期

WORKDAY.INTL 函数用于计算与指定日期相隔数个工作日之前或之后的日期，语法如下：

```
WORKDAY.INTL(start_date,days,[weekend],[holidays])
```

- start_date（必选）：指定开始日期。
- days（必选）：指定工作日的天数，不包括每周的周末日以及其他指定的节假日，正数表示未来数个工作日，负数表示过去数个工作日。
- weekend（可选）：指定一周中的哪几天是周末日，以数值或字符串表示。数值型的 weekend 参数的取值范围见表 3-7。weekend 参数也可以使用长度为 7 个字符的字符串，每个字符从左到右依次表示星期一、星期二、星期三、星期四、星期五、星期六、星期日。使用数字 0 和 1 表示是否将一周中的每一天指定为工作日，0 表示指定为工作日，1 表示不指定为工作日。例如，0000111 表示将星期一到星期四指定为工作日。
- holidays（可选）：指定不作为工作日计算在内的节假日。

表 3-7　weekend 参数的取值范围

weekend 参数值	周　末　日
1 或省略	星期六、星期日
2	星期日、星期一
3	星期一、星期二
4	星期二、星期三
5	星期三、星期四
6	星期四、星期五
7	星期五、星期六
11	仅星期日
12	仅星期一
13	仅星期二
14	仅星期三
15	仅星期四
16	仅星期五
17	仅星期六

如果 A2 单元格包含日期"2018/10/1"，下面的公式返回从该日期算起，30 个工作日之后的日期，并将国庆 7 天假期以及每周末的双休日（周六和周日）排除在外，国庆 7 天假期输入到 D2:D8 单元格区域中，如图 3-62 所示。

```
=WORKDAY.INTL(A2,30,1,D2:D8)
```

图 3-62　WORKDAY.INTL 函数

使用字符串形式的 weekend 参数也可以返回相同的结果语法如下：

```
=WORKDAY.INTL(A2,30,"0000011",D2:D8)
```

NETWORKDAYS.INTL 函数用于计算两个日期之间包含的工作日数，语法如下：

```
NETWORKDAYS.INTL(start_date,end_date,[weekend],[holidays])
```

该函数的第二个参数 end_date 是必选参数，用于指定结束日期，除了该参数外，其他 3 个参数与 WORKDAY.INTL 函数完全相同。

如果 A2 和 B2 单元格分别包含日期“2018/10/1”和“2018/11/16”，下面的公式返回这两个日期之间包含的工作日数，并将每周末的双休日（周六和周日），以及国庆 7 天假期排除在外，如图 3-63 所示。

```
=NETWORKDAYS.INTL(A2,B2,1,E2:E8)
```

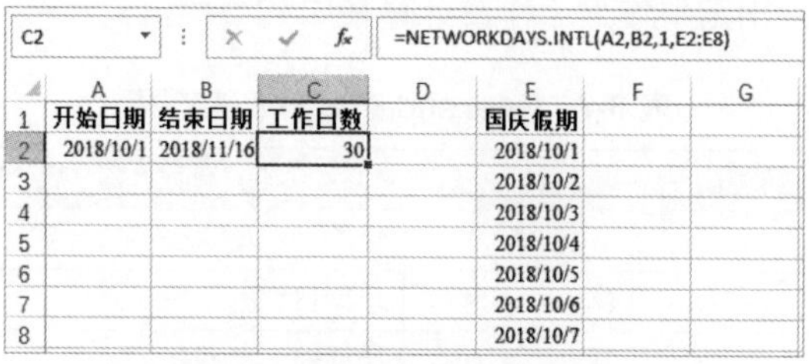
C2 =NETWORKDAYS.INTL(A2,B2,1,E2:E8)

	A	B	C	D	E	F	G
1	开始日期	结束日期	工作日数		国庆假期		
2	2018/10/1	2018/11/16	30		2018/10/1		
3					2018/10/2		
4					2018/10/3		
5					2018/10/4		
6					2018/10/5		
7					2018/10/6		
8					2018/10/7		

图 3-63　NETWORKDAYS.INTL 函数

3.5　字符的提取和处理

使用 Excel 中的文本函数可以对文本或数值进行以“字符”为单位的处理，如从任意方向提取指定数量的字符、计算文本的长度、查找和替换文本、转换文本格式等。本节将介绍以下几个文本函数：LEFT、RIGHT、MID、LEN、LENB、FIND、SEARCH、SUBSTITUTE、REPLACE 和 TEXT。

3.5.1　从不同方向提取指定数量的字符

LEFT 函数用于从文本左侧的起始位置开始，提取指定数量的字符，语法如下：

```
LEFT(text,[num_chars])
```

RIGHT 函数用于从文本右侧的结尾位置开始，提取指定数量的字符，语法如下：

```
RIGHT(text,[num_chars])
```

LEFT 和 RIGHT 函数都包含以下两个参数：

- text（必选）：要从中提取字符的内容。
- num_chars（可选）：提取的字符数量，如果省略该参数，其值默认为 1。

MID 函数用于从文本中的指定位置开始，提取指定数量的字符，语法如下：

```
MID(text,start_num,num_chars)
```

MID 函数包含 3 个参数，第一个和第三个参数与 LEFT 和 RIGHT 函数的两个参数的含义相同，MID 函数的第二个参数表示提取字符的起始位置。

下面的公式提取“Excel”中的前 3 个字符，返回“Exc”。

```
=LEFT("Excel",2)
```

下面的公式提取“Excel”中的后 3 个字符，返回“cel”。

```
=RIGHT("Excel",3)
```

下面的公式提取"Excel"中第 2 ～ 4 个字符，返回"xce"。

```
=MID("Excel",2,3)
```

上面 3 个公式在 Excel 中的效果如图 3-64 所示。

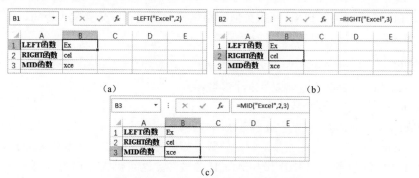

图 3-64　LEFT、RIGHT 和 MID 函数

3.5.2　计算文本长度

LEN 函数用于计算文本的字符数，语法如下：

```
LEN(text)
```

LEN 函数只有一个必选参数 text，表示要计算其字符数的内容。下面的公式返回 5，因为"Excel"包含 5 个字符。

```
=LEN("Excel")
```

LENB 函数的功能与 LEN 函数相同，但是以"字节"为单位来计算字符长度。对于双字节字符（汉子和全角字符），LENB 函数计数为 2，LEN 函数计数为 1；对于单字节字符（英文字母、数字和半角字符），LENB 和 LEN 函数都计数为 1。

下面的公式返回 8，因为"非常好"中每个汉字的长度都是 2。

```
=LENB("幸福美好")
```

下面的公式返回 4，因为 LEN 函数对每个汉字的长度按 1 个字符计算。

```
=LEN("幸福美好")
```

上面 3 个公式在 Excel 中的效果如图 3-65 所示。

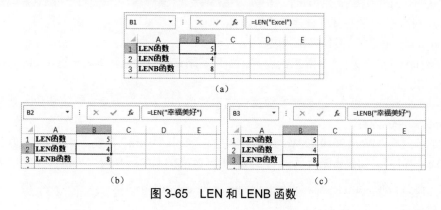

图 3-65　LEN 和 LENB 函数

3.5.3　查找文本

FIND 函数用于查找指定字符在文本中第一次出现的位置，语法如下：

```
FIND(find_text,within_text,[start_num])
```

SEARCH 函数的功能与 FIND 函数类似，但是在查找时不区分英文大小写，而 FIND 函数在查找时区分英文大小写，语法如下：

```
SEARCH(find_text,within_text,[start_num])
```

FIND 和 SEARCH 函数都包含以下 3 个参数：

- find_text（必选）：要查找的内容。
- within_text（必选）：在其中进行查找的内容。
- start_num（可选）：开始查找的起始位置。如果省略该参数，其值默认为 1。

如果找不到特定的字符，FIND 和 SEARCH 函数都会返回 #VALUE! 错误值。

下面的公式返回 4，由于 FIND 函数区分英文大小写，因此查找的小写字母 e 在 "Excel" 中第一次出现的位置位于第 4 个字符。

```
=FIND("e","Excel")
```

如果将公式中的 FIND 改为 SEARCH，则公式返回 1，由于 SEARCH 函数不区分英文大小写，因此 "Excel" 中的第一个大写字母 "E" 与查找的小写字母 "e" 匹配。

```
=SEARCH("e","Excel")
```

上面两个公式在 Excel 中的效果如图 3-66 所示。

（a）　　　　　　　　　　　　（b）

图 3-66　FIND 和 SEARCH 函数

3.5.4　替换文本

SUBSTITUTE 函数使用指定的文本替换原有文本，适用于知道替换前、后的内容，但不知道替换的具体位置的情况，语法如下：

```
SUBSTITUTE(text,old_text,new_text,[instance_num])
```

- text（必选）：要在其中替换字符的内容。
- old_text（必选）：要替换掉的内容。
- new_text（必选）：用于替换的内容。如果省略该参数的值，则将删除由 old_text 参数指定的内容。
- instance_num（可选）：要替换掉第几次出现的 old_text。如果省略该参数，则替换所有符合条件的内容。

下面的公式将 "Word 2019 和 Word 2019" 中的第二个 "Word" 替换为 "Excel"，返回 "Word 2019 和 Excel 2019"。如果省略最后一个参数，则会替换文本中所有的 "Word"，如图 3-67 所示。

```
=SUBSTITUTE("Word 2019和Word 2019","Word","Excel",2)
```

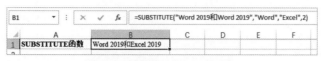

图 3-67 SUBSTITUTE 函数

REPLACE 函数使用指定字符替换指定位置上的内容，适用于知道要替换文本的位置和字符数，但不知道要替换哪些内容的情况，语法如下：

```
REPLACE(old_text,start_num,num_chars,new_text)
```

- old_text（必选）：要在其中替换字符的内容。
- start_num（必选）：替换的起始位置。
- num_chars（必选）：替换的字符数。如果省略该参数的值，则在由 start_num 参数表示的位置上插入指定的内容，该位置上的原有内容向右移动。
- new_text（必选）：替换的内容。

下面的公式将"Excel"中的第 2～4 个字符替换为"***"，返回"E***l"。

```
=REPLACE("Excel",2,3," ***")
```

下面的公式在 2 的左侧插入一个空格，返回"Excel 2019"。

```
=REPLACE("Excel2019",6,," ")
```

上面两个公式在 Excel 中的效果如图 3-68 所示。

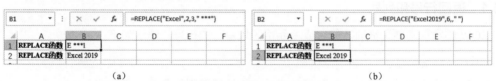

（a）   （b）

图 3-68 REPLACE 函数

也可以使用 FIND 函数自动查找 2 的位置，语法如下：

```
=REPLACE("Excel2019",FIND(2,"Excel2019"),," ")
```

3.5.5 设置数据的格式

TEXT 函数用于设置文本的数字格式，与在"设置单元格格式"对话框中自定义数字格式的功能类似，语法如下：

```
TEXT(value,format_text)
```

- value（必选）：要设置格式的内容。
- format_text（必选）：自定义数字格式代码，需要将格式代码放到一对双引号中。

在"设置单元格格式"对话框中设置的大多数格式代码都适用于 TEXT 函数，但是需要注意以下两点：

- TEXT 函数不支持改变文本颜色的格式代码。
- TEXT 函数不支持使用星号重复某个字符来填满单元格。要想使用特定字符填充单元格，可以使用 REPT 函数。

下面的公式将 C 列的销售额设置为中文货币格式，自动添加千位分隔符并保留两位小数，如图 3-69 所示。

```
=TEXT(C2,"¥#,##0.00;¥-#,##0.00")
```

图 3-69　TEXT 函数

提示：与自定义数字格式代码类似，使用 TEXT 函数设置格式代码时也可以包含完整的 4 个部分，各部分之间以半角分号 ";" 分隔，各部分的含义与在自定义数字格式代码相同。

3.6　数据的查询和引用

使用 Excel 中的查找和引用函数可以在工作表中查找特定的单元格或区域，以获取其中的数据或进行再处理。本节将介绍以下几个查找和引用函数：ROW、COLUMN、MATCH、INDEX、LOOKUP、VLOOKUP、INDIRECT 和 OFFSET。

3.6.1　返回行号和列号

ROW 函数返回单元格的行号，或单元格区域首行的行号，语法如下：

```
ROW([reference])
```

COLUMN 函数返回单元格的列号，或单元格区域首列的列号，语法如下：

```
COLUMN([reference])
```

这两个函数都只包含一个可选参数 reference，表示要返回行号或列号的单元格或区域。省略该参数时，将返回当前单元格所在的行号或列号。reference 参数不能同时引用多个区域。

在任意一个单元格中输入下面的公式，将返回该单元格所在的行号。如图 3-70 所示为在 C2 单元格中输入该公式，返回 C2 单元格的行号 2。

```
=ROW()
```

图 3-70　使用 ROW 函数返回当前行号

如果想要在任意单元格中输入的 ROW 函数都返回 2，则需要使用行号为 2 的单元格引用作为 ROW 函数的参数，单元格引用中的列标是什么无关紧要，如下面的公式所示：

```
=ROW(A2)
```

COLUMN 函数的用法类似于 ROW 函数，只不过 COLUMN 函数返回的是列的序号而不是列标。下面的公式返回 C2 单元格的列标 C 对应的序号 3。

```
=COLUMN(C2)
```

使用 ROW 和 COLUMN 函数还可以数组的形式返回一组自然数序列，此时需要使用单元格区域作为 ROW 和 COLUMN 函数的参数，ROW 函数返回一个垂直数组，COLUMN 函数返回一个水平数组，数组的元素就是作为参数的单元格区域的行号序列或列号序列。

下面的公式返回一个包含自然数 1、2、3 的垂直数组 {1;2;3}。输入这个公式前需要选择一列中连续的 3 个单元格，然后输入公式，最后按 Ctrl+Shift+Enter 组合键结束，如图 3-71 所示。

```
=ROW(A1:A3)
```

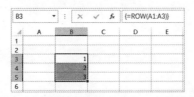

图 3-71　使用 ROW 函数返回一个垂直数组

下面的公式返回一个包含 6 个元素的水平数组 {1,2,3,4,5,6}，如图 3-72 所示。需要将该公式输入到一行连续的 6 个单元格中，然后按 Ctrl+Shift+Enter 组合键结束。

```
=COLUMN(A2:F5)
```

图 3-72　使用 COLUMN 函数返回一个水平数组

3.6.2　查找特定值的位置

MATCH 函数返回在精确或模糊的查找方式下，在区域或数组中查找特定值的位置，这个位置是查找的区域或数组中的相对位置，而不是工作表中的绝对位置，语法如下：

```
MATCH(lookup_value,lookup_array,[match_type])
```

- lookup_value（必选）：要在区域或数组中查找的值。
- lookup_array（必选）：包含要查找的值所在的区域或数组。
- match_type（可选）：指定精确查找或模糊查找，该参数的取值为 -1、0 或 1。表 3-8 列出了在 match_type 参数取不同值时，MATCH 函数如何进行查找。

表 3-8　match_type 参数与 MATCH 函数的返回值

match_type 参数值	MATCH 函数的返回值
1 或省略	模糊查找，返回小于或等于 lookup_value 参数的最大值的位置，由 lookup_array 参数指定的查找区域必须按升序排列
0	精确查找，返回等于查找区域中第一个与 lookup_value 参数匹配的值的位置，由 lookup_array 参数指定的查找区域无须排序
-1	模糊查找，返回大于或等于 lookup_value 参数的最小值的位置，由 lookup_array 参数指定的查找区域必须按降序排列

注意：当使用模糊查找方式时，如果查找区域或数组未按顺序排序，MATCH 函数可能会

返回错误结果。如果在查找文本时将 MATCH 函数的第三个参数设置为 0，则可以在第一个参数中使用通配符。查找文本时不区分文本的大小写，如果在区域或数组中没有符合条件的值，MATCH 函数将返回 #N/A 错误值。

下面的公式返回 5，表示数字 5 在 A2:A7 单元格区域中的位置，即位于该区域中的第 5 行，在工作表中是第 6 行，如图 3-73 所示。

```
=MATCH(5,A2:A7,0)
```

下面的公式返回 3，如图 3-74 所示。将第三个参数设置为 1 进行模糊查找，由于区域中没有 3.5，因此查找区域中小于或等于 3.5 的最大值的位置，即 3 的位置，该数字位于 A2:A7 单元格区域中的第 3 行，因此公式返回 3。

```
=MATCH(3.5,A2:A7,1)
```

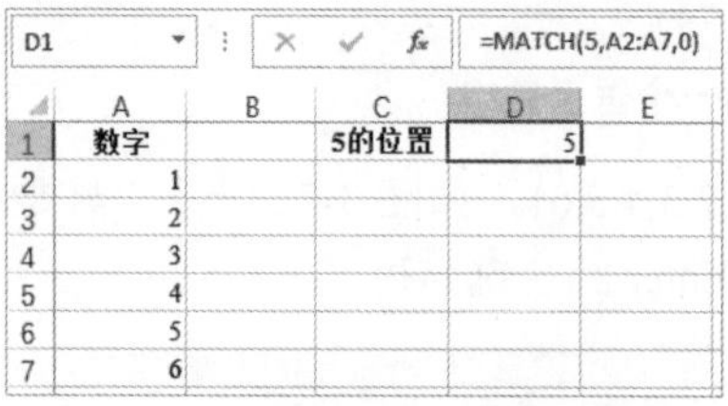

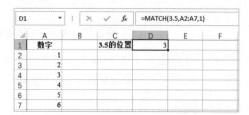

图 3-73　MATCH 函数精确查找　　　　图 3-74　MATCH 函数模糊查找

3.6.3　返回位于特定行列位置上的值

INDEX 函数具有数组形式和引用形式两种语法格式，其中数组形式的 INDEX 函数比较常用，用于返回区域或数组中位于特定行、列位置上的值，语法如下：

```
INDEX(array,row_num,[column_num])
```

- array（必选）：要返回值的区域或数组。
- row_num（必选）：要返回的值所在区域或数组中的行号。如果将该参数设置为 0，INDEX 函数将返回区域或数组中指定列的所有值。
- column_num（可选）：要返回的值所在区域或数组中的列号。如果将该参数设置为 0，INDEX 函数将返回区域或数组中指定行的所有值。

注意：如果 array 参数只有一行或一列，则可以省略 column_num 参数，此时 row_num 参数表示一行中的特定列，或一列中的特定行。如果 row_num 或 column_num 参数超出 array 参数中的区域或数组的范围，则 INDEX 函数将返回 #REF! 错误值。

下面的公式返回 A1:A6 单元格区域中第 3 行上的内容，如图 3-75 所示。

```
=INDEX(A1:A6,3)
```

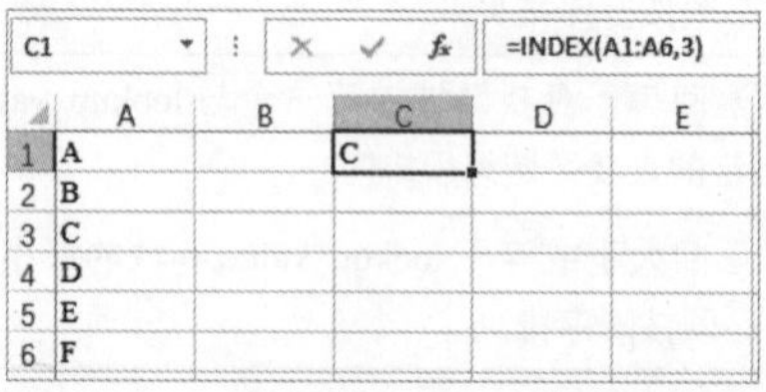

图 3-75　从一列区域中返回指定的值

下面的公式返回 A1:F1 单元格区域中第 3 列上的内容，如图 3-76 所示。

```
=INDEX(A1:F1,3)
```

	A	B	C	D	E	F	G	H
1	A	B	C	D	E	F		C

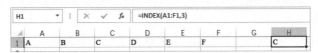

图 3-76　从一行区域中返回指定的值

下面的公式返回 A1:C6 单元格区域中位于第 2 行第 3 列上的内容，如图 3-77 所示。

```
=INDEX(A1:C6,2,3)
```

下面的公式计算 A1:C6 单元格区域中第 1 列的总和，如图 3-78 所示。此处将第二个参数设置为 0，将第三个参数设置为 1，表示引用区域第 1 列中的所有内容。

```
=SUM(INDEX(A1:C6,0,1))
```

	A	B	C	D	E
1	1	11	101		102
2	2	12	102		
3	3	13	103		
4	4	14	104		
5	5	15	105		
6	6	16	106		

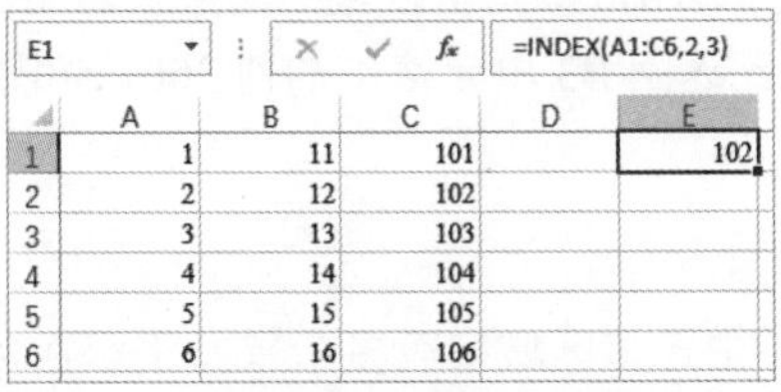

图 3-77　从多行多列区域中返回指定的值

	A	B	C	D	E	F
1	1	11	101		21	
2	2	12	102			
3	3	13	103			
4	4	14	104			
5	5	15	105			
6	6	16	106			

图 3-78　引用区域中指定的整列

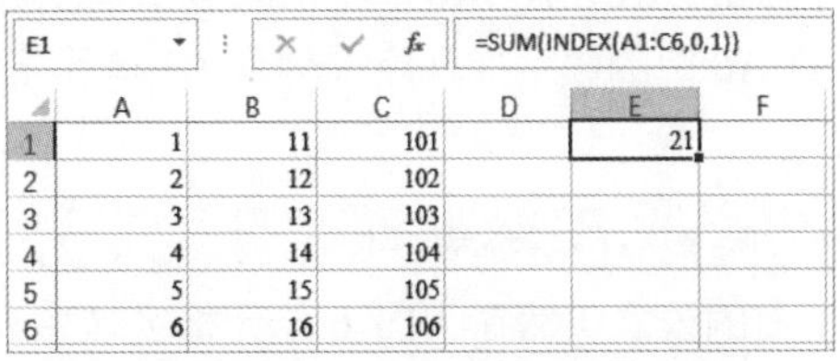

在实际应用中，INDEX 函数经常与 MATCH 函数搭配使用。如图 3-79 所示，在 G2 单元格中输入下面的公式，将根据 G1 单元格中输入的员工姓名，自动显示该员工所属的部门名称。

```
=INDEX(A1:D10,MATCH(G1,A1:A10,0),MATCH(RIGHT(F2,2),A1:D1,0))
```

	A	B	C	D	E	F	G	H	I	J
1	姓名	部门	性别	年龄		姓名	范晋睿			
2	雷凯希	技术部	女	49		所在部门	财务部			
3	周连彩	工程部	女	36						
4	郑彬	市场部	男	31						
5	茅尔露	技术部	男	30						
6	范晋睿	财务部	男	25						
7	通绍祺	财务部	女	50						
8	鄂挥	信息部	男	38						
9	敖惜萱	市场部	男	41						
10	尹会绵	技术部	男	44						

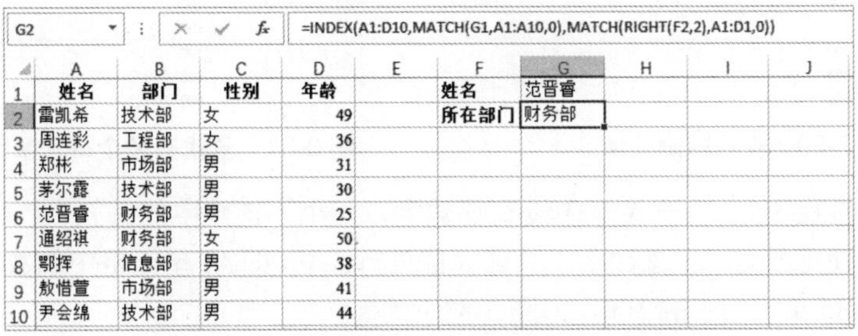

图 3-79　INDEX 和 MATCH 函数的组合应用

公式说明：INDEX 函数的第二个参数和第三个参数的值分别由两个 MATCH 函数的计算结果来决定。第一个 MATCH 函数查找 G1 单元格中的姓名在 A 列中的行号。在第二个 MATCH 函数中，首先使用 RIGHT 函数从 F2 单元格的标题中提取“部门”二字，然后以此为查找值，查找它在第一行的列号。分别将两个 MATCH 函数返回的行号和列号指定给 INDEX 函数，通过这个坐标从 A1:D10 单元格区域中提取指定的值。

3.6.4　使用 LOOKUP 函数查找数据

LOOKUP 函数具有向量形式和数组形式两种语法格式。向量形式的 LOOKUP 函数用于在单行或单列中查找指定的值，并返回另一行或另一列中对应位置上的值，语法如下：

```
LOOKUP(lookup_value,lookup_vector,[result_vector])
```

- lookup_value（必选）：要查找的值。如果在查找区域中找不到该值，则返回区域中所有小于查找值中的最大值。如果要查找的值小于区域中的最小值，LOOKUP 函数将返回 #N/A 错误值。
- lookup_vector（必选）：要在其中进行查找的单行或单列，可以是只有一行或一列的单元格区域，也可以是一维数组。
- result_vector（可选）：要返回结果的单行或单列，可以是只有一行或一列的单元格区域，也可以是一维数组，其大小必须与查找区域相同。当查找区域和返回数据的结果区域是同一个区域时，可以省略该参数。

注意： 如果要查找精确的值，那么查找区域必须按升序排列，否则可能会返回错误的结果。即使未对查找区域进行升序排列，Excel 仍然会认为查找区域已经处于升序排列状态。如果查找区域中包含多个符合条件的值，则 LOOKUP 函数只返回最后一个匹配值。

下面的公式在 A1:A6 单元格区域中查找数字 3，并返回 B1:B6 单元格区域中对应位置上的值。由于 A1:A6 中的数字按升序排列且 A3 单元格包含 3，因此返回 B3 单元格中的值 300，如图 3-80 所示。

```
=LOOKUP(3,A1:A6,B1:B6)
```

下面的公式仍然在 A1:A6 单元格区域中查找数字 3，由于该区域中有多个单元格都包含 3，因此返回最后一个包含 3 的单元格所对应的 B 列中的值，即 B5 单元格中的 500，如图 3-81 所示。

```
=LOOKUP(3,A1:A6,B1:B6)
```

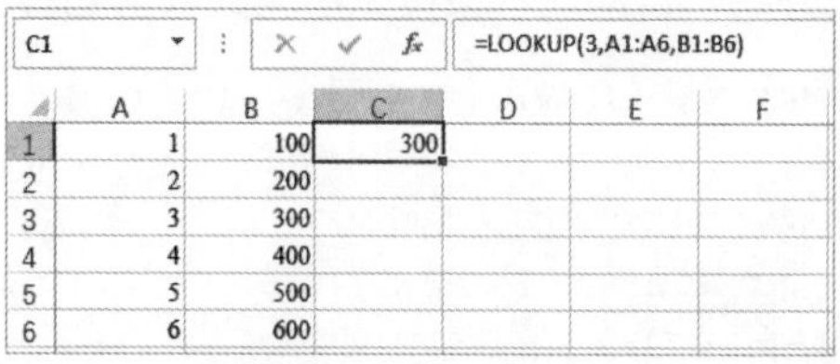

图 3-80　查找精确的值 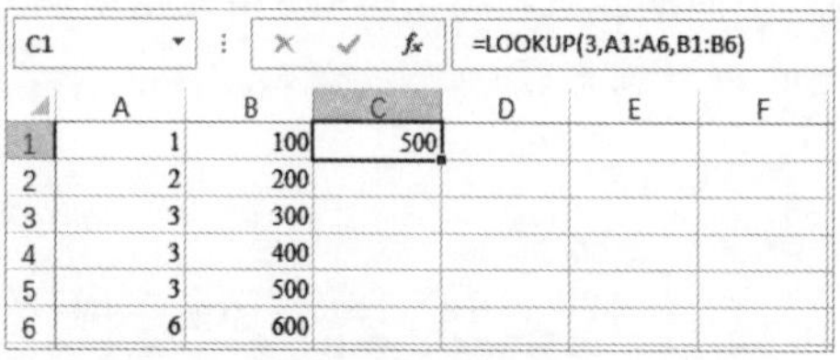　　　　　图 3-81　查找有多个符合条件的值的情况

下面的公式查找 5.5，由于 A 列中没有该数字，而小于该数字的有五个：1、2、3、4、5，LOOKUP 函数将使用所有小于该数字中的最大值进行匹配，即 A5 单元格中的数字 5 与查找值 5.5 匹配，因此返回 B5 单元格中的 500，如图 3-82 所示。

```
=LOOKUP(5.5,A1:A6,B1:B6)
```

下面的公式返回 A 列中的最后一个数字 200，无论这个数字是否是 A 列中的最大值，都返回位于最后位置上的数字，如图 3-83 所示。公式中的 9E+307 是接近 Excel 允许输入的最大值，由于找不到该值，因此返回区域中小于该值的最大值，由于 Excel 始终按区域处于升序排列状态进行处理，因此认为最大值位于区域的最后，最终返回区域中的最后一个数字。

```
=LOOKUP(9E+307,A1:A6)
```

数组形式的 LOOKUP 函数用于在区域或数组的第一行或第一列中查找指定的值，并返回该区域或数组最后一行或最后一列中对应位置上的值，语法如下：

```
LOOKUP(lookup_value,array)
```

图 3-82　返回小于查找值的最大值	图 3-83　返回区域中的最后一个数字

- lookup_value（必选）：要查找的值。如果在查找区域中找不到该值，则返回区域中所有小于查找值中的最大值。如果要查找的值小于区域中的最小值，LOOKUP 函数将返回 #N/A 错误值。
- array（必选）：要在其中进行查找的区域或数组。

注意：如果要查找精确的值，查找区域必须按升序排列，否则可能会返回错误的结果。如果查找区域中包含多个符合条件的值，则 LOOKUP 函数只返回最后一个匹配值。

下面的公式使用数组形式的 LOOKUP 函数，在 A1:A6 单元格区域的第一列中查找数字 3，并返回该区域最后一列（B 列）对应位置上的值（300），如图 3-84 所示。

```
=LOOKUP(3,A1:B6)
```

图 3-84　使用数组形式的 LOOKUP 函数查找数据

3.6.5　使用 VLOOKUP 函数查找数据

VLOOKUP 函数用于在区域或数组的第一列查找指定的值，并返回该区域或数组特定列中与查找值位于同一行的数据，语法如下：

```
VLOOKUP(lookup_value,table_array,col_index_num,[range_lookup])
```

- lookup_value（必选）：要在区域或数组的第一列中查找的值。
- table_array（必选）：要在其中进行查找的区域或数组。
- col_index_num（必选）：要返回区域或数组中第几列的值。该参数不是工作表的实际列号，而是 table_array 参数所表示的区域或数组中的相对列号。例如，如果将该参数设置为 3，那么对于 B1:D6 单元格区域而言，将返回 D 列中的数据（B1:D6 的第 3 列），而不是 C 列（工作表的第 3 列）。
- range_lookup（可选）：指定精确查找或模糊查找，该参数的取值范围见表 3-9。

表 3-9　range_lookup 参数的取值范围

range_lookup 参数值	说　　明
TRUE 或省略	模糊查找，返回查找区域第一列中小于或等于查找值的最大值，查找区域必须按升序排列，否则可能会返回错误结果
FALSE 或 0	精确查找，返回查找区域第一列中与查找值匹配的第一个值，查找区域无须排序。在该方式下查找文本时，可以使用通配符 ? 和 *

注意：精确查找时，如果区域或数组中包含多个符合条件的值，VLOOKUP 函数只返回第一个匹配的值。如果找不到匹配值，VLOOKUP 函数将返回 #N/A 错误值。

3.6.3 节中查找员工姓名和部门的例子，也可以使用 VLOOKUP 函数完成。下面的公式在 A1:D10 区域的第 1 列（A 列）查找 G1 单元格中的员工姓名，然后返回该区域第 2 列（B 列）同行上的部门名称，如图 3-85 所示。将 VLOOKUP 函数的第 4 个参数设置为 0，表示精确查找。

```
=VLOOKUP(G1,A1:D10,2,0)
```

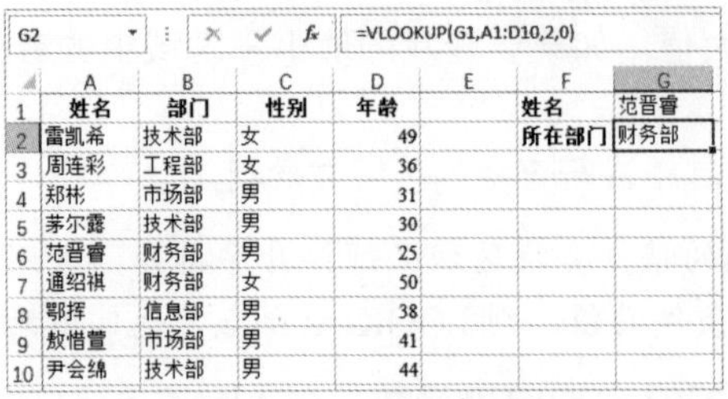
G2 =VLOOKUP(G1,A1:D10,2,0)

	A	B	C	D	E	F	G
1	姓名	部门	性别	年龄		姓名	范晋睿
2	雷凯希	技术部	女	49		所在部门	财务部
3	周连彩	工程部	女	36			
4	郑彬	市场部	男	31			
5	茅尔露	技术部	男	30			
6	范晋睿	财务部	男	25			
7	通绍祺	财务部	女	50			
8	鄂挥	信息部	男	38			
9	敖惜萱	市场部	男	41			
10	尹会绵	技术部	男	44			

图 3-85　VLOOKUP 函数

如果希望列号也可以自动进行定位，则可以使用 MATCH 函数作为 VLOOKUP 函数的第三个参数，公式如下：

```
=VLOOKUP(G1,A1:D10,MATCH(RIGHT(F2,2),A1:D1,0),0)
```

如果找不到匹配的值，VLOOKUP 函数会返回 #N/A 错误值。如果想要返回特定的内容，则可以使用 IFERROR 函数屏蔽错误值。下面的公式在找不到特定的员工姓名时，返回文字"未找到"。

```
=IFERROR(VLOOKUP(G1,A1:D10,2,0),"未找到")
```

3.6.6 生成由文本字符串指定的引用

INDIRECT 函数用于生成由文本字符串指定的单元格或区域的引用，语法如下：

```
INDIRECT(ref_text,[a1])
```

- Ref_text（必选）：表示单元格地址的文本，可以是 A1 或 R1C1 引用样式的字符串。
- A1（可选）：一个逻辑值，表示 ref_text 参数中单元格的引用样式。如果该参数为 TRUE 或省略，则 ref_text 参数中的文本被解释为 A1 样式的引用；如果该参数为 FALSE，则 ref_text 参数中的文本被解释为 R1C1 样式的引用。

注意：如果 ref_text 参数不能被正确转换为有效的单元格地址，或单元格地址超出 Excel 支持的最大范围，或引用一个未打开的工作簿中的单元格或区域，INDIRECT 函数都将返回 #REF! 错误值。

如图 3-86 所示，C1:H1 单元格区域中的每个公式分别引用 A1:A6 单元格区域中的内容。在 C1 单元格中输入下面的公式，然后将公式向右复制到 H1 单元格，得到 A1:A6 单元格区域中的内容。在将公式向右复制的过程中，COLUMN(A1) 中的 A1 会自动变为 B1、C1、D1、E1 和 F1，因此会返回从 A 列开始的列号 1、2、3、4、5、6。最后将返回的数字与字母 A 组成单元格地址的文本，并使用 INDIRECT 函数将其转换为实际的单元格引用，从而返回单元格中的内容。

```
=INDIRECT("A"&COLUMN(A1))
```

C1 =INDIRECT("A"&COLUMN(A1))

	A	B	C	D	E	F	G	H
1	A		A	B	C	D	E	F
2	B							
3	C							
4	D							
5	E							
6	F							

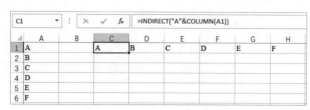

图 3-86　引用单元格中的内容

3.6.7　返回对单元格或区域的引用

OFFSET 函数用于以指定的单元格或区域为参照系，通过给定的偏移量返回对单元格或区域的引用，并可指定返回区域包含的行数和列数，语法如下：

```
OFFSET(reference,rows,cols,[height],[width])
```

- reference（必选）：作为偏移量参照系的起始引用区域，该参数必须是对单元格或连续单元格区域的引用，否则 OFFSET 函数将返回 #VALUE! 错误值。
- rows（必选）：相对于偏移量参照系的左上角单元格，向上或向下偏移的行数。行数为正数时，表示向下偏移；行数为负数时，表示向上偏移。
- cols（必选）：相对于偏移量参照系的左上角单元格，向左或向右偏移的列数。列数为正数时，表示向右偏移；列数为负数时，表示向左偏移。
- height（可选）：要返回的引用区域包含的行数，行数为正数时，表示向下扩展的行数；行数为负数时，表示向上扩展的行数。
- width（可选）：要返回的引用区域包含的列数，列数为正数时，表示向右扩展的列数；列数为负数时，表示向左扩展的列数。

注意：如果行数和列数的偏移量超出了工作表的范围，OFFSET 函数将返回 #REF! 错误值。如果省略 row 和 cols 两个参数的值，则默认按 0 处理，此时偏移后新区域的左上角单元格与原区域的左上角单元格相同，即 OFFSET 函数不执行任何偏移操作。如果省略 height 或 width 参数，则偏移后新区域包含的行数或列数与原区域相同。

下面的公式计算 B2:C6 单元格区域中所有数字之和，如图 3-87 所示。以 A1 单元格为起点，向下偏移 1 行，向右偏移 1 列，从 A1 单元格转为引用 B2 单元格。然后以 B1 单元格为区域左上角，向下扩展 5 行，向右扩展 2 列，得到 B2:C6 单元格区域，最后使用 SUM 函数计算该区域中的所有数字之和。

```
=SUM(OFFSET(A1,1,1,5,2))
```

A1 =SUM(OFFSET(A1,1,1,5,2))

	A	B	C	D	E	F
1	15					
2		1	2	3		
3		1	2	3		
4		1	2	3		
5		1	2	3		
6		1	2	3		

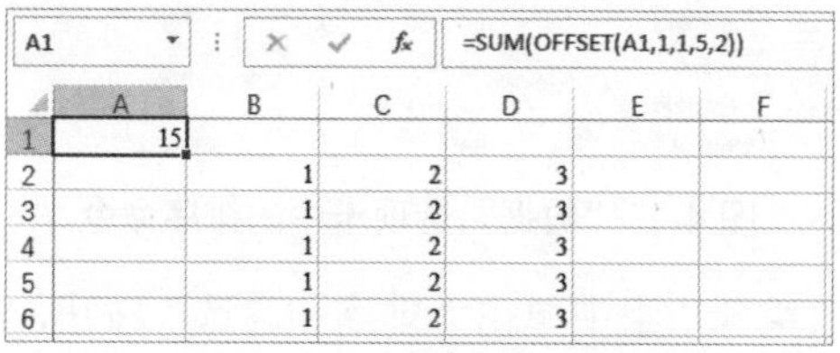

图 3-87　OFFSET 函数

第4章
使用分析工具分析与展示财务数据

Excel 提供了多种分析工具，使用这些工具可以对数据进行不同方面的分析，包括排序数据、筛选出符合条件的数据、按类别对数据进行汇总求和、快速构建具有不同视角和意义的报表、对数据进行模拟分析等。本章将介绍使用相关工具对数据进行以上这些分析的方法，还将介绍使用图表以图形化的方式展示数据的方法。

4.1 排序

数值有大小之分，文本也有拼音首字母不同的区别，使用 Excel 中的排序功能，可以快速对数值和文本进行升序或降序排列，升序或降序是指数据排序时的分布规律。例如，数值的升序排列是指将数值从小到大依次排列，数值的降序排列是指将数值从大到小依次排列。逻辑顺序是除了数值大小顺序和文本首字母顺序之外的另一种顺序，这种顺序由逻辑概念或用户主观决定，在 Excel 中也可以按照逻辑顺序来排列数据。

4.1.1 单条件排序

最简单的排序方式是单条件排序，即只使用一个条件排序。执行排序操作的方法有以下几种：

- 在功能区"数据"|"排序和筛选"组中单击"升序"或"降序"按钮，如图4-1所示。

图 4-1 "数据"选项卡中的排序命令

- 在功能区"开始"|"编辑"组中单击"排序和筛选"按钮，然后在下拉菜单中单击"升序"或"降序"命令。
- 右击作为排序条件列中的任意一个包含数据的单元格，在弹出的快捷菜单中单击"排序"命令，然后在子菜单中单击"升序"或"降序"命令，如图4-2所示。

图 4-2　鼠标右键快捷菜单中的"排序"命令

如图 4-3 所示为员工的工资情况，如果要按工资从高到低的顺序对员工排序，则需要先选择 C 列中任意一个包含数据的单元格，例如 C3，然后使用上面任意一种方法单击"降序"命令，排序结果如图 4-4 所示。

	A	B	C
1	姓名	部门	工资
2	关凡	销售部	5300
3	晁凯希	工程部	3900
4	陆夏烟	财务部	3800
5	傅半蕾	财务部	3200
6	阎盼兰	人力部	3300
7	施亚妃	客服部	5500

图 4-3　未排序的员工工资

	A	B	C
1	姓名	部门	工资
2	施亚妃	客服部	5500
3	关凡	销售部	5300
4	晁凯希	工程部	3900
5	陆夏烟	财务部	3800
6	阎盼兰	人力部	3300
7	傅半蕾	财务部	3200

图 4-4　按工资从高到低的顺序对员工排序

4.1.2　多条件排序

复杂数据的排序可能需要使用多个条件，Excel 支持最多 64 个排序条件，可以使用"排序"对话框设置多个排序条件来完成多条件排序。

如图 4-5 所示为按日期记录的商品销量情况，如果要同时按日期和销量对商品进行排序，即先按日期的先后排序，在日期相同的情况下，再按销量高低排序，则可以使用日期和销量作为排序的两个条件，操作步骤如下：

（1）选择数据区域中的任意一个单元格，然后在功能区"数据"|"排序和筛选"组中单击"排序"按钮。

（2）打开"排序"对话框，在"主要关键字"下拉列表中选择"日期"，将"排序依据"设置为"数值"，将"次序"设置为"升序"，如图 4-6 所示。

	A	B	C
1	日期	名称	销量
2	2019年2月3日	啤酒	42
3	2019年2月3日	啤酒	38
4	2019年2月2日	饼干	34
5	2019年2月2日	牛奶	13
6	2019年2月1日	果汁	31
7	2019年2月1日	牛奶	17
8	2019年2月3日	啤酒	41
9	2019年2月3日	牛奶	23

图 4-5　未排序的商品销量

图 4-6　设置按日期升序排列

提示：如果在"排序"对话框中添加了错误的条件，则可以选择该条件，然后单击"删除条件"按钮将其删除。如果要调整条件的优先级顺序，则可以在选择条件后单击"上移"按钮▲或"下移"按钮▼。

（3）单击"添加条件"按钮，添加第 2 个条件，在"次要关键字"下拉列表中选择"销量"，然后将"排序依据"设置为"数值"，将"次序"设置为"降序"，如图 4-7 所示。

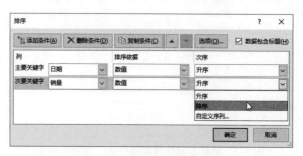

图 4-7　设置按销量降序排列

（4）单击"确定"按钮，关闭"排序"对话框，A 列数据将按日期从早到晚的顺序排列，在日期相同的情况下，C 列的销量按从高到低的顺序排列，如图 4-8 所示。

提示：无论是单条件排序还是多条件排序，排序结果默认自动作用于整个数据区域。如果只想让排序结果作用于特定的列，则需要在排序前先选中要排序的列，然后再对其执行排序命令，此时会打开如图 4-9 所示的对话框，点选"以当前选定区域排序"单选按钮，最后单击"排序"按钮。

图 4-8　按日期和销量排序数据　　　　图 4-9　只对选中的列排序

4.1.3　自定义排序

如果想要按特定的逻辑顺序对数据排序，则需要先创建包含这些数据的自定义序列，然后在设置排序选项时，将这个序列指定为次序。

如图 4-10 所示的工作表中包含员工的姓名、部门、学历和工资，如果想要按学历从高到低对员工进行排列，即按"硕士 > 大本 > 大专 > 高中"的顺序排序，操作步骤如下：

（1）选择数据区域中的任意一个单元格，然后在功能区"数据"|"排序和筛选"组中单击"排序"按钮。

（2）打开"排序"对话框，将"主要关键字"设置为"学历"，在"次序"下拉列表中选择"自定义序列"，如图 4-11 所示。

（3）打开"自定义序列"对话框，在"输入序列"文本框中按学历从高到低的顺序，依次输入本例数据中的学历，每输入一个学历需要按一次 Enter 键，让所有学历排列在一列中，如图 4-12 所示。

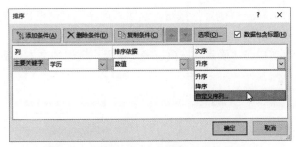

	A	B	C	D
1	姓名	部门	学历	工资
2	关凡	销售部	大专	5300
3	晃凯希	工程部	大本	3900
4	陆夏烟	财务部	高中	3800
5	傅半蕾	财务部	大本	3200
6	阎盼兰	人力部	硕士	3300
7	施亚妃	客服部	高中	5500

图 4-10　按学历高低排序的员工信息　　　　图 4-11　将"次序"设置为"自定义序列"

图 4-12　输入自定义序列中的每一项

（4）单击"添加"按钮，将输入好的文本序列添加到左侧的列表框中，并自动选中该序列，如图 4-13 所示。

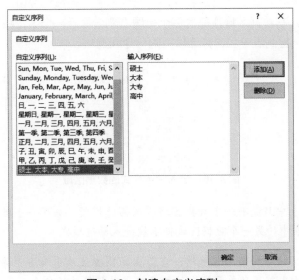

图 4-13　创建自定义序列

（5）单击"确定"按钮，返回"排序"对话框，"次序"被设置为上一步创建的文本序列，如图 4-14 所示。

（6）单击"确定"按钮，将使用用户创建的文本序列对员工信息进行排序，如图 4-15 所示。

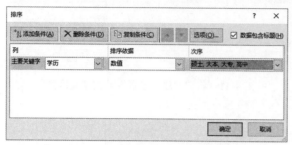

图 4-14 "次序"被设置为用户创建的文本序列　　　　图 4-15 按学历从高到低对员工排序

4.2 筛选

如果要在数据区域中只显示符合条件的数据，则可以使用 Excel 中的筛选功能。Excel 提供了两种筛选方式：

- 自动筛选：进入筛选模式，然后从字段标题的下拉列表中选择特定项，或者根据数据类型，选择特定的筛选命令，即可完成筛选。
- 高级筛选：在数据区域之外的一个特定区域中输入筛选条件，然后在筛选时将该区域指定为筛选条件，即可完成高级筛选。与自动筛选相比，高级筛选还有很多优点，如可以将筛选结果自动提取到工作表的指定位置，删除重复记录等。

4.2.1 进入和退出筛选模式

在使用自动筛选的方式筛选数据时，需要先进入筛选模式，然后才能对各列数据执行筛选操作，而高级筛选则不需要进入筛选模式。要进入筛选模式，首先选择数据区域中的任意一个单元格，然后在功能区"数据"|"排序和筛选"组中单击"筛选"按钮。

进入筛选模式后，在数据区域顶部的每个标题右侧会显示一个下拉按钮，如图 4-16 所示，单击该按钮所打开的下拉列表中包含筛选相关的命令和选项。

	A	B	C
1	日期	名称	销量
2	2019年2月3日	啤酒	42
3	2019年2月3日	啤酒	38
4	2019年2月2日	饼干	34
5	2019年2月2日	牛奶	13
6	2019年2月1日	果汁	31
7	2019年2月1日	牛奶	17
8	2019年2月3日	啤酒	41
9	2019年2月3日	牛奶	23

图 4-16 进入筛选模式的数据区域

注意：一个工作表中只能有一个数据区域进入筛选模式，如果一个数据区域已经进入筛选模式，那么同一工作表中的另一个数据区域将不能进入筛选模式。

提示：右击数据区域中的某个单元格，在弹出的快捷菜单中单击"筛选"命令，在显示的子菜单中包含几个基于当前活动单元格中的值或格式进行筛选的命令，如图 4-17 所示，使用这些命令可以直接筛选当前数据区域，而不需要进入筛选模式。

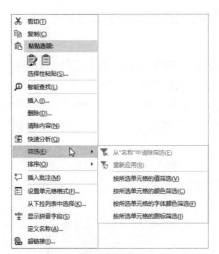

图 4-17 鼠标右键快捷菜单中的"筛选"命令

如果不再进行筛选并希望恢复数据的原始状态，则可以使用以下 3 种方法：

- 使某列数据全部显示：打开正处于筛选状态的列的下拉列表，然后选中"全选"复选框，或者选择"从……中清除筛选"命令，省略号表示列标题的名称。
- 使所有列数据全部显示：在功能区"数据" |"排序和筛选"组中单击"清除"按钮。
- 退出筛选模式：在功能区"数据" |"排序和筛选"组中单击"筛选"按钮。

4.2.2 文本筛选

筛选数据的一个通用方法是在进入筛选模式后，单击要筛选的列标题右侧的下拉按钮，在打开的列表中选中所需的项目。如图 4-18 所示为筛选出"啤酒"的销量情况，因此，在下拉列表中只选中"啤酒"复选框。单击"确定"按钮后，将只显示有关"啤酒"的销售数据，如图 4-19 所示。筛选数值和日期的方法与此类似。

图 4-18 选择要筛选出来的项

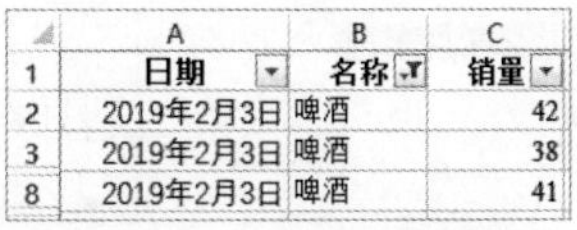

1	日期	名称	销量
2	2019年2月3日	啤酒	42
3	2019年2月3日	啤酒	38
8	2019年2月3日	啤酒	41

图 4-19 筛选后的数据

技巧：当列表中包含多项时，如果只想选择其中的一项或几项，则可以先取消选中"全选"复选框，然后再选中想要选择的一项或几项。

提示：复制筛选后的数据时，只会复制当前显示的内容，不会复制由于不符合筛选条件而隐藏起来的内容。

Excel 为不同类型的数据提供了特定的筛选选项。对文本类型的数据来说，单击列标题右侧的下拉按钮，在打开的列表中选择"文本筛选"命令，在下拉菜单中包含与文本筛选相关的选项。

如图 4-20 所示，筛选出除饼干和牛奶之外的其他商品的销售数据的操作步骤如下：

（1）选择数据区域中的任意一个单元格，然后在功能区"数据"|"排序和筛选"组中单击"筛选"按钮。

（2）进入筛选模式，单击"名称"列标题右侧的下拉按钮，在打开的列表中单击"文本筛选"|"不等于"命令，如图 4-21 所示。

图 4-20　筛选前的数据　　　　　　　　　　图 4-21　单击"不等于"命令

（3）打开"自定义自动筛选方式"对话框，在第一行左侧的下拉列表中自动选中"不等于"，保持该设置不变，然后在其右侧的下拉列表中选择"饼干"，如图 4-22 所示。

（4）点选"与"单选按钮，然后在第二行左侧的下拉列表中选择"不等于"，在其右侧的下拉列表中选择"牛奶"，如图 4-23 所示。

（5）单击"确定"按钮，将隐藏饼干和牛奶的相关数据，而显示其他商品的销售数据，如图 4-24 所示。

图 4-22　设置第一个筛选条件　　图 4-23　设置第二个筛选条件　　图 4-24　文本筛选结果

4.2.3　数值筛选

进入筛选模式后,如果单击包含数值的列标题右侧的下拉按钮,则在打开的列表中会包含"数字筛选"命令,选择该命令所弹出的菜单中包含与数值筛选相关的选项。

如图 4-25 所示,筛选出商品销量大于 30 的销售记录的操作步骤如下:

(1)选择数据区域中的任意一个单元格,然后在功能区"数据"|"排序和筛选"组中单击"筛选"按钮。

(2)进入筛选模式,单击"销量"列标题右侧的下拉按钮,在打开的列表中单击"数字筛选"|"大于"命令,如图 4-26 所示。

图 4-25　筛选前的数据　　　　　　图 4-26　单击"大于"命令

(3)打开"自定义自动筛选方式"对话框,在第一行左侧的下拉列表中自动选中"大于",保持该设置不变,然后在其右侧输入"30",如图 4-27 所示。

(4)单击"确定"按钮,将只显示销量大于 30 的数据,如图 4-28 所示。

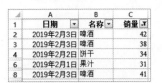

图 4-27　设置筛选条件　　　　　　图 4-28　数值筛选结果

4.2.4　日期筛选

进入筛选模式后,如果单击包含日期的列标题右侧的下拉按钮,则在打开的列表中会包含"日期筛选"命令,选择该命令所弹出的菜单中包含与日期筛选相关的选项。

如图 4-29 所示,筛选出 2 月 1 日和 2 月 3 日的销售记录的操作步骤如下:

（1）选择数据区域中的任意一个单元格，然后在功能区"数据"|"排序和筛选"组中单击"筛选"按钮。

（2）进入筛选模式，单击"日期"列标题右侧的下拉按钮，在打开的列表中单击"日期筛选"|"等于"命令，如图 4-30 所示。

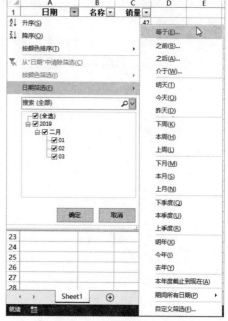

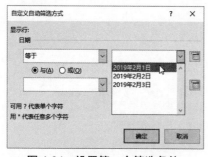

图 4-29　筛选前的数据　　　　　　　　　　图 4-30　单击"等于"命令

（3）打开"自定义自动筛选方式"对话框，在第一行左侧的下拉列表中自动选中"等于"，保持该设置不变，然后在其右侧的下拉列表中选择"2019 年 2 月 1 日"，如图 4-31 所示。

（4）点选"或"单选按钮，然后在第二行左侧的下拉列表中选择"等于"，在其右侧的下拉列表中选择"2019 年 2 月 3 日"，如图 4-32 所示。

图 4-31　设置第一个筛选条件　　　　　　　图 4-32　设置第二个筛选条件

（5）单击"确定"按钮，将只显示 2 月 1 日和 2 月 3 日的销售数据，如图 4-33 所示。

提示：进入筛选模式后，如果打开包含日期数据的筛选列表，其中的日期会自动按年、月、日的形式分组显示。如果希望在筛选列表中显示具体的日期，则可以单击"文件"|"选项"命令，打开"Excel 选项"对话框，选择"高级"选项卡，然后在"此工作簿的显示选项"区域中取消选中"使用'自动筛选'菜单分组日期"复选框，如图 4-34 所示。

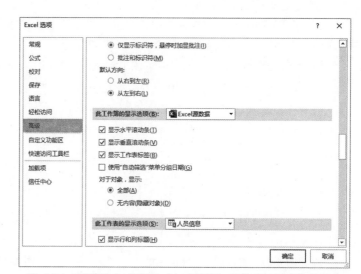

▲	A	B	C
1	日期 ⊤	名称 ⊤	销量 ⊤
2	2019年2月3日	啤酒	42
3	2019年2月3日	啤酒	38
6	2019年2月1日	果汁	31
7	2019年2月1日	牛奶	17
8	2019年2月3日	啤酒	41
9	2019年2月3日	牛奶	23

图 4-33　日期筛选结果　　　　图 4-34　取消选中"使用'自动筛选'菜单分组日期"复选框

4.2.5　使用高级筛选

如果在筛选时想要以更灵活的方式设置条件，则可以使用高级筛选。作为高级筛选的条件必须位于工作表的一个特定区域中，并且要与数据区域分开。条件区域至少包含两行，第一行是标题，第二行是条件值。标题必须与数据区域中的相应标题完全一致，但是不需要提供数据区域中的全部标题，只提供条件所需的标题即可。

将条件值输入到标题下方的单元格中，位于同一行的各个条件之间表示"与"关系，位于不同行的各个条件之间表示"或"关系，可以同时使用"与"和"或"关系来设置复杂的条件。

如图 4-35 所示，使用高级筛选功能筛选出硕士学历或工资大于 4 000 元的员工记录的操作步骤如下：

（1）在数据区域的下方，与数据区域间隔两行的位置设置筛选条件。

（2）选择数据区域中的任意一个单元格，然后在功能区"数据"|"排序和筛选"组中单击"高级"按钮。

（3）打开"高级筛选"对话框，"列表区域"文本框中会自动填入数据区域的单元格地址，如图 4-36 所示。

▲	A	B	C	D
1	姓名	部门	学历	工资
2	关凡	销售部	大专	5300
3	晁凯希	工程部	大本	3900
4	陆夏烟	财务部	高中	3800
5	傅半蕾	财务部	大本	3200
6	阎盼兰	人力部	硕士	3300
7	施亚妃	客服部	高中	5500
8				
9				
10	学历	工资		
11	硕士			
12		>4000		

图 4-35　设置筛选条件　　　　图 4-36　自动填入数据区域的地址

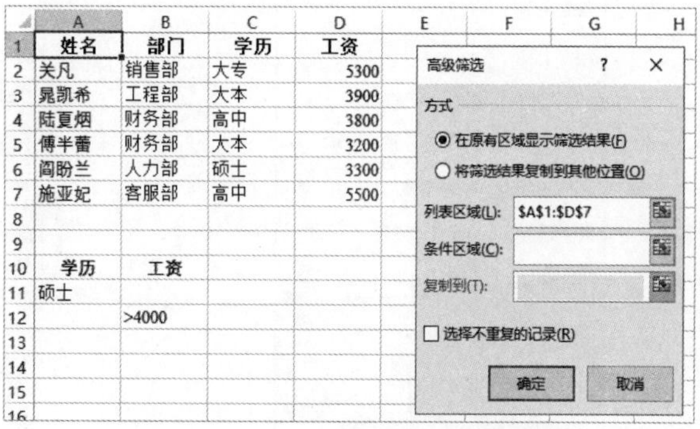

（4）在"条件区域"文本框中输入条件区域的地址，或者单击右侧的折叠按钮，在工作表中选择条件区域，本例选择 A10:B12，如图 4-37 所示。

（5）单击"确定"按钮，将只显示硕士学历或工资大于 4 000 元的员工信息，如图 4-38 所示。

图 4-37　输入条件区域的地址

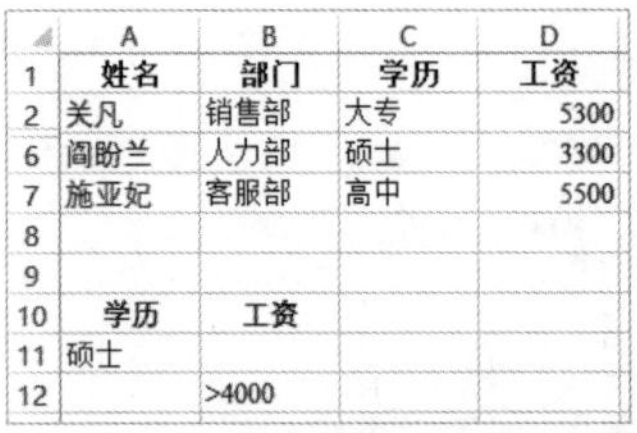

图 4-38　高级筛选结果

提示：无论使用自动筛选还是高级筛选，都可以在筛选条件中使用？和 * 两种通配符，？代表任意一个字符，* 代表零个或任意多个字符。如果要筛选通配符本身，则需要在每个通配符左侧添加波形符号"～"，如"～？"和"～*"。只能在筛选文本型数据时使用通配符。

4.2.6　利用筛选删除重复数据

可以利用高级筛选功能删除重复数据，而且可以将去重后的数据放置到指定的位置。打开"高级筛选"对话框，选中"选择不重复的记录"复选框可以在筛选结果中删除重复数据，点选"将筛选结果复制到其他位置"单选按钮后，在"复制到"文本框中指定将筛选结果复制到的位置，如图 4-39 所示。

Excel 本身提供了专门删除重复数据的功能，因此，如果只想单纯删除重复数据，而不需要对数据进行筛选，则无须使用高级筛选。

要使用 Excel 提供的删除重复数据功能，首先选择数据区域中的任意一个单元格，然后在功能区"数据"|"数据工具"组中单击"删除重复项"按钮，打开"删除重复值"对话框，如图 4-40 所示，其中列出了数据区域包含的列标题，选择要作为重复数据判断依据的列标题。单击"确定"按钮，将删除所选标题中包含重复值的所有数据行。

图 4-39　删除重复数据并将筛选结果复制到其他位置

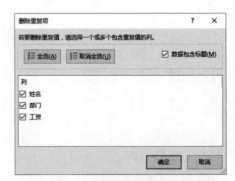

图 4-40　选择重复数据的判断依据

4.3　分类汇总

分类汇总是按数据的类别进行划分，然后对同类数据进行求和或其他计算，如计数、平均值、最大值、最小值等。Excel 中的分类汇总功能可以汇总一类或多类数据。

4.3.1　汇总一类数据

最简单的分类汇总只针对一类数据进行分类统计。在分类汇总数据前，需要先对要作为分类依据的数据排序。如图 4-41 所示，如果要统计每天所有商品的总销量，则需要按日期进行分类，分类汇总前需要对日期排序，操作步骤如下：

（1）选择 A 列中任意一个包含数据的单元格，然后在功能区"数据"|"排序和筛选"组中单击"升序"按钮，对日期进行升序排列，如图 4-42 所示。

	A	B	C
1	日期	名称	销量
2	2019年2月3日	啤酒	42
3	2019年2月3日	啤酒	38
4	2019年2月2日	饼干	34
5	2019年2月2日	牛奶	13
6	2019年2月1日	果汁	31
7	2019年2月1日	牛奶	17
8	2019年2月3日	啤酒	41
9	2019年2月3日	牛奶	23

图 4-41　分类汇总前的数据

	A	B	C
1	日期	名称	销量
2	2019年2月1日	果汁	31
3	2019年2月1日	牛奶	17
4	2019年2月2日	饼干	34
5	2019年2月2日	牛奶	13
6	2019年2月3日	啤酒	42
7	2019年2月3日	啤酒	38
8	2019年2月3日	啤酒	41
9	2019年2月3日	牛奶	23

图 4-42　对日期进行升序排列

（2）在功能区"数据"|"分级显示"组中单击"分类汇总"按钮，打开"分类汇总"对话框，进行以下设置，如图 4-43 所示。

- 将"分类字段"设置为"日期"。
- 将"汇总方式"设置为"求和"。
- 在"选定汇总项"列表框中选中"销量"复选框。
- 选中"替换当前分类汇总"复选框和"汇总结果显示在数据下方"复选框。

（3）单击"确定"按钮，将按日期分类，并对相同日期下的所有商品销量进行求和，如图 4-44 所示。

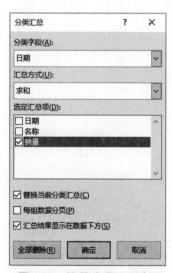

图 4-43　设置分类汇总选项

	A	B	C
1	日期	名称	销量
2	2019年2月1日	果汁	31
3	2019年2月1日	牛奶	17
4	2019年2月1日 汇总		48
5	2019年2月2日	饼干	34
6	2019年2月2日	牛奶	13
7	2019年2月2日 汇总		47
8	2019年2月3日	啤酒	42
9	2019年2月3日	啤酒	38
10	2019年2月3日	啤酒	41
11	2019年2月3日	牛奶	23
12	2019年2月3日 汇总		144
13	总计		239

图 4-44　分类汇总结果

111

4.3.2 汇总多类数据

如果需要统计的数据类别较多，则可以创建多级分类汇总。汇总多类数据之前，需要对作为汇总类别的数据进行多条件排序。如图 4-45 所示，如果要统计每天所有商品的总销量，还要统计每一天当中每类商品的总销量，则需要按日期和商品进行分类，分类汇总前需要对日期和商品进行多条件排序，操作步骤如下：

（1）选择数据区域中的任意一个单元格，然后在功能区"数据"|"排序和筛选"组中单击"排序"按钮，打开"排序"对话框，进行如图 4-46 所示的设置。

- 将"主要关键字"设置为"日期"，将"排序依据"设置为"数值"，将"次序"设置为"升序"。
- 单击"添加条件"按钮添加一个条件，将"次要关键字"设置为"名称"，将"排序依据"设置为"数值"，将"次序"设置为"升序"。

图 4-45 分类汇总前的数据

图 4-46 设置多条件排序

（2）单击"确定"按钮，将同时按"日期"和"名称"两个条件进行排序，如图 4-47 所示。

（3）在功能区"数据"|"分级显示"组中单击"分类汇总"按钮，打开"分类汇总"对话框，进行如图 4-48 所示的设置。

- 将"分类字段"设置为"日期"。
- 将"汇总方式"设置为"求和"。
- 在"选定汇总项"列表框中选中"销量"复选框。
- 选中"替换当前分类汇总"复选框和"汇总结果显示在数据下方"复选框。

图 4-47 按"日期"和"名称"两个条件排序

图 4-48 设置第一次分类汇总

（4）单击"确定"按钮，对数据区域执行第一次分类汇总。再次打开"分类汇总"对话框，进行如图 4-49 所示的设置。

- 将"分类字段"设置为"名称"。
- 将"汇总方式"设置为"求和"。
- 在"选定汇总项"列表框中选中"销量"复选框。
- 取消选中"替换当前分类汇总"复选框。

（5）单击"确定"按钮，将按日期和商品分类，不但统计每一天所有商品的总销量，还统计同一天内各个商品的销量，如图 4-50 所示。

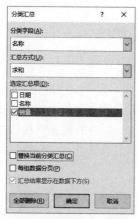

图 4-49　设置第二次分类汇总

图 4-50　分类汇总结果

4.3.3　分级查看数据

为数据创建分类汇总后，将在工作表的左侧显示由数字、加号、减号组成的分级显示符号，如图 4-51 所示。单击数字可以查看特定级别的数据。数字越大，数据的级别越小，级别较小的数据是其上一级数据的明细数据，单击加号或减号可以显示或隐藏明细数据。

用户可以为数据自动创建分级显示，自动创建分级显示要求数据区域中必须包含汇总值，如使用 SUM 或 AVERAGE 函数计算数据的总和或平均值。然后选择数据区域中的任意一个单元格，在功能区"数据"|"分级显示"组中单击"创建组"按钮上的下拉按钮，在下拉菜单中单击"自动建立分级显示"命令，即可自动为数据区域创建分级显示，如图 4-52 所示。

图 4-51　分级查看数据

图 4-52　单击"自动建立分级显示"命令

4.3.4　删除分类汇总

如果要删除分类汇总数据和分级显示符号，则需要选择包含分类汇总的数据区域中的任意

一个单元格，然后在功能区"数据"|"分级显示"组中单击"分类汇总"按钮，打开"分类汇总"对话框，单击"全部删除"按钮。

如果只想删除分级显示符号，则可以在功能区"数据"|"分级显示"组中单击"取消组合"按钮上的下拉按钮，然后在下拉菜单中单击"清除分级显示"命令，如图 4-53 所示。

图 4-53　单击"清除分级显示"命令

4.4　多角度透视

在处理包含大量数据的表格时，使用公式对数据进行汇总统计会使工作变得更加复杂，尤其对于很多不熟悉公式和函数的用户来说更是如此。使用 Excel 中的数据透视表功能，可以在不使用任何公式和函数的情况下，快速完成大量数据的分类汇总统计。用户通过鼠标的单击和拖曳，即可从不同的角度查看和分析汇总数据。

4.4.1　数据透视表的结构和术语

数据透视表包括以下 4 个部分：

- 行区域：如图 4-54 所示的深灰色部分是数据透视表的行区域，它位于数据透视表的左侧。在行区域中通常放置一些可用于进行分类或分组的内容，例如部门、地区、日期等。
- 列区域：如图 4-55 所示的深灰色部分是数据透视表的列区域，它位于数据透视表各列的顶部。

地区	冰箱	电视	空调	洗衣机	总计
北京	40	100	89	93	322
河北	16	91	64	101	272
河南	54	102	31	72	259
湖北	66	31	52	38	187
湖南	39	68	51	40	198
江苏	27	66	27		120
山西	52	40	121	26	239
上海	40	39	72	26	177
天津	48	73	42	26	189
浙江		61	16	33	110
总计	382	671	565	455	2073

图 4-54　行区域　　　　　　　图 4-55　列区域

- 值区域：如图 4-56 所示的深灰色部分是数据透视表的值区域，它是由行区域和列区域包围起来的面积最大的区域。值区域中的数据是对行区域和列区域中的字段所包含的数据进行数值运算后的计算结果。默认情况下，Excel 对值区域中的数值型数据进行求和，对文本型数据进行计数。
- 报表筛选区域：如图 4-57 所示的深灰色部分是数据透视表的报表筛选区域，它位于数据透视表的最上方。报表筛选区域由一个或多个下拉列表组成，在下拉列表中选择特定选项后，将会对整个数据透视表中的数据进行筛选。

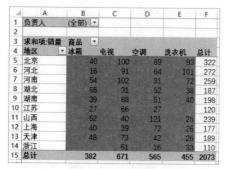

地区	冰箱	电视	空调	洗衣机	总计
北京	40	100	89	93	322
河北	16	91	64	101	272
河南	54	102	31	72	259
湖北	66	31	52	38	187
湖南	39	68	51	40	198
江苏	27	66	27		120
山西	52	40	121	26	239
上海	40	39	72	26	177
天津	48	73	42	26	189
浙江		61	16	33	110
总计	382	671	565	455	2073

图 4-56　值区域　　　　　　　　　　图 4-57　报表筛选区域

数据源、字段、项是数据透视表经常使用的 3 个术语，它们的含义如下。

1．数据源

数据源是创建数据透视表的数据来源，数据源可以是 Excel 中的单元格区域、定义的名称、另一个数据透视表，还可以是 Excel 之外的其他来源的数据，例如文本文件、Access 数据库或 SQL Server 数据库。

2．字段

数据透视表中的字段对应于数据源中的每一列，每个字段代表一类数据。字段标题是字段的名称，对应于数据源中每列数据顶部的标题，如"负责人""求和项：销量""商品"和"地区"。如图 4-58 所示的深灰色部分就是数据透视表中的字段。

地区	冰箱	电视	空调	洗衣机	总计
北京	40	100	89	93	322
河北	16	91	64	101	272
河南	54	102	31	72	259
湖北	66	31	52	38	187
湖南	39	68	51	40	198
江苏	27	66	27		120
山西	52	40	121	26	239
上海	40	39	72	26	177
天津	48	73	42	26	189
浙江		61	16	33	110
总计	382	671	565	455	2073

图 4-58　数据透视表中的字段

可以将字段按其所在的不同区域分为报表筛选字段、行字段、列字段、值字段，各字段的说明如下：

- 报表筛选字段：位于报表筛选区域中的字段，可以对整个数据透视表中的数据进行筛选。
- 行字段：位于行区域中的字段。如果数据透视表包含多个行字段，这些行子段将以树状结构的形式进行排列，类似文件夹和子文件夹。通过改变各个行字段在行区域中的排列顺序，可以获得表达不同含义的数据透视表。
- 列字段：位于列区域中的字段。
- 值字段：位于最外层行字段上方的字段。值字段中的数据主要用于执行各种运算，Excel 对数值型数据默认执行求和，对文本型数据默认执行计数。

3．项

项是字段中包含的数据。如图 4-59 所示的深灰部分就是数据透视表中的项，其中的"北京""河北""江苏"等是"地区"字段中的项,"冰箱""空调"等是"商品"字段中的项。

	A	B	C	D	E	F
1	负责人	(全部)				
2						
3	求和项:销量	商品				
4	地区	冰箱	电视	空调	洗衣机	总计
5	北京	40	100	89	93	322
6	河北	16	91	64	101	272
7	河南	54	102	31	72	259
8	湖北	66	31	52	38	187
9	湖南	39	68	51	40	198
10	江苏	27	66	27		120
11	山西	52	40	121	26	239
12	上海	40	39	72	26	177
13	天津	48	73	42	26	189
14	浙江		61	16	33	110
15	总计	382	671	565	455	2073

图 4-59　数据透视表中的项

4.4.2　创建数据透视表

创建数据透视表之前,应该检查数据源是否符合以下几个要求:

- 数据源的第一行包含标题,且标题不能重复。
- 每列数据表达同一类信息,且具有相同的数据类型。
- 数据源的标题行中不能包含合并单元格或空单元格,否则在创建数据透视表时会出现错误提示。
- 数据源中不包含空行和空列,数据最好是连续的。

如图 4-60 所示是 2019 年 1 ~ 3 月份的销售数据,这些数据位于 A1:F101 单元格区域中,使用该数据作为数据源创建数据透视表的操作步骤如下:

(1)单击数据源中的任意一个单元格,然后在功能区"插入"|"表格"组中单击"数据透视表"按钮,如图 4-61 所示。

	A	B	C	D	E	F
1	日期	商品	地区	销量	销售额	负责人
2	2019/1/2	电视	湖北	19	41800	龚健
3	2019/1/3	空调	北京	20	138000	杜晶
4	2019/1/4	空调	北京	27	59400	雷盛
5	2019/1/5	空调	河北	12	27600	卢婷
6	2019/1/7	冰箱	江苏	27	48600	侯迪
7	2019/1/9	冰箱	河南	28	61600	雷盛
8	2019/1/10	电视	河北	24	60000	胡晶
9	2019/1/11	电视	天津	16	110400	卢婷
10	2019/1/13	洗衣机	河北	17	42500	卢婷
11	2019/1/15	空调	天津	16	40000	龚惠
12	2019/1/16	洗衣机	浙江	11	75900	曾莎
13	2019/1/19	冰箱	湖南	23	158700	范妮
14	2019/1/19	空调	湖北	28	193200	曹琼
15	2019/1/20	洗衣机	北京	26	65000	胡晶

图 4-60　用于创建数据透视表的数据源

图 4-61　单击"数据透视表"按钮

(2)打开"创建数据透视表"对话框,在"表/区域"文本框中自动填入了光标所在的连续数据区域,本例为 A1:F101 单元格区域。下方自动点选了"新工作表"单选按钮,表示将数据透视表创建到一个新建的工作表中,如图 4-62 所示。确认无误后单击"确定"按钮。

(3)Excel 自动创建一个新工作表,并在其中创建一个空白的数据透视表,如图 4-63 所示。左侧是数据透视表区域,右侧自动打开"数据透视表字段"窗格,其中包含数据源中的所有列标题,每一个标题代表一列数据。

图 4-62　"创建数据透视表"对话框

图 4-63　创建的空白数据透视表

4.4.3　布局字段

4.4.2 节创建的只是一个空白的数据透视表，为了让数据透视表反映数据的汇总情况，并从不同角度分析数据，需要将字段添加到数据透视表的特定区域中。"数据透视表字段"窗格是布局字段的主要工具，创建数据透视表时默认自动打开该窗格。如果没有打开该窗格，则可以在功能区"数据透视表工具"|"分析"选项卡的"显示"组中单击"字段列表"按钮。

窗格分为上、下两个部分，上半部分是"字段节"，下半部分是"区域节"，如图 4-64 所示。数据透视表的所有字段位于字段节中，这些字段的名称与数据源中各列的标题一一对应。区域节包括 4 个列表框，它们与数据透视表的 4 个区域一一对应。

提示：用户可以设置"数据透视表字段"窗格的显示方式，单击"数据透视表字段"窗格右上角的"工具"按钮 ⚙▾，在下拉菜单中选择一种显示方式即可。

布局字段就是将字段节中的字段添加到区域节的任意一个列表框中，添加后的字段在字段节中会处于选中状态。可以使用以下两种方法布局字段：

- 鼠标拖动法：在字段节中选择一个字段并按住鼠标左键，将其拖动到区域节中所需的列表框。
- 菜单命令法：在字段节中右击一个字段，然后在弹出的快捷菜单中选择要将该字段添加到哪个区域中，如图 4-65 所示。

图 4-64 "数据透视表字段"窗格

图 4-65 使用鼠标右键快捷菜单命令布局字段

如果一个区域包含多个字段，则需要注意这些字段的排列顺序，不同的排列顺序会影响数据透视表的数据含义。可以使用以下两种方法调整同一个区域中各个字段之间的顺序：

- 使用鼠标将字段拖动到目标位置，拖动过程中会显示一条粗线，它表示字段的当前位置，如图 4-66 所示。
- 单击要移动的字段，在下拉菜单中单击"上移"或"下移"命令，如图 4-67 所示。

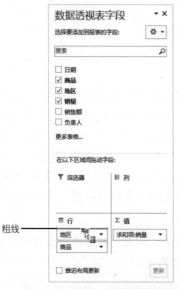

图 4-66 拖动法调整字段的顺序

图 4-67 单击"上移"或"下移"命令调整字段的顺序

如图 4-68 所示的数据透视表显示了商品在各个地区的销量，其中将"地区"字段拖动到行区域，将"商品"字段拖动到列区域，将"销量"字段拖动到值区域。

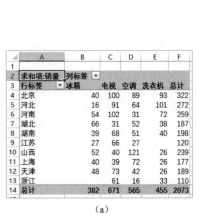

（a）　　　　　　　　　　　（b）

图 4-68　数据透视表及其字段布局

如果要删除数据透视表中的字段，可以使用鼠标将字段拖出其所在的区域，或者在区域节中单击要删除的字段，然后在下拉菜单中单击"删除字段"命令。

4.4.4　刷新数据透视表

如果修改了数据源中的某个单元格中的内容，为了在数据透视表中反映最新的修改结果，需要对数据透视表执行刷新操作，有以下几种方法：

- 右击数据透视表中的任意一个单元格，在弹出的快捷菜单中单击"刷新"命令，如图 4-69 所示。
- 单击数据透视表中的任意一个单元格，然后在功能区"数据透视表工具"|"分析"选项卡的"数据"组中单击"刷新"按钮，如图 4-70 所示。
- 单击数据透视表中的任意一个单元格，然后按 Alt+F5 组合键。

图 4-69　使用鼠标右键快捷菜单中的"刷新"命令　　　图 4-70　使用功能区中的"刷新"命令

技巧：可以在每次打开工作簿时自动刷新其中的数据透视表。右击数据透视表中的任意一个单元格，在弹出的快捷菜单中单击"数据透视表选项"命令，打开"数据透视表选项"对话框，在"数据"选项卡中选中"打开文件时刷新数据"复选框，如图 4-71 所示。如果使用同一个数据源创建了多个数据透视表，则该功能会同时刷新所有这些数据透视表。

如果在数据源中添加或删除了行或列，为了让数据透视表使用数据源的最新范围，则需要重新指定数据源的范围，操作步骤如下：

（1）单击数据透视表中的任意一个单元格，然后在功能区"数据透视表工具"|"分析"选项卡的"数据"组中单击"更改数据源"按钮。

（2）打开"更改数据透视表数据源"对话框，单击"表/区域"文本框右侧的 ⬆ 按钮，重新选择数据源的范围，然后单击"确定"按钮，如图 4-72 所示。

图 4-71　选中"打开文件时刷新数据"复选框

图 4-72　重新选择数据源的范围

4.4.5　设置数据透视表的整体布局

除了字段的布局外，数据透视表也有自己的布局方式，它决定在数据透视表中字段位置和字段标题的显示方式。数据透视表有压缩、大纲和表格 3 种布局，创建的数据透视表默认使用压缩布局。在功能区"数据透视表工具"|"设计"选项卡的"布局"组中单击"报表布局"按钮，然后在下拉菜单中可以选择要使用的布局，如图 4-73 所示。

图 4-73　为数据透视表选择一种布局

3 种布局的说明如下:

- 压缩布局:将所有行字段堆积在一列中,外观类似于 Windows 系统中的文件资源管理器的树状结构,如图 4-74 所示。
- 大纲布局:与压缩布局类似,但是大纲布局是将所有行字段展开,并依次排列在多列中,每个父字段项下属的第一个子字段项不会与父字段项排列在同一行上,从而形成缩进格式,如图 4-75 所示。
- 表格布局:将所有行字段展开并依次排列在多列中,每个父字段项下属的第一个子字段项与父字段项排列在同一行上,如图 4-76 所示。

图 4-74 压缩布局

图 4-75 大纲布局 图 4-76 表格布局

提示:为了便于描述,将处于较高级别的字段称为父字段,其中的项称为父字段项;将处于较低级别的字段称为子字段,其中的项称为子字段项。

4.4.6 设置数据的汇总方式

数据透视表中的汇总方式默认为求和,用户可以根据实际需要,将求和改为其他汇总方式,如计数、平均值、最大值、最小值等,也可以同时显示多种汇总方式。

要改变数据的汇总方式,可以在数据透视表的值区域中右击任意一项,在弹出的快捷菜单中单击"值汇总依据"命令,然后在子菜单中选择一种汇总方式,如图 4-77 所示。

图 4-77 改变汇总方式

如果想要选择更多的汇总方式，则可以在子菜单中单击"其他选项"命令，打开"值字段设置"对话框，然后在"值汇总方式"选项卡的"选择用于汇总所选字段数据的计算类型"列表框中选择所需的汇总方式，如图 4-78 所示。

提示：右击值区域中的任意一项，然后在弹出的快捷菜单中单击"值字段设置"命令，也可以打开"值字段设置"对话框。

如果想要同时显示数据的多种汇总方式，则可以右击要汇总的类别所在的字段中的任意一项，如"地区"中的任意一项。然后在弹出的快捷菜单中单击"字段设置"命令，如图 4-79 所示。

图 4-78 选择更多的汇总方式   图 4-79 单击"字段设置"命令

打开"字段设置"对话框，在"分类汇总和筛选"选项卡点选"自定义"单选按钮，然后在"选择一个或多个函数"列表框中按住 Ctrl 键，选择多个汇总函数，如图 4-80 所示。单击"确定"按钮，将在数据透视表中显示所选择的多种汇总方式，如图 4-81 所示。

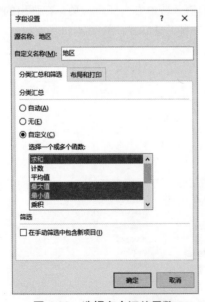

图 4-80 选择多个汇总函数   图 4-81 同时显示多种汇总方式

4.4.7　设置数据的计算方式

数据透视表值区域中数据的计算方式默认为"无计算"，此时 Excel 会根据数据的类型，自动对数据进行求和或计数。如果用户想要以百分比或差异之类的形式显示值区域中各个数据之间的关系，则可以设置"值显示方式"。在数据透视表中右击值区域中的任意一项，然后在弹出的快捷菜单中单击"值显示方式"命令，在子菜单中选择一种计算方式，如图 4-82 所示。表 4-1 列出了值显示方式包含的选项及其说明。

图 4-82　选择一种数据的计算方式

表 4-1　值显示方式包含的选项及其说明

值显示方式	说　　明
无计算	值字段中的数据按原始状态显示，不进行任何特殊计算
总计的百分比	值字段中的数据显示为每个数值占其所在行和所在列的总和的百分比
列汇总的百分比	值字段中的数据显示为每个数值占其所在列的总和的百分比
行汇总的百分比	值字段中的数据显示为每个数值占其所在行的总和的百分比
百分比	以选择的参照项作为 100%，其他项基于该项的百分比
父行汇总的百分比	数据透视表包含多个行字段时，以父行汇总为 100%，计算每个值的百分比
父列汇总的百分比	数据透视表包含多个列字段时，以父列汇总为 100%，计算每个值的百分比
父级汇总的百分比	某项数据占父级总和的百分比
差异	值字段与指定的基本字段和基本项之间的差值
差异百分比	值字段显示为与指定的基本字段之间的差值百分比
按某一字段汇总	基于选择的某个字段进行汇总
按某一字段汇总的百分比	值字段显示为指定的基本字段的汇总百分比
升序排列	值字段显示为按升序排列的序号
降序排列	值字段显示为按降序排列的序号
指数	使用以下公式进行计算：［（单元格的值）×（总体汇总之和）］/［（行汇总）×（列汇总）］

如图 4-83 所示是将"值显示方式"设置为"父行汇总的百分比"后的效果，数据透视表中显示了每项数据占同组数据总和的百分比。例如，将北京地区的所有商品销量看作 100%，其中冰箱的销量占 12.42%，电视的销量占 31.06%，空调的销量占 27.64%，洗衣机的销量占 28.88%。

	A	B	C
1			
2	地区	商品	求和项:销量
3	⊟北京	冰箱	12.42%
4		电视	31.06%
5		空调	27.64%
6		洗衣机	28.88%
7	北京 汇总		15.53%
8	⊟河北	冰箱	5.88%
9		电视	33.46%
10		空调	23.53%
11		洗衣机	37.13%
12	河北 汇总		13.12%
13	⊟河南	冰箱	20.85%
14		电视	39.38%
15		空调	11.97%
16		洗衣机	27.80%
17	河南 汇总		12.49%

图 4-83 将"值显示方式"设置为"父行汇总的百分比"后的效果

4.4.8 为数据分组

在实际应用中，可能希望将特定的项划分为一组，然后以组为单位查看数据。例如，对于销售数据来说，可能想要按年或月来查看销售情况。使用数据透视表的分组功能，用户可以对日期、数值和文本等不同类型的数据进行分组。

用户可以将数据透视表中的日期按年、季度、月等方式进行分组。如图 4-84 所示为商品的每日销量统计，如果想要查看每月的销量，则可以按"月"对日期分组，操作步骤如下：

（1）右击"日期"字段中的任意一项，在弹出的快捷菜单中单击"创建组"命令，如图 4-85 所示。

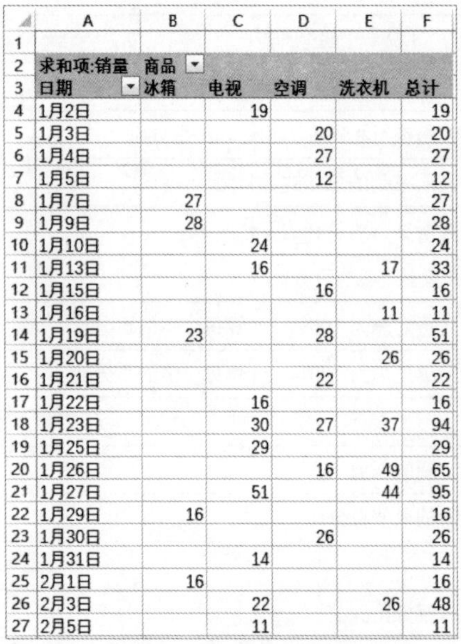

	A	B	C	D	E	F
1						
2	求和项:销量	商品				
3	日期	冰箱	电视	空调	洗衣机	总计
4	1月2日			19		19
5	1月3日			20		20
6	1月4日			27		27
7	1月5日			12		12
8	1月7日		27			27
9	1月9日		28			28
10	1月10日			24		24
11	1月13日			16	17	33
12	1月15日			16		16
13	1月16日				11	11
14	1月19日		23	28		51
15	1月20日				26	26
16	1月21日			22		22
17	1月22日			16		16
18	1月23日			30	27	37	94
19	1月25日			29		29
20	1月26日			16	49	65
21	1月27日			51	44	95
22	1月29日		16			16
23	1月30日			26		26
24	1月31日			14		14
25	2月1日		16			16
26	2月3日			22	26	48
27	2月5日			11		11

图 4-84 每日销量统计

图 4-85 单击"创建组"命令

（2）打开"组合"对话框，"起始于"和"终止于"中自动填入了数据源中的最早日期和最晚日期，用户可以根据需要修改这两个日期。在"步长"列表框中选择"月"，如图 4-86 所示。如果日期跨越多个年份，则需要同时选择"月"和"年"，否则分组后的每月汇总结果会包含多个年份该月的数据。

（3）单击"确定"按钮，将日期按"月"分组，如图 4-87 所示。

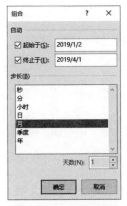

图 4-86　选择“月”

	A	B	C	D	E	F
1						
2	求和项:销量	商品				
3	日期	冰箱	电视	空调	洗衣机	总计
4	1月	94	199	194	184	671
5	2月	149	279	186	125	739
6	3月	139	193	185	146	663
7	总计	382	671	565	455	2073

图 4-87　将日期按“月”分组

为数值分组的方法与日期类似，也需要指定起始值、终止值和步长值。如图 4-88 所示是为数值分组时打开的“组合”对话框。

为文本分组的方法与日期和数值不同，需要用户手动为文本分组，这是因为 Excel 无法准确理解用户对文本的分组依据。

如图 4-89 所示为各个地区的商品销量情况，如果要将所有地区划分为不同的区域，则需要手动创建分组，然后设置组的名称。对于本例来说，需要将“北京”“天津”“河北”和“山西”划分为华北区域，将“上海”“江苏”和“浙江”划分为华东区域，将“河南”“湖北”和“湖南”划分为华中区域。操作步骤如下：

（1）首先创建华北区域，在数据透视表中同时选择“北京”“河北”“天津”和“山西”所在的 4 个单元格。选择其中任意一个后，需要按住 Ctrl 键再选择其他几个。

（2）右击选中的任意一个单元格，在弹出的快捷菜单中单击“创建组”命令，如图 4-90 所示。

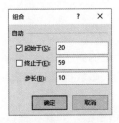

图 4-88　为数值分组时打开的“组合”对话框

	A	B	C	D	E	F
1						
2	求和项:销量	商品				
3	地区	冰箱	电视	空调	洗衣机	总计
4	北京	40	100	89	93	322
5	河北	16	91	64	101	272
6	河南	54	102	31	72	259
7	湖北	66	31	52	38	187
8	湖南	39	68	51	40	198
9	江苏	27	66	27	0	120
10	山西	52	40	121	26	239
11	上海	40	39	72	26	177
12	天津	48	73	42	26	189
13	浙江	0	61	16	33	110
14	总计	382	671	565	455	2073

图 4-89　各个地区的商品销量

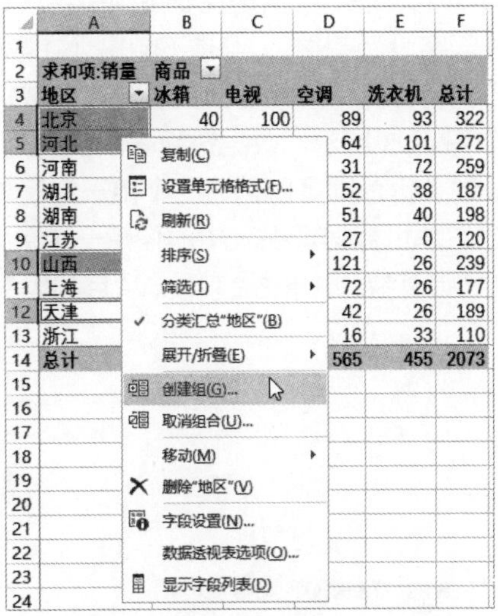

图 4-90　单击“创建组”命令

（3）创建一个名为“数据组 1”的组，选择该组所在的单元格，将其名称改为“华北区域”，然后按 Enter 键，如图 4-91 所示。

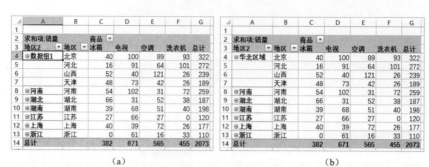

图 4-91　修改组的名称

（4）使用类似的方法创建"华东区域"和"华中区域"两个组，完成后的效果如图 4-92 所示。

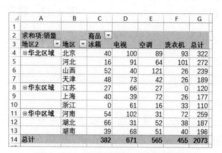

图 4-92　按区域统计商品销量

如果要将数据恢复到分组前的状态，则可以使用以下两种方法：

- 右击已分组的字段中的任意一项，在弹出的快捷菜单中单击"取消组合"命令。
- 单击已分组的字段中的任意一项，然后在功能区"数据透视表工具"|"分析"选项卡的"分组"组中单击"取消组合"按钮。

4.4.9　创建计算字段

计算字段是对数据透视表中现有字段进行自定义计算后产生的新字段。计算字段显示在"数据透视表字段"窗格中，但是不会出现在数据源中。普通字段的大多数操作也都适用于计算字段，但是不能将计算字段移动到报表筛选区域、行区域或列区域中。

如图 4-93 所示，数据透视表中汇总了每个商品的销量和销售额，如果要在数据透视表中显示商品的单价，则可以创建一个用于计算单价的计算字段，操作步骤如下：

（1）单击数据透视表中的任意一个单元格，然后在功能区"数据透视表工具"|"分析"选项卡的"计算"组中单击"字段、项目和集"按钮，在下拉菜单中单击"计算字段"命令，如图 4-94所示。

图 4-93　汇总每个商品的销量和销售额　　　　图 4-94　单击"计算字段"命令

（2）打开"插入计算字段"对话框，进行以下设置，如图 4-95 所示。

- 在"名称"文本框中输入计算字段的名称，如输入"单价"。
- 将"公式"文本框中默认的 0 删除。
- 单击"公式"文本框内部，然后双击"字段"列表框中的"销售额"，将其添加到"公式"文本框中等号的右侧。然后输入"/"，再双击"字段"列表框中的"销量"，将其添加到"公式"文本框"/"符号的右侧。

（3）单击"添加"按钮，创建的"单价"计算字段被添加到"字段"列表框中，如图 4-96 所示。

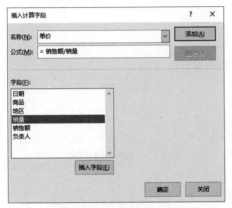

图 4-95　设置计算字段

图 4-96　创建计算字段

注意：不能在计算字段的公式中使用单元格引用和定义名称。

（4）单击"确定"按钮，在数据透视表中添加一个名为"单价"的字段，并会显示在"数据透视表字段"窗格中，该字段用于计算每个商品的单价，如图 4-97 所示。

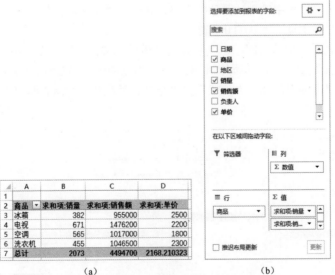

（a）　　　　　　　　　　　　（b）

图 4-97　创建计算商品单价的计算字段

如果要修改字段的名称或公式，则可以打开"插入计算字段"对话框，在"名称"下拉列表中选择要编辑的计算字段，如图 4-98 所示，然后就可以对计算字段进行修改，修改完成后需要单击"修改"按钮保存修改结果。单击"删除"按钮将删除所选择的计算字段。

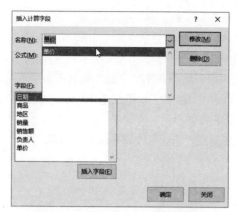

图 4-98　选择要编辑的计算字段

4.4.10　创建计算项

计算项是对数据透视表中的现有字段项进行自定义计算后产生的新字段项。计算项不会出现在"数据透视表字段"窗格和数据源中。普通字段项的大多数操作也都适用于计算项。

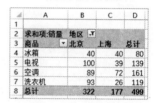

图 4-99　所有商品在两个地区的
销售额

如图 4-99 所示，数据透视表中汇总了各个商品在北京和上海两个地区的销量情况，如果要计算各个商品在两个地区的销量差异，则可以创建一个计算项，操作步骤如下：

（1）在数据透视表中，单击"地区"字段中的任意一项，然后在功能区"数据透视表工具" | "分析"选项卡的"计算"组中单击"字段、项目和集"按钮，在下拉菜单中单击"计算项"命令。

（2）打开"在地区中插入计算字段"对话框，进行以下设置，如图 4-100 所示。

- 在"名称"文本框中输入计算项的名称，如输入"销量差异"。
- 将"公式"文本框中默认的 0 删除。
- 单击"公式"文本框内部，在"字段"列表框中选择"地区"，然后在右侧的"项"列表框中双击"北京"，将其添加到"公式"文本框中等号的右侧。使用相同的方法，将"地区"中的"上海"添加到"公式"文本框中，然后在"北京"和"上海"之间输入一个减号。

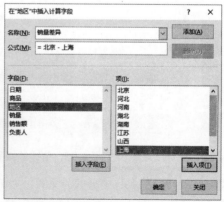

（a）　　　　　　　　　　　　　　　（b）

图 4-100　设置计算项

（3）单击"添加"按钮，创建的计算项被添加到"地区"字段的"项"列表框中，如图 4-101 所示。

（4）单击"确定"按钮，将在数据透视表中添加一个名为"销量差异"的新字段项，该项用于计算每种商品在北京和上海两个地区的销量差异，如图 4-102 所示。

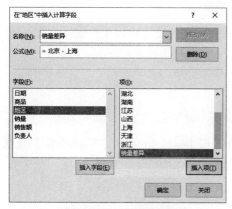

图 4-101　创建计算项

图 4-102　创建计算两个地区销量差异的计算项

与修改和删除计算字段的方法类似，也可以修改和删除计算项。打开"在'地区'中插入计算字段"对话框。在"名称"下拉列表中选择要修改或删除的计算项，如图 4-103 所示，完成修改后单击"修改"按钮，或者直接单击"删除"按钮将所选计算项删除。

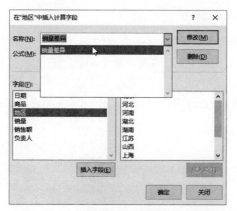

图 4-103　选择要修改或删除的计算项

4.5　模拟分析

模拟分析又称为假设分析，是管理经济学中一种重要的分析方式，它基于现有的计算模型，对影响最终结果的多种因素进行预测和分析，以便得到最接近目标的方案。本节将介绍基于一个或两个变量进行模拟分析的方法，还将介绍通过方案在多组条件下进行模拟分析。

4.5.1　基于一个变量的模拟分析

如图 4-104 所示为 5% 年利率的 30 万贷款分 10 年还清时的每月还款额。B4 单元格包含用于计算每月还款额的公式。由于贷款属于现金流入，因此 B3 单元格中的值为正数。

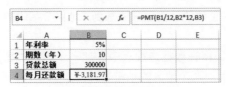

图 4-104　输入基础数据

如果要计算贷款期限在 10 ～ 15 年的每月还款额各是多少，那么可以使用模拟运算表功能进行自动计算，操作步骤如下：

（1）在 D1:E8 单元格区域中输入如图 4-105 所示的基础数据，E2 单元格中包含下面的公式，D1 单元格为空。

```
=B4
```

（2）选择 D2:E8 单元格区域，然后在功能区"数据"|"预测"组中单击"模拟分析"按钮，在下拉菜单中单击"模拟运算表"命令，如图 4-106 所示。

图 4-105　输入基础数据

图 4-106　单击"模拟运算表"命令

（3）打开"模拟运算表"对话框，由于可变的值（期数）位于 D 列，因此单击"输入引用列的单元格"文本框内部，然后在工作表中单击期数所在的单元格，本例为 B2，如图 4-107 所示。

（4）单击"确定"按钮，Excel 将自动创建用于计算不同还款期限下的每月还款额的公式，如图 4-108 所示。

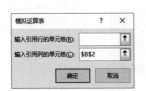
图 4-107　选择引用的单元格

图 4-108　使用单变量模拟运算表计算每月还款额

4.5.2　基于两个变量的模拟分析

在实际应用中，可变因素通常不止一个。例如，如果想要计算不同利率（3% ～ 7%）和贷款期限（10 ～ 15 年）下的每月还款额，此时就需要使用双变量模拟运算表，即在模拟运算表中指定两个变量。

仍以 4.5.1 节中的示例进行说明，首先在一个单元格区域中输入基础数据，如图 4-109 所示，E1:I1 单元格区域中包含不同的利率，D2:D7 单元格区域中包含不同的贷款期限（即期数），D1 单元格中包含下面的公式：

=B4

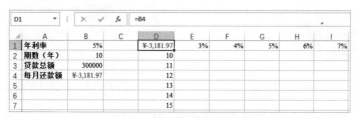

图 4-109　输入基础数据

接下来在模拟运算表中指定两个变量，从而计算出不同利率和贷款期限下的每月还款额，操作步骤如下：

（1）选择各利率和贷款期限所在的整个区域，本例为 D1:I7。

（2）在功能区"数据"|"预测"组中单击"模拟分析"按钮，在下拉菜单中单击"模拟运算表"命令。

（3）打开"模拟运算表"对话框，由于要计算的各个利率位于 D1:I7 区域的第一行，因此将"输入引用行的单元格"设置为 B1；由于要计算的各个贷款期限位于 D1:I7 区域的第一列，因此将"输入引用列的单元格"设置为 B2，如图 4-110 所示。

（4）单击"确定"按钮，Excel 将自动计算出不同利率和贷款期限下的每月还款额，如图 4-111 所示。

图 4-110　选择引用的单元格

D	E	F	G	H	I
¥-3,181.97	3%	4%	5%	6%	7%
10	¥-2,896.82	¥-3,037.35	¥-3,181.97	¥-3,330.62	¥-3,483.25
11	¥-2,671.13	¥-2,813.00	¥-2,959.35	¥-3,110.11	¥-3,265.23
12	¥-2,483.36	¥-2,626.59	¥-2,774.67	¥-2,927.55	¥-3,085.14
13	¥-2,324.76	¥-2,469.35	¥-2,619.18	¥-2,774.17	¥-2,934.22
14	¥-2,189.09	¥-2,335.04	¥-2,486.61	¥-2,643.71	¥-2,806.20
15	¥-2,071.74	¥-2,219.06	¥-2,372.38	¥-2,531.57	¥-2,696.48

图 4-111　使用两个变量的模拟运算表

4.5.3　在多组条件下进行模拟分析

使用模拟运算表对数据进行模拟分析虽然简单方便，但是也存在一些不足之处：

- 最多只能控制两个变量。
- 如果要在多组变量返回的不同结果之间进行对比分析，那么使用模拟运算表不太方便。

使用方案功能可以为要分析的数据创建多组条件，在每一组条件中可以包含多个变量。为方案命名后，可以通过方案的名称在不同的变量值之间切换，从而快速得到不同条件下的计算结果。本节将介绍在模拟分析中创建和使用方案的方法。

以前面介绍的每月还款额的案例为基础，假设有以下 3 种贷款方案。

- 最佳方案：贷款总额 400 000 元，贷款期限 30 年，年利率 7%。
- 折中方案：贷款总额 300 000 元，贷款期限 20 年，年利率 6%。
- 最差方案：贷款总额 200 000 元，贷款期限 10 年，年利率 5%。

在 Excel 中为以上 3 种贷款方案创建方案来计算各自的每月还款额的操作步骤如下：

（1）选择原始数据所在的单元格区域，本例为 A1:B4，如图 4-112 所示。

（2）在功能区"数据"|"预测"组中单击"模拟分析"按钮，然后在下拉菜单中单击"方案管理器"命令，如图 4-113 所示。

图 4-112　选择基础数据区域

图 4-113　单击"方案管理器"命令

（3）打开"方案管理器"对话框，单击"添加"按钮，打开"添加方案"对话框，在"方案名"文本框中输入方案的名称，如输入"最佳方案"，将"可变单元格"指定为 B1:B3，这 3 个单元格对应于年利率、期数和贷款总额，如图 4-114 所示。

（4）单击"确定"按钮，打开"方案变量值"对话框，输入方案中各个变量的值，如图 4-115 所示。

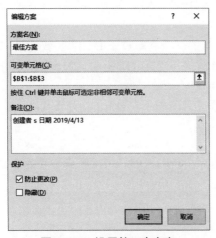

图 4-114　设置第一个方案

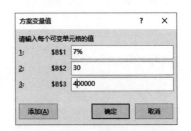

图 4-115　输入方案中各个变量的值

提示：如果使用"可变单元格"右侧的 ⬆ 按钮，在工作表中选择单元格，则对话框的名称会变为"编辑方案"。

（5）单击"添加"按钮，创建第一个方案，并自动打开"添加方案"对话框，重复步骤（4）和步骤（5），继续创建其他方案。如图 4-116 所示为其他两个方案在"方案变量值"对话框中设置的值。

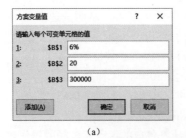

（a）

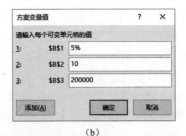

（b）

图 4-116　创建其他两个方案

（6）在"方案变量值"对话框中设置好最后一个方案之后，在"方案变量值"对话框中单击"确定"按钮，返回"方案管理器"对话框，此时会显示创建的所有方案，如图 4-117 所示。

选择一个方案，然后单击"显示"按钮，将所选方案中各个变量的值代入到公式中进行计算，并在数据区域中使用新结果替换原来的结果。如图 4-118 所示为使用 3 种方案计算出的每月还款额。

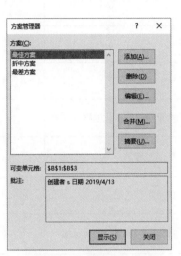

图 4-117　创建多个方案

图 4-118　显示方案的计算结果

4.6　使用图表展示数据

图表是 Excel 中使数据可视化的一种有效工具，它将数据以特定尺寸的图形元素绘制出来，从而直观反映数据的大小和变化规律，让人更容易发现和理解数据背后的含义。本节主要介绍图表的基本概念和常规操作，在后面各章的案例中会介绍一些实用图表的制作方法。

4.6.1　Excel 图表类型和结构

Excel 提供了不到 20 种图表类型，每种图表类型还包含一个或多个子类型，每种类型的图表适用于不同结构的数据，并为数据提供了不同的展现方式。例如，柱形图包括 7 种子类型：簇状柱形图、堆积柱形图、百分比堆积柱形图、三维簇状柱形图、三维堆积柱形图、三维百分比堆积柱形图、三维柱形图，其中的百分比堆积柱形图适用于需要分析个体值占总和百分比的情况。Excel 中包含的图表类型及其说明见表 4-2。

表 4-2　Excel 图表类型及其说明

图 表 名 称	特点和用途	图　　示
柱形图	显示数据之间的差异或一段时间内的数据变化情况	
条形图	显示数据之间的对比，适用于连续时间的数据或横轴文本过长的情况	
折线图	显示随时间变化的连续数据	
XY 散点图	显示若干数据系列中各数值之间的关系，或将两组数绘制为 XY 坐标的一个系列	

续表

图 表 名 称	特点和用途	图 示
气泡图	显示 3 类数据之间的关系，使用 X 轴和 Y 轴的数据绘制气泡的位置，然后使用第 3 列数据表示气泡的大小	
饼图	显示一个数据系列中各个项的大小与各项占总和的百分比	
圆环图	与饼图类似，但是可以包含多个数据系列	
面积图	显示部分与整体之间的关系或值的总和，主要用于强调数量随时间变化的程度	
曲面图	找到两组数据之间的最佳组合，颜色和图案表示同数值范围区域	
股价图	显示股价的波动，数据区域的选择要与所选择的股价图的子类型匹配	
雷达图	显示数据系列相对于中心点以及各数据分类间的变化，每个分类有自己的坐标轴	
树状图	比较层级结构不同级别的值，以矩形显示层次结构级别中的比例	
旭日图	比较层级结构不同级别的值，以环形显示层次结构级别中的比例	
直方图	由一系列高度不同的纵向条纹或线段表示数据分布的情况	
箱形图	显示一组数据的分散情况资料，适用于以某种方式关联在一起的数据	
瀑布图	显示数据的多少以及数据之间的差异，适用于包含正、负值的数据	

　　一个图表由多个部分组成，将这些部分称为图表元素，不同的图表可以包含不同的图表元素。如图 4-119 所示的图表包括一些主要的图表元素。

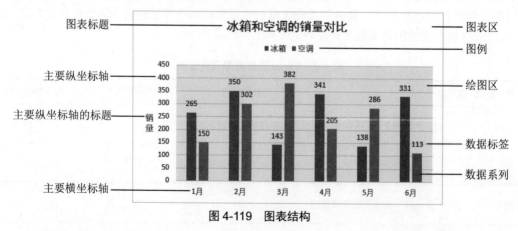

图 4-119　图表结构

- 图表区：图表区与整个图表等大，其他图表元素都位于图表区中。选择图表区就选中了整个图表，选中的图表四周会显示边框和 8 个控制点，使用鼠标拖动控制点可以调整图表大小。

- 图表标题：图表顶部的文字，用于描述图表的含义。
- 图例：图表标题下方带有色块的文字，用于标识不同的数据系列。
- 绘图区：图中的浅灰色部分，作为数据系列的背景，数据系列、数据标签、网格线等图表元素都位于绘图区中。
- 数据系列：图中位于绘图区的矩形，同一种颜色的所有矩形构成一个数据系列，每个数据系列对应于数据源中的一行或一列数据。数据系列中的每个矩形代表一个数据点，对应于数据源中的某个单元格的值。不同类型的图表具有不同形状的数据系列。
- 数据标签：数据系列顶部的数字，用于标识数据点的值。
- 坐标轴及其标题：坐标轴包括主要横坐标轴、主要纵坐标轴、次要横坐标轴、次要纵坐标轴 4 种，图 4-119 只显示了主要横坐标轴和主要纵坐标轴。主要横坐标轴位于绘图区的下方，图 4-119 中的主要横坐标轴表示月份。主要纵坐标轴位于绘图区的左侧，图 4-119 中的主要纵坐标轴表示销量。坐标轴标题用于描述坐标轴的含义，图 4-119 中的"销量"就是主要纵坐标轴的标题。

4.6.2　创建图表

在 Excel 中创建图表的过程并不复杂，甚至比创建数据透视表还要简单，但是必须确保要创建图表的数据区域是连续的，否则在创建的图表中会丢失部分数据。Excel 根据数据区域中包含的行、列数，来决定行、列与数据系列和横坐标轴的对应关系，规则如下：

- 如果数据区域包含的行数大于列数，则将数据区域的第一列设置为图表的横坐标轴，将其他列设置为图表的数据系列。
- 如果数据区域包含的列数大于行数，则将数据区域的第一行设置为图表的横坐标轴，将其他行设置为图表的数据系列。

换句话说，在行数和列数中，数量多的那个作为横坐标轴，数量少的那个作为数据系列。根据上面的规则，用户可以在创建图表前，安排好数据在行、列方向上的排列方式。

如图 4-120 所示是本章前面的内容中演示的图表所使用的数据，使用该数据创建簇状柱形图的操作步骤如下：

	A	B	C
1	时间	冰箱	空调
2	1月	265	150
3	2月	350	302
4	3月	143	382
5	4月	341	205
6	5月	138	286
7	6月	331	113

图 4-120　要创建图表的数据

（1）单击数据区域中的任意一个单元格，本例的数据区域是 A1:C7，然后在功能区"插入"|"图表"组中单击"插入柱形图或条形图"按钮，在打开的列表中选择"簇状柱形图"，如图 4-121 所示。

提示：将光标指向某个图表类型时，会在工作表中显示创建该图表的预览效果，以便在用户实际做出选择前，预先了解图表是否符合要求。

（2）在当前工作表中插入一个簇状柱形图，右击图表标题，在弹出的快捷菜单中单击"编辑文字"命令，如图 4-122 所示。

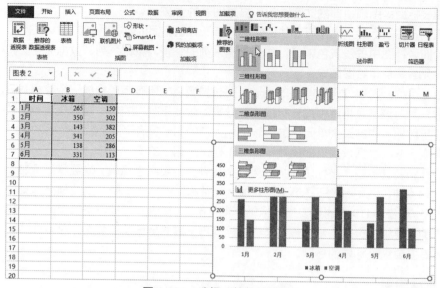

图 4-121　选择"簇状柱形图"

（3）进入文本编辑状态，删除默认的标题，然后输入新的标题，如输入"冰箱和空调的销量对比"，如图 4-123 所示。

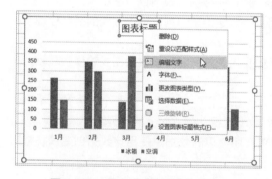

图 4-122　单击"编辑文字"命令

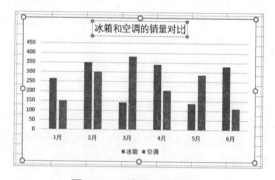

图 4-123　修改图表标题

（4）单击图表标题以外的区域，确认对标题的修改。

上面介绍的是创建嵌入式图表的方法。如果要创建图表工作表，则可以单击数据区域中的任意一个单元格，然后按 F11 键。有关嵌入式图表和图表工作表的内容将在 4.6.3 节进行介绍。

提示：如果不熟悉图表类型的特点，无法确定为当前数据选择哪种图表，那么可以使用 Excel 中的"推荐"功能。选择要创建图表的完整数据区域，选区的右下角会显示"快速分析"按钮。单击该按钮，在打开的面板中选择"图表"选项卡，然后选择一种推荐的图表类型，如图 4-124 所示。

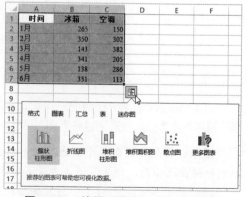

图 4-124　使用"推荐"功能创建图表

4.6.3 在嵌入式图表和图表工作表之间转换

图表在工作簿中有两种存放位置，一种是位于工作表中的图表，这种图表是嵌入式图表，可以在工作表中随意移动嵌入式图表、改变嵌入式图表的大小、对多个嵌入式图表进行排列和对齐。另一种是图表工作表，图表本身就是一个独立的工作表，拥有自己的工作表标签，在图表工作表中只包含图表，没有单元格区域，调整 Excel 窗口大小时，图表大小会自动一起调整。如图 4-125 所示为嵌入式图表和图表工作表。

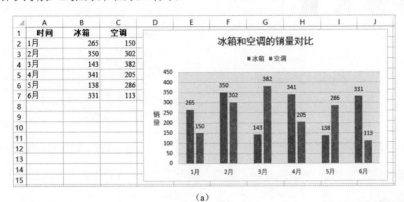

(a)

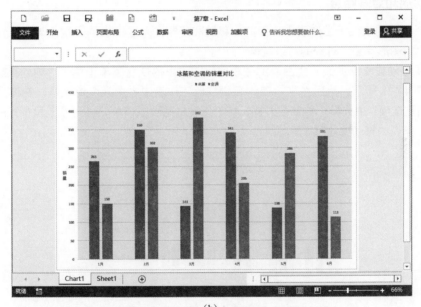

(b)

图 4-125 嵌入式图表和图表工作表

可以在嵌入式图表与图表工作表之间转换，操作步骤如下：

（1）右击嵌入式图表或图表工作表的图表区，在弹出的快捷菜单中单击"移动图表"命令，如图 4-126 所示。

（2）打开"移动图表"对话框，如图 4-127 所示，进行以下设置：

● 如果要将嵌入式图表转换为图表工作表，则点选"新工作表"单选按钮，然后在右侧的文本框中输入图表工作表的标签名称。

● 如果要将图表工作表转换为嵌入式图表，则点选"对象位于"单选按钮，然后在右侧的下拉列表中选择目标工作表。

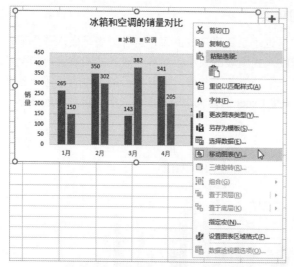

图 4-126　单击"移动图表"命令

图 4-127　选择移动图表的位置

（3）单击"确定"按钮，将嵌入式图表转换为图表工作表，或将图表工作表转换为嵌入式图表。

4.6.4　移动和复制图表

由于嵌入式图表位于工作表中，因此，移动和复制嵌入式图表的方法，与在工作表中移动和复制图片、图形等图形对象的方法类似。

右击要移动或复制的嵌入式图表的图表区，在弹出的快捷菜单中单击"剪切"或"复制"命令，如图 4-128 所示。然后在当前工作表或其他工作表中右击某个单元格，在弹出的快捷菜单中的"粘贴选项"中选择一种粘贴方式，将工作表粘贴到以该单元格为左上角位置的区域中，即可完成工作表的移动或复制。

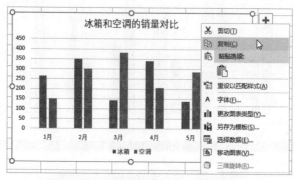

图 4-128　单击"剪切"或"复制"命令

也可以使用键盘快捷键代替鼠标右键快捷菜单中的剪切、复制和粘贴命令，按 Ctrl+C 组合键相当于单击"复制"命令，按 Ctrl+X 组合键相当于单击"剪切"命令，按 Ctrl+V 组合键相当于"执行粘贴"选项中的"使用目标主题"粘贴方式。

还可以直接使用鼠标拖动图表区来移动图表，移动过程中如果按住 Ctrl 键，则将执行复制操作。复制图表时，在到达目标位置后，先松开鼠标左键，再松开 Ctrl 键。

对于图表工作表来说，由于它拥有独立的工作表标签，因此，移动和复制图表工作表的方法与移动和复制工作表的方法相同，移动和复制普通工作表的方法请参考第 1 章。

4.6.5　更改图表类型

可以随时更改现有图表的图表类型。右击图表的图表区，在弹出的快捷菜单中单击"更改图表类型"命令，打开"更改图表类型"对话框，如图 4-129 所示。在"所有图表"选项卡的左侧列表中选择一种图表类型，然后在右侧选择一种图表子类型，最后单击"确定"按钮。

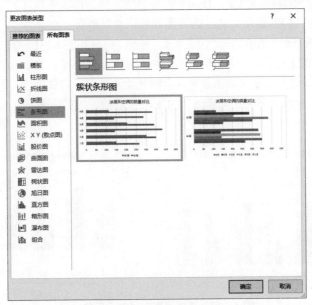

图 4-129　更改图表类型

如果想要在一个图表中使用不同的图表类型来绘制各个数据系列，则可以在"更改图表类型"对话框的"所有图表"选项卡中选择"组合"，然后在右侧为不同的数据系列设置不同的图表类型。如图 4-130 所示为同时包含柱形图和折线图的图表，将"冰箱"数据系列的图表类型设置为"簇状柱形图"，将"空调"数据系列的图表类型设置为"折线图"。

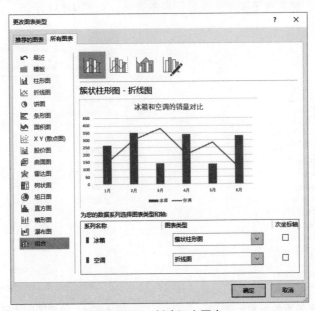

图 4-130　创建组合图表

提示：如果不同数据系列的数值单位不同，则可以选中"次坐标轴"复选框，使用不同的坐标轴标识数据系列的值。

4.6.6 设置图表的整体布局和配色

Excel 提供了一些图表布局方案，使用它们可以快速指定图表中包含哪些图表元素以及它们的显示方式。选择图表后，在功能区"图表工具"|"设计"|"图表布局"组中单击"快速布局"按钮，打开如图 4-131 所示的列表。每个缩略图显示了不同布局方案中的图表元素的显示方式，选择一种图表布局即可改变当前图表中包含的元素及其显示方式。

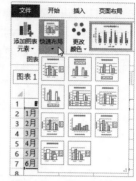

图 4-131　选择图表布局

如图 4-132 所示为选择名为"布局 5"的图表布局前、后的图表效果。

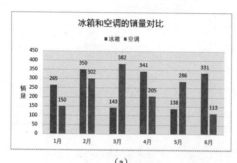

（a）

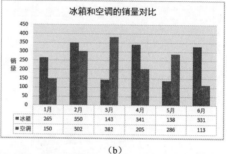

（b）

图 4-132　选择图表布局前、后的效果

如果需要单独设置某个图表元素的显示方式，则可以先选择图表，然后在功能区"图表工具"|"设计"|"图表布局"组中单击"添加图表元素"按钮，在下拉菜单中选择要设置的图表元素，如图 4-133 所示，然后在打开的子菜单中选择图表元素的显示方式。

例如，如果要在图表中设置图例的显示方式，则可以单击"添加图表元素"按钮，在下拉菜单中选择"图例"，然后在子菜单中选择所需的选项，如图 4-134 所示。

图 4-133　选择要设置的图表元素　　　　图 4-134　设置图例的显示方式

如果想要统一修改图表的颜色，则可以使用 Excel 提供的配色方案。选择要设置颜色的图表，然后在功能区"图表工具"|"设计"|"图表样式"组中单击"更改颜色"按钮，在打开的列表中选择一种配色方案，"彩色"类别中的第一组颜色是当前工作簿使用的主题颜色，如图 4-135 所示。

　　提示：*如果要更改主题颜色，则可以在功能区"页面布局"|"主题"组中单击"颜色"按钮，然后在打开的列表中进行选择，如图 4-136 所示。*

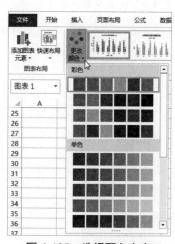

图 4-135　选择配色方案

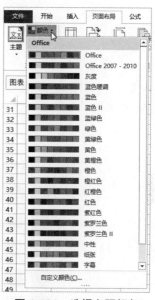

图 4-136　选择主题颜色

使用 Excel 提供的图表样式，可以从整体上对图表中的所有元素的外观进行设置。选择要设置的图表，然后在功能区"图表工具"|"设计"选项卡中打开"图表样式"库，从中选择一种图表样式，如图 4-137 所示。

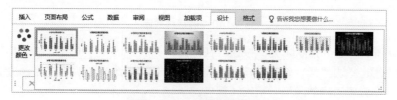

图 4-137　选择图表样式

如图 4-138 所示为选择名为"样式 2"的图表样式后的图表效果。

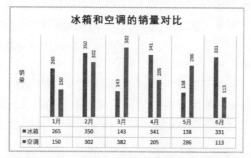

图 4-138　使用图表样式设置图表的整体外观

4.6.7　设置图表元素的格式

除了使用 4.6.6 节介绍的方法设置整个图表的外观格式之外，还可以单独设置特定图表元素的格式。为此需要选择要设置的图表元素，然后在功能区"图表工具"|"格式"|"形状样式"组中可以进行以下设置，如图 4-139 所示。

图 4-139　使用"形状样式"组中的工具设置图表元素的格式

- 形状样式库：打开形状样式库，其中包含多种样式的形状格式，它们为形状综合设置了填充色、边框和特殊效果，如图 4-140 所示。

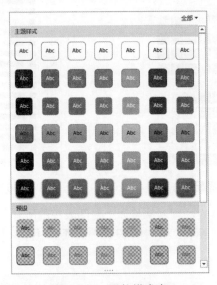

图 4-140　形状样式库

- 形状填充：单击"形状填充"按钮，在打开的列表中选择一种填充色或填充效果。
- 形状轮廓：单击"形状轮廓"按钮，在打开的列表中选择形状是否包含边框，如果包含边框，则设置边框的线型、粗细和颜色。
- 形状效果：单击"形状效果"按钮，在打开的列表中选择阴影、发光、棱台等特殊效果。

如果要对图表元素的格式进行更详细的设置，则可以使用格式设置窗格。双击要设置的图表元素，即可打开该图表元素的格式设置窗格。如图 4-141 所示为双击图例打开的窗格，窗格顶部显示了当前正在设置的图表元素的名称，下方并排显示着"图例选项"和"文本选项"两个选项卡，有的图表元素只有一个选项卡。在格式设置窗格中设置图表元素的格式时，设置结果会立刻在图表上显示出来。

选择任意一个选项卡，将在下方显示几个图标选项卡，单击某个图标，下方会显示该图标选项卡中包含的选项。可以在不关闭窗格的情况下设置不同的图表元素，有以下两种方法：

- 单击"图例选项"右侧的下拉按钮，在下拉菜单中选择要设置的图表元素，如图 4-142 所示。
- 在图表中选择不同的图表元素，窗格中的选项卡及其中包含的选项会自动更新，以匹配当前选中的图表元素。

图 4-141　图表元素的格式设置窗格

图 4-142　选择要设置格式的图表元素

4.6.8　编辑数据系列

数据系列是单元格中的数字值的图形化表示，是图表中最重要的一个图表元素。图表的很多操作都与数据系列紧密相关，如在图表中添加或删除数据、为数据系列添加数据标签、添加趋势线和误差线等。

在如图 4-143 所示的图表中，绘制到图表中的数据位于 A1:C7 单元格区域，将 D1:E7 单元格区域中的数据添加到图表中的操作步骤如下：

（1）右击任意一个图表元素，在弹出的快捷菜单中单击"选择数据"命令，如图 4-144 所示。

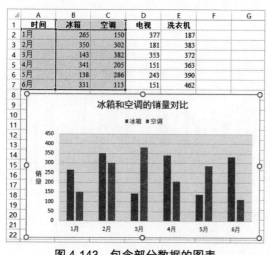

图 4-143　包含部分数据的图表

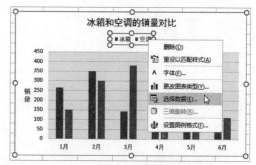

图 4-144　单击"选择数据"命令

（2）打开"选择数据源"对话框，"图表数据区域"文本框中显示的是当前绘制到图表中的数据区域，如图 4-145 所示。

（3）单击"图表数据区域"文本框右侧的██按钮，然后在工作表中选择要绘制到图表中的数据区域，本例为 A1:E7，如图 4-146 所示。

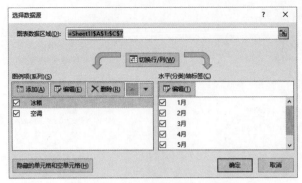

图 4-145 "选择数据源"对话框

图 4-146 选择绘制到图表中的数据区域

注意：选择前必须确保文本框中的内容处于选中状态，以便在选择新区域后可以自动替换原有内容。

（4）单击■按钮，弹出"选择数据源"对话框，在"图表数据区域"文本框中自动填入了上一步选择的单元格区域的地址，并自动将其绘制到图表中，然后根据当前数据适当修改图表标题，如图 4-147 所示。

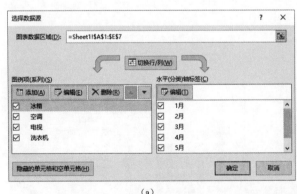

(a)

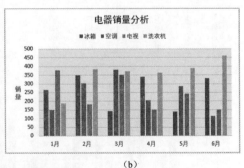

(b)

图 4-147 将选择的数据绘制到图表中

（5）单击"确定"按钮，关闭"添加数据源"对话框。

在"选择数据源"对话框中还可以对数据系列进行以下几种操作。

- 调整数据系列的位置：在"图例项（系列）"列表框中选择一项，然后单击▲按钮或▼按钮，可以调整该数据系列在所有数据系列中的排列顺序。
- 编辑单独的数据系列：在"图例项（系列）"列表框中选择一项，然后单击"编辑"按钮，在打开的对话框中可以修改数据系列的名称和值，如图 4-148 所示。

- 添加或删除数据系列：在"图例项（系列）"列表框中单击"添加"按钮，可以添加新的数据系列，单击"删除"按钮删除当前所选的数据系列。
- 编辑横坐标轴：在"水平（分类）轴标签"列表框中单击"编辑"按钮，在打开的对话框中修改横坐标轴所在的区域，如图 4-149 所示。也可以在"水平（分类）轴标签"列表框中取消选中某些复选框来隐藏相应的标签。
- 交换数据系列与横坐标轴的位置：单击"切换行 / 列"按钮，将交换图表中行、列数据的位置对调。

图 4-148　修改特定的数据系列

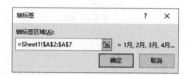

图 4-149　修改横坐标轴所在的区域

4.6.9　创建图表模板

可以将已经设置好布局和格式的图表保存为图表模板，以后可以基于图表模板快速创建类似的图表，减少重复设置相同格式所花费的时间。创建图表模板的操作步骤如下：

（1）为图表设置好所需的布局和格式，然后右击图表的图表区或绘图区，在弹出的快捷菜单中单击"另存为模板"命令，如图 4-150 所示。

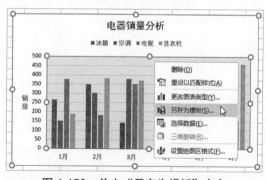

图 4-150　单击"另存为模板"命令

（2）打开"保存图表模板"对话框，保存路径会自动定位到 Excel 图表模板的默认存储位置，在"文件名"文本框中输入图表模板的名称，如图 4-151 所示。单击"保存"按钮，即可将当前图表创建为图表模板。

提示：如果将 Windows 操作系统安装到 C 盘，那么图表模板的默认存储位置是：C:\Users\<用户名>\AppData\Roaming\Microsoft\Templates\Charts。可以将收集到的图表模板直接复制到 Charts 文件夹中，或者删除其中的图表模板。

以后可以使用图表模板创建新的图表。选择要创建图表的数据区域，然后单击功能区"插入" | "图表"组右下角的对话框启动器，打开"插入图表"对话框，在"所有图表"选项卡的左侧列表中选择"模板"，右侧会显示所有位于 Charts 文件夹中的图表模板，如图 4-152 所示。选择要使用的图表模板，然后单击"确定"按钮，即可基于所选模板创建图表。

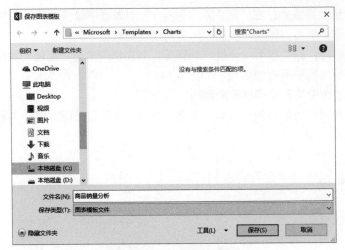

图 4-151 创建图表模板

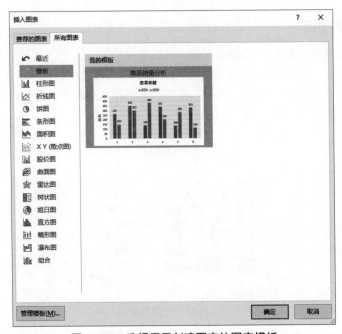

图 4-152 选择用于创建图表的图表模板

4.6.10 删除图表

如果要删除嵌入式图表，可以单击图表的图表区将图表选中，然后按 Delete 键。或者右击图表的图表区，然后在弹出的快捷菜单中单击"剪切"命令，但是不进行粘贴。如果要删除图表工作表，可以右击图表工作表的工作表标签，在弹出的快捷菜单中单击"删除"命令，然后在显示的确认删除对话框中单击"删除"按钮。

第 5 章
保护财务数据的方法

财务数据是企业中具有敏感信息的重要数据。保护财务数据的安全对于企业来说至关重要。使用 Excel 提供的多种安全功能，可以为包含财务数据的工作簿和工作表实施多种保护。本章将介绍使用这些安全功能保护财务数据的方法，以及创建与使用工作簿和工作表模板的方法。

5.1 保护工作簿

本节将介绍对工作簿实施保护的 4 种常用方式，分别是设置打开工作簿的密码，设置编辑工作簿的密码，保护工作簿的结构，删除工作簿的隐私信息。

5.1.1 设置打开工作簿的密码

如果不想让别人随便打开包含财务数据的工作簿，那么可以为工作簿设置打开密码。这样，每次打开工作簿时将要求用户输入密码，只有输入正确的密码才能打开工作簿。设置工作簿打开密码的操作步骤如下：

（1）在 Excel 中打开要设置密码的工作簿，单击"文件"|"信息"命令，在进入的界面中单击"保护工作簿"按钮，然后在下拉菜单中单击"用密码进行加密"命令，如图 5-1 所示。

（2）打开"加密文档"对话框，在文本框中输入密码，然后单击"确定"按钮，如图 5-2 所示。

（3）打开"确认密码"对话框，再输入一遍相同的密码，然后单击"确定"按钮，如图 5-3 所示。

图 5-1 单击"用密码进行加密"命令

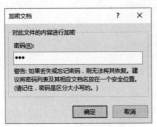

图 5-2　输入密码

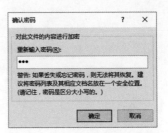

图 5-3　再次输入相同的密码

（4）按 Ctrl+S 组合键，将密码保存到工作簿中。以后打开这个工作簿时，将显示如图 5-4 所示的对话框，只有输入正确的密码，才能在 Excel 中打开它。

图 5-4　打开工作簿时需要输入密码

删除"打开"密码的操作过程与设置密码类似，首先需要通过输入正确的密码打开工作簿，然后再选择"用密码进行加密"命令，在打开的对话框的文本框中删除密码，最后保存工作簿。

5.1.2　设置编辑工作簿的密码

有时可能允许相关人员打开包含财务数据的工作簿，但是只允许查看而禁止随意修改其中的数据。为此可以设置编辑工作簿的密码，只有知道密码的用户才能修改工作簿中的数据，但是所有人都可以打开工作簿。设置工作簿编辑密码的操作步骤如下：

（1）在 Excel 中打开要设置密码的工作簿，按 F12 键打开"另存为"对话框，单击"工具"按钮，然后在下拉菜单中单击"常规选项"命令，如图 5-5 所示。

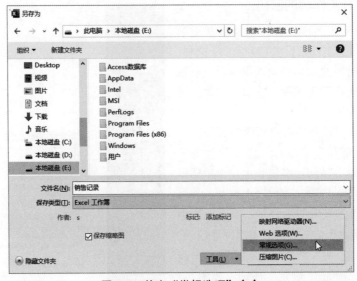

图 5-5　单击"常规选项"命令

（2）打开"常规选项"对话框，在"修改权限密码"文本框中输入编辑工作簿的密码，然后单击"确定"按钮，如图 5-6 所示。与设置打开工作簿密码类似，还需要再次输入相同的密码并单击"确定"按钮。

（3）单击"保存"按钮，将密码保存到工作簿中，并将工作簿保存到指定的位置。

以后打开这个工作簿时，将显示如图 5-7 所示的对话框，只有输入正确的密码，用户才拥有修改工作簿的权限，否则只能单击"只读"按钮，以只读方式打开工作簿。

图 5-6 设置"修改"密码

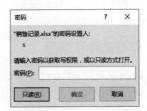

图 5-7 选择是否以只读方式打开工作簿

提示： 如果在"打开权限密码"文本框中输入密码，则可以设置打开工作簿的密码。

5.1.3 保护工作簿的结构

默认情况下，用户可以在工作簿中添加和删除工作表、设置工作表标签的名称和颜色、移动和复制工作表、隐藏工作表、删除工作表等。如果想要禁止这些操作，则需要对工作簿结构进行保护设置，操作步骤如下：

（1）在 Excel 中打开要设置结构保护的工作簿，然后在功能区"审阅"|"保护"组中单击"保护工作簿"按钮，如图 5-8 所示。

图 5-8 单击"保护工作簿"按钮

（2）打开"保护结构和窗口"对话框，在文本框中输入密码，确保已选中"结构"复选框，然后单击"确定"按钮，如图 5-9 所示。

（3）再次输入相同的密码，并单击"确定"按钮，即可启用工作簿结构的保护。此时右击任意一个工作表标签，弹出如图 5-10 所示的快捷菜单，大部分命令都无法使用。

图 5-9 "保护结构和窗口"对话框

图 5-10 处于工作簿结构保护状态下的工作表快捷菜单

如果要解除工作簿结构的保护，在功能区"审阅"|"保护"组中单击"保护工作簿"按钮，打开如图 5-11 所示的对话框，输入密码后单击"确定"按钮。

图 5-11 解除工作簿结构的保护

5.1.4 删除工作簿的隐私信息

在使用工作簿的过程中，Excel 会将一些与用户个人相关的信息附加到工作簿中，如用户名。工作簿中可能还包括其他由用户手动设置的隐藏内容，如隐藏的工作表、隐藏的行和列、添加的批注等。在将工作簿分发给其他用户时，可能不希望同时包含以上这些内容。使用文档检查器，用户可以让 Excel 自动检查工作簿中是否存在隐私信息并进行删除，操作步骤如下：

（1）在 Excel 中打开要检查的工作簿，单击"文件"|"信息"命令，在进入的界面中单击"检查问题"按钮，然后在下拉菜单中单击"检查文档"命令，如图 5-12 所示。

图 5-12 单击"检查文档"命令

（2）打开"文档检查器"对话框，选中要检查的项目左侧的复选框，如图 5-13 所示。

（3）单击"检查"按钮，很快就会显示检查结果，如果项目右侧出现"全部删除"按钮，则说明该项目包含需要用户确认的隐私信息，如图 5-14 所示。单击"全部删除"按钮，即可删除对应项目的隐私信息。

图 5-13 选择要检查的信息类型

图 5-14 确认并删除隐私信息

5.2 保护工作表

由于工作表由单元格组成，因此，保护工作表的操作主要针对的是单元格或区域。Excel 为单元格或区域中的数据提供了多种保护方式，本节主要介绍以下 3 种：

- 禁止编辑单元格或区域。
- 凭密码或用户权限编辑单元格或区域。
- 禁止在编辑栏显示单元格中的公式。

5.2.1 禁止编辑单元格或区域

可以将特定的单元格或区域"锁定"，从而禁止所有用户编辑该单元格或区域中的数据，操作步骤如下：

（1）单击工作表左上角的全选标记，选择工作表中的所有单元格。

（2）按 Ctrl+1 组合键，打开"设置单元格格式"对话框，在"保护"选项卡中取消选中"锁定"复选框，然后单击"确定"按钮，如图 5-15 所示。

图 5-15 取消选中"锁定"复选框

（3）选择要禁止编辑的单元格或区域，如 A1:C10。再次打开"设置单元格格式"对话框，在"保护"选项卡中选中"锁定"复选框，然后单击"确定"按钮，如图 5-16 所示。

图 5-16 只对特定选区启用"锁定"功能

（4）在功能区"审阅"|"保护"组中单击"保护工作表"按钮，打开"保护工作表"对话框，在文本框中输入密码。在下方的列表框中选择保护工作表后允许用户进行哪些操作，如选中"选定锁定单元格"和"选定未锁定的单元格"复选框，表示在工作表处于保护的状态下可以选择任意一个单元格，如图 5-17 所示。

图 5-17 设置工作表保护密码和保护选项

注意："设置单元格格式"对话框中的"锁定"复选框仅影响在工作表保护状态下，用户是否可以编辑单元格中的数据，而不会影响"保护工作表"对话框的保护选项。只要设置工作表保护，这些保护选项就会生效。

（5）再次输入相同的密码并单击"确定"按钮，将进入工作表的保护状态。此时双击指定区域（本例为 A1:C10）中的任意一个单元格，将显示如图 5-18 所示的提示信息，禁止用户编辑单元格。

图 5-18　禁止用户编辑单元格

如果要解除工作表的保护状态，则需要在功能区"审阅"|"保护"组中单击"撤销工作表保护"按钮，在打开的对话框中输入密码，然后单击"确定"按钮，如图 5-19 所示。

图 5-19　撤销工作表的保护

5.2.2　凭密码或用户权限编辑不同的单元格或区域

默认情况下，Excel 中的"保护工作表"功能作用于整个工作表。如果想要为工作表中的不同单元格或区域设置独立的密码，以便在工作表保护状态下，通过密码获得编辑特定单元格或区域的权限。那么可以在保护工作表之前先设置"允许编辑区域"，操作步骤如下：

（1）在 Excel 中打开要设置的工作簿，然后在功能区"审阅"|"保护"组中单击"允许编辑区域"按钮。

（2）打开"允许用户编辑区域"对话框，单击"新建"按钮，如图 5-20 所示。

（3）打开"新区域"对话框，进行以下设置，如图 5-21 所示。

● 在"标题"文本框中输入一个名称，或者使用 Excel 提供的默认名称。

● 在"引用单元格"文本框中输入或选择要使用密码访问的单元格或区域。

● 在"区域密码"文本框中输入密码，以后需要使用此密码访问单元格或区域。

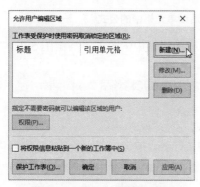

图 5-20　单击"新建"按钮

图 5-21　设置区域选项

提示：可以单击"权限"按钮，然后在打开的对话框中选择允许编辑所选单元格或区域的用户或用户组，这样可以利用 NTFS 磁盘分区特有的用户权限来访问处于保护状态的单元格或区域。

（4）单击"确定"按钮，再次输入相同的密码并单击"确定"按钮，返回"允许用户编辑区域"对话框，将创建第一个区域，如图 5-22 所示。使用相同的方法，可以添加多个区域。

（5）创建好所需的区域后，单击"确定"按钮。然后使用 5.2.1 节介绍的方法，为工作表启用工作表保护。以后双击前面创建的区域中的任意一个单元格时，会显示如图 5-23 所示的对话框，输入正确的密码并单击"确定"按钮，即可对当前区域进行编辑。

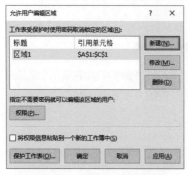

图 5-22　创建第一个区域

图 5-23　输入密码以编辑区域

提示：使用"修改"和"删除"按钮可以编辑或删除已创建的区域。

5.2.3　禁止在编辑栏显示单元格中的公式

在单元格中输入公式后，会在单元格中显示计算结果。选择这个单元格时，编辑栏中会显示单元格中的公式，如图 5-24 所示。

F1		× ✓ fx	=SUM(C2:C10)			
⊿	A	B	C	D	E	F
1	日期	商品	销售额		销售总额	508631
2	2019/5/1	微波炉	24127			
3	2019/5/3	电视	65778			
4	2019/5/4	音响	55043			
5	2019/5/5	手机	52874			
6	2019/5/5	电磁炉	89146			
7	2019/5/6	音响	52206			
8	2019/5/6	手机	52962			
9	2019/5/7	微波炉	76908			
10	2019/5/7	冰箱	39587			

图 5-24　编辑栏默认会显示活动单元格中的公式

使用"隐藏"选项并设置工作表保护，可以隐藏编辑栏中的公式。隐藏图 5-24 中 F1 单元格中公式的操作步骤如下：

（1）选择 F1 单元格，按 Ctrl+1 组合键，打开"设置单元格格式"对话框，在"保护"选项卡中选中"隐藏"复选框，如图 5-25 所示。

（2）单击"确定"按钮，关闭"设置单元格格式"对话框。

（3）在功能区"审阅"|"保护"组中单击"保护工作表"按钮，打开"保护工作表"对话框，输入密码后单击"确定"按钮。选择 F1 单元格，编辑栏中不会显示该单元格中的公式，如图 5-26 所示。

图 5-25   选中"隐藏"复选框

图 5-26   隐藏编辑栏中的公式

提示：如果在保护工作表后，希望可以继续编辑除了公式所在单元格之外的其他单元格，则需要先取消对这些单元格的"锁定"。

5.3   创建与使用工作簿和工作表模板

如果希望其他用户可以按照预定的格式和公式编制财务数据，那么可以使用 Excel 中的工作簿模板和工作表模板，并启用工作表保护。每次在 Excel 中新建空工作簿时，其中都会包含一个工作表，工作表中自动使用 Excel 预先设置好的默认格式，例如字体是正文字体，字号是 11 号，行高是 13.5 磅，列宽是 8.38 字符，这些设置在启动 Excel 时会自动加载。

如果想要修改这些默认设置，并将修改结果作为以后新建空工作簿时的默认设置，则可以创建名为"工作簿 .xltx"的工作簿模板，使用该名称命名的模板是唯一可被中文版 Excel 识别的默认工作簿模板。如果 Excel 启动时检测到该名称的模板，则会使用该模板中的设置。模板的文件扩展名为 .xltx，普通 Excel 工作簿的文件扩展名为 .xlsx。

创建"工作簿 .xltx"模板的操作步骤如下：

（1）新建一个工作簿，在默认自带的工作表中设置所需的格式，如字体、字号、字体颜色、边框、填充、行高、列宽、数字格式、单元格样式、打印设置等。也可以添加多个工作表，并对每个工作表进行所需的设置。

（2）按 F12 键打开"另存为"对话框，如图 5-27 所示，在"保存类型"下拉列表中选择"Excel 模板"，将"文件名"设置为"工作簿"，然后将保存位置设置为下面的路径，假设 Windows 操作系统安装在 C 盘。

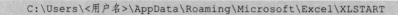

```
C:\Users\<用户名>\AppData\Roaming\Microsoft\Excel\XLSTART
```

图 5-27　设置工作簿模板的名称和存储路径

（3）单击"保存"按钮，创建名为"工作簿.xltx"的工作簿模板。

（4）单击"文件"|"选项"命令，打开"Excel 选项"对话框，选择"常规"选项卡，在"启动选项"区域中取消选中"此应用程序启动时显示开始屏幕"复选框，然后单击"确定"按钮，如图 5-28 所示。

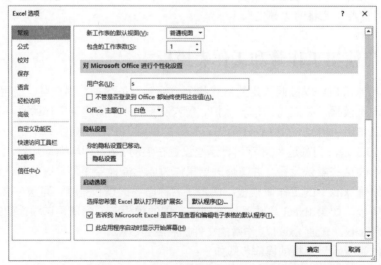

图 5-28　取消选中"此应用程序启动时显示开始屏幕"复选框

以后启动 Excel 时会自动新建一个空工作簿，其中的工作表及其相关设置会自动基于"工作簿 .xltx"模板进行设置。使用快速访问工具栏中的"新建"按钮或 Ctrl+N 组合键新建的空工作簿也是如此。

注意：如果在工作簿中添加新的工作表，则新工作表中的格式仍然使用 Excel 的默认设置。如果希望添加的工作表也能使用由用户自定义设置的格式，则需要创建名为"Sheet.xltx"的模板，并设置所需的格式，然后将其保存到"工作簿 .xltx"模板所在的文件夹。

如果想要在新建的空工作簿中使用 Excel 默认的格式，则需要将 XLSTART 文件夹中的"工作簿 .xltx"文件删除。如果还创建了"Sheet.xltx"模板，则也要将该文件删除。

第 6 章
创建凭证、凭证汇总及总账

本章将介绍在 Excel 中创建凭证记录表、凭证汇总表及总账表的方法，它们是会计工作中最核心的部分，也是创建资产负债表、损益表和现金流量表的基础。

6.1 创建会计科目表

为了在会计工作中清楚地表示会计科目所属的类别及其在类别中的位置，首先应该创建会计科目表，其中包含会计科目编号、类别及其名称。会计科目通常按会计要素分为以下 5 类：资产类、负债类、所有者权益类、成本类、损益类。

会计科目编号的第一位数字用于区分科目类别，资产类科目编号的第一位数字是 1，负债类科目编号的第一位数字是 2，所有者权益类科目编号的第一位数字是 3，成本类科目编号的第一位数字是 4，损益类科目编号的第一位数字是 5。在最新的会计制度中增加了"共同类"科目类别，该类别的科目编号的第一位数字是 3，将所有者权益类及后续科目类别的编号顺延 1，因此最后一个损益类科目编号的第一位数字将从 5 变为 6。

6.1.1 输入会计科目表的标题并设置字体格式

输入会计科目表各列的标题并为它们设置字体格式的操作步骤如下：

（1）新建一个 Excel 工作簿，双击 Sheet1 工作表标签，输入"会计科目表"，然后按 Enter 键确认。

（2）在 A1:D1 单元格区域中输入会计科目表各列的标题，如图 6-1 所示。

图 6-1　输入各列标题

（3）选择 A1:D1 单元格区域，在功能区"开始"|"字体"组中单击"加粗"按钮，将各列标题设置为加粗格式，然后在功能区"开始"|"字体"组的"字号"下拉列表中选择"12"，设置各列标题的字体字号，如图 6-2 所示。

图 6-2　为标题设置加粗格式和字体大小

（4）保持 A1:D1 单元格区域的选中状态，在功能区"开始"|"对齐方式"组中单击"居中"按钮，将各列标题在单元格中居中对齐，如图 6-3 所示。

图 6-3　将各列标题居中对齐

交叉参考：有关设置单元格格式的详细内容，请参考本书第 2 章。

6.1.2　输入科目编号并防止重复

科目编号在会计科目表中是唯一的，为了避免输入重复的科目编号，可以使用数据验证功能来实现，操作步骤如下：

（1）选择 B2 单元格，在功能区"数据"|"数据工具"组中单击"数据验证"按钮，打开"数据验证"对话框，在"设置"选项卡的"允许"下拉列表中选择"自定义"，然后在"公式"文本框中输入下面的公式，如图 6-4 所示。

```
=COUNTIF(B:B,B2)=1
```

交叉参考：有关 COUNTIF 函数的详细内容，请参考本书第 3 章。

（2）切换到"输入信息"选项卡，选中"选定单元格时显示输入信息"复选框，在"标题"文本框中输入"输入科目编号"，在"输入信息"文本框中输入"请输入唯一的科目编号"，如图 6-5 所示。

（3）切换到"出错警告"选项卡，选中"输入无效数据时显示出错警告"复选框，在"标题"文本框中输入"科目编号重复"，在"错误信息"文本框中输入"不能输入重复的科目编号"，将"样式"设置为"停止"，如图 6-6 所示。

图 6-4　设置公式数据验证

图 6-5　设置提示信息

（4）单击"确定"按钮，关闭"数据验证"对话框。单击 B2 单元格，然后向下拖动该单元格右下角的填充柄，将 B2 单元格中的数据验证规则一直复制到 B100 单元格。

（5）单击 B2:B100 单元格区域中的任意一个单元格，将显示如图 6-7 所示的提示信息。

图 6-6　设置出错时的警告信息

图 6-7　选择单元格时显示提示信息

（6）在 B2:B100 单元格区域中输入科目编号及其对应的项目，如图 6-8 所示。

▲	A	B	C	D	E
1	科目类别	科目编号	科目名称	明细科目	
2		1001	现金		
3		1002	银行存款		
4		100201	银行存款	工行	
5		100202	银行存款	建行	
6		113101	应收账款	应收公司1	
7		113102	应收账款	应收公司2	
8		113103	应收账款	应收公司3	
9		113104	应收账款	应收公司4	
10		113301	其他应收款	其他应收账户1	
11		113302	其他应收款	其他应收账户2	
12		113303	其他应收款	其他应收账户3	
13		1141	坏账准备		
14		115101	预付账款	预付账户1	
15		115102	预付账款	预付账户2	
16		115103	预付账款	预付账户3	

图 6-8　输入科目编号及其对应的项目

交叉参考：有关数据验证功能的详细内容，请参考本书第 1 章。

6.1.3　根据科目编号自动输入科目类别

通过编制公式，可以根据 B 列中的科目编号自动得到对应的科目类别，操作步骤如下：

（1）单击 A2 单元格，然后输入下面的公式并按 Enter 键，根据 B2 单元格中的科目编号的第一位数字，自动得到对应的科目类别，如图 6-9 所示。

```
=CHOOSE(LEFT(B2),"资产类","负债类","所有者权益类","成本类","损益类")
```

图 6-9　通过科目编号自动得到科目类别

交叉参考：有关 LEFT 函数的详细内容，请参考本书第 3 章。

（2）单击 A2 单元格，将光标指向该单元格右下角的填充柄，当光标变为十字形时双击，将公式向下复制到 A100 单元格，自动得到其他科目编号对应的科目类别，如图 6-10 所示。

图 6-10　复制公式以得到其他科目编号对应的科目类别

（3）选择数据所在的 A ～ D 列，将光标指向任意两列之间的分隔线，当光标变为左右箭头时双击，将根据每列数据的多少自动调整列宽，如图 6-11 所示。

图 6-11　调整各列的宽度

（4）单击 A2 单元格，然后在功能区"视图"|"窗口"组中单击"冻结窗格"按钮，在下拉菜单中单击"冻结窗格"命令，如图 6-12 所示。将第一行冻结后，无论向下滚动到哪个位置，第一行始终都会显示，如图 6-13 所示。

图 6-12　单击"冻结窗格"命令

	A	B	C	D
1	科目类别	科目编号	科目名称	明细科目
50	负债类	218102	其他应付款	教育经费
51	负债类	218103	其他应付款	待业保险
52	负债类	218104	其他应付款	医疗保险
53	负债类	218105	其他应付款	住房公积金
54	所有者权益类	3101	实收资本	
55	所有者权益类	3121	盈余公积	
56	所有者权益类	3131	本年利润	
57	所有者权益类	3141	利润分配	
58	成本类	410101	生产成本	直接工资
59	成本类	410102	生产成本	制造费用
60	成本类	410103	生产成本	直接材料

图 6-13　滚动到任意位置始终都会显示标题行

公式中的 CHOOSE 函数用于从列表中提取某个值，即根据参数 index_num 中的数字从参数 value1,value2,…表示的最多 254 个数值列表中选择一个，语法如下：

```
CHOOSE(index_num,value1,[value2],…)
```

- index_num（必选）：所选定的值参数，该参数必须为 1 ～ 254 的数字，或者是包含数字 1 ～ 254 的公式或单元格引用。如果 index_num 参数为 1，CHOOSE 函数返回 value1 参数；如果为 2，CHOOSE 函数返回 value2 参数，以此类推。
- value1（必选）：第 1 个数值参数，CHOOSE 函数将从此数值列表中选择一个要返回的值，可以是数字、文本、引用、名称、公式或函数。
- value2,…（可选）：第 2 ～ 254 个数值参数，此列表中的值可以是数字、文本、引用、名称、公式或函数。

注意： 如果 index_num 参数小于 1 或大于列表中最后一个值的序号，则 CHOOSE 函数将返回 #VALUE! 错误值。

6.2　创建凭证明细表

创建好会计科目表之后，接下来就可以创建凭证明细表了，在其中可以使用数据验证功能让用户从下拉列表中选择科目编号，并通过公式来引用会计科目表中的科目名称和明细科目，以代替手动输入这些数据。

6.2.1　使用下拉列表输入科目编号

为了确保在凭证明细表中输入正确的科目编号，可以利用数据验证功能为科目编号的输入提供一个下拉列表，并将会计科目表中的所有科目编号作为下拉列表中的选项以供用户选择，操作步骤如下：

（1）以 6.1 节的会计科目表为基础，在其所在的工作簿中添加一个新的工作表，将其名称设置为"凭证明细表"。

（2）在 A1:G1 单元格区域中输入各列的标题，并为它们设置加粗格式、12 号大小和居中对齐，如图 6-14 所示。

图 6-14　输入各列标题并设置格式

（3）选择 A2:A200 单元格区域，然后在功能区"数据" | "数据工具"组中单击"数据验证"按钮，打开"数据验证"对话框。在"设置"选项卡的"允许"下拉列表中选择"序列"，然后单击"来源"文本框右侧的按钮，如图 6-15 所示。

图 6-15　在"允许"下拉列表中选择"序列"

（4）在"会计科目表"工作表中选择科目编号所在的 B2:B100 单元格区域，如图 6-16 所示。

	A	B	C	D
1	科目类别	科目编号	科目名称	明细科目
89	损益类	550204	管理费用	工资
90	损益类	550205	管理费用	养老统筹
91	损益类	550206	管理费用	福利费
92	损益类	550207	管理费用	工会经费
93	损益类	550208	管理费用	教育经费
94	损益类	550209	管理费用	待业保险
95	损益类	550210	管理费用	转出
96	损益类	550301	财务费用	利息
97	损益类	550302	财务费用	手续费
98	损益类	550303	财务费用	转出
99	损益类	5601	营业外支出	
100	损益类	5701	所得税	
101				
102	数据验证			？ ×
103	=会计科目表!$B$2:$B$100			
104				

图 6-16　选择科目编号所在的单元格区域

（5）单击按钮，展开"数据验证"对话框，所选择的区域已被添加到"来源"文本框中，如图 6-17 所示。

（6）单击"确定"按钮，关闭"数据验证"对话框。在凭证明细表中单击 A2:A200 单元格区域中的任意一个单元格，都会在单元格右侧显示一个下拉按钮，单击该按钮，从下拉列表中选择要输入的科目编号，如图 6-18 所示。

图 6-17 设置"来源"选项

图 6-18 从下拉列表中选择科目编号

（7）输入序号、月份、科目编号、借方金额和贷方金额等数据，如图 6-19 所示。

序号	月份	科目编号	借方金额	贷方金额	一级科目	二级科目
1	6	1002		-5000		
1	6	1001		5000		
2	6	212101		680		
2	6	1001		-680		
3	6	212104		3600		
3	6	1002		-3600		
4	6	550205	576			
4	6	1001		576		
5	6	550102	536			
5	6	550103	150			
5	6	550302	10			
5	6	1001		696		
6	6	1211	3950			
6	6	217102	230			
6	6	1001		4180		

图 6-19 输入科目编号、借方金额和贷方金额等数据

6.2.2 输入一、二级科目内容

使用公式可以根据在凭证明细表中输入的科目编号，从会计科目表中提取相同编号对应的科目名称和明细科目，操作步骤如下：

（1）在凭证明细表中单击 F2 单元格，然后输入下面的公式并按 Enter 键，得到与第一个科目编号对应的科目名称，如图 6-20 所示。

```
=VLOOKUP($C2,会计科目表!$B$2:$D$100,COLUMN(B2),0)&""
```

图 6-20 得到与第一个科目编号对应的科目名称

交叉参考：有关 VLOOKUP 和 COLUMN 函数的详细内容，请参考本书第 3 章。

（2）向右拖动 F2 单元格右下角的填充柄，将公式复制到 G2 单元格，得到与第一个科目编号对应的明细科目，如图 6-21 所示。

	A	B	C	D	E	F	G	H	I
1	序号	月份	科目编号	借方金额	贷方金额	一级科目	二级科目		
2	1	6	1002		-5000	银行存款			
3	1	6	1001		5000				

图 6-21   得到与第一个科目编号对应的明细科目

公式说明：为了在 F2 单元格中输入一个公式后，可以通过将其向右和向下复制来得到其他结果，因此将 VLOOKUP 函数的第一个参数设置为列绝对引用，以便在复制公式时，始终引用 A 列中的科目编号。F2 中的公式要从会计科目表的 B2:D100 单元格区域的第 2 列中提取特定的科目名称，因此将 VLOOKUP 函数的第三个参数设置为 COLUMN(B2)，以便得到数字 2。将 F2 单元格中的公式复制到 G2 单元格时，由于向右移动一列，因此 COLUMN(B2) 变为 COLUMN(C2)，此时 COLUMN(C2) 返回 3，正好是从会计科目表的 B2:D100 单元格区域中提取特定的明细科目的列号。因此，在 F2 单元格中输入一个公式并复制到其他单元格，就可以得到其他数据。

（3）同时选择 F2 和 G2 单元格，然后双击 G2 单元格右下角的填充柄，将两个单元格中的公式复制到 F200 和 G200 单元格中，得到与其他科目编号对应的科目名称和明细科目，如图 6-22 所示。

	A	B	C	D	E	F	G
1	序号	月份	科目编号	借方金额	贷方金额	一级科目	二级科目
2	1	6	1002		-5000	银行存款	
3	1	6	1001		5000	现金	
4	2	6	212101		680	应付账款	应付账户1
5	2	6	1001		-680	现金	
6	3	6	212104		3600	应付账款	应付账户4
7	3	6	1002		-3600	银行存款	
8	4	6	550205	576		管理费用	养老统筹
9	4	6	1001		576	现金	
10	5	6	550102	536		营业费用	差旅费
11	5	6	550103	150		营业费用	电话费
12	5	6	550302	10		财务费用	手续费
13	5	6	1001		696	现金	

图 6-22   通过复制公式自动得到其他项目

（4）选择数据所在的 A ～ G 列，将光标指向任意两列之间的分隔线，当光标变为左右箭头时双击，将根据每列数据的多少自动调整列宽。然后在功能区"视图"|"窗口"组中单击"冻结窗格"按钮，在下拉菜单中单击"冻结首行"命令，将标题行冻结。完成后的凭证明细表如图 6-23 所示。

	A	B	C	D	E	F	G
1	序号	月份	科目编号	借方金额	贷方金额	一级科目	二级科目
2	1	6	1002		-5000	银行存款	
3	1	6	1001		5000	现金	
4	2	6	212101		680	应付账款	应付账户1
5	2	6	1001		-680	现金	
6	3	6	212104		3600	应付账款	应付账户4
7	3	6	1002		-3600	银行存款	
8	4	6	550205	576		管理费用	养老统筹
9	4	6	1001		576	现金	
10	5	6	550102	536		营业费用	差旅费

（a）

	A	B	C	D	E	F	G
1	序号	月份	科目编号	借方金额	贷方金额	一级科目	二级科目
192	129	6	124301		446304.92	库存商品	库存1
193	129	6	124302		241297.37	库存商品	库存2
194	130	6	3131	907209.8	907209.8	本年利润	
195	131	6	550110		597	营业费用	转出
196	131	6	550210		3171.8	管理费用	转出
197	131	6	550303		55	财务费用	转出
198	131	6	3131	691426.09		本年利润	
199	131	6	540101		446304.92	主营业务成本	产品1
200	131	6	540102		241297.37	主营业务成本	产品2

（b）

图 6-23   制作完成的凭证明细表

6.3 创建凭证汇总表

凭证汇总表主要是对凭证明细表中的借方金额和贷方金额进行汇总。本节首先介绍通过公式自动设置凭证号码，然后使用公式自动对借、贷方金额进行汇总计算。

6.3.1 设置凭证号码

设置凭证号码的操作步骤如下：

（1）以 6.2 节的凭证明细表为基础，在其所在的工作簿中添加一个新的工作表，将其名称设置为"凭证汇总表"。

（2）在凭证汇总表中的 A1、B2、A3、B3 和 C3 单元格中输入标题和日期，如图 6-24 所示。

图 6-24 输入标题和日期

（3）单击 C2 单元格，然后输入下面的公式并按 Enter 键，自动输入凭证号码，如图 6-25 所示。

```
="编号：(1#-"&MAX(凭证明细表!A2:A200)&"#)"
```

图 6-25 通过公式输入凭证号码

交叉参考：有关 MAX 函数的详细内容，请参考本书第 3 章。

（4）选择 A1:C1 单元格区域，在功能区"开始"|"对齐方式"组中单击"合并后居中"按钮，将 A1、B1 和 C1 单元格合并起来。然后将"凭证汇总表"文字居中对齐并设置加粗格式，如图 6-26 所示。

图 6-26 将标题合并后居中对齐

（5）选择 A3:C3 单元格区域，然后设置加粗格式和居中对齐，如图 6-27 所示。

图 6-27 设置列标题的格式

6.3.2　对借、贷方金额进行汇总计算

对借、贷方金额进行汇总计算的操作步骤如下：

（1）单击 A4 单元格，然后输入下面的公式并按 Ctrl+Shift+Enter 组合键，以数组公式的形式输入公式，从凭证明细表中提取出第一个科目名称，如图 6-28 所示。

```
=INDEX(凭证明细表!F:F,SMALL(IF(MATCH(凭证明细表!$F$2:$F$200,凭证明细表!F:F,0)=ROW($2:
$200),ROW($2:$200),65536),ROW(A1)))&""
```

| A4 | ▼ | : | × | ✓ | fx | {=INDEX(凭证明细表!F:F,SMALL(IF(MATCH(凭证明细表!$F$2:$F$200,凭证明细表!F:F,0)=ROW($2:$200),ROW($2:$200),65536),ROW(A1)))&""} |

▲	A	B	C	D	E	F	G	H	I	J	K	L	M	N	O	P
1	凭证汇总表															
2	2019年6月	编号：(1#-131#)														
3	科目名称	借方	贷方													
4	银行存款															

图 6-28　提取第一个科目名称

公式说明：首先使用 MATCH 函数在凭证明细表中的 F 列查找每一个科目名称，会返回每一个科目名称在 F 列中的位置，如果返回的位置与其所在的行号相同，则说明该科目名称是第一次出现，如果返回的位置与其所在的行号不同，则说明该科目名称之前已经出现过，即为重复。对于第一次出现的科目名称，使用 IF 函数返回该科目名称所在的行号，对于重复出现的科目名称，返回一个较大的数字，例如 65 536。然后使用 SMALL 函数按照行号从小到大的顺序依次从 F 列中提取科目名称，对于重复出现的科目名称则从 F 列的 65 536 行提取，因为该行是空的，因此 INDEX 函数会返回 0，为了避免出现 0，因此公式结尾使用 &"" 将 0 转换为空文本。

交叉参考：有关 INDEX、MATCH、ROW 和 IF 函数的详细内容，请参考本书第 3 章。

（2）拖动 A4 单元格右下角的填充柄，将公式向下复制，直到显示空白为止，从凭证明细表中提取出不重复的科目名称，然后在复制公式后得到的第一个空单元格中输入"合计"，如图 6-29 所示。

▲	A	B	C
3	科目名称	借方	贷方
4	银行存款		
5	现金		
6	应付账款		
7	管理费用		
8	营业费用		
9	财务费用		
10	原材料		
11	应交税金		
12	应收账款		
13	预付账款		
14	制造费用		
15	在建工程		
16	其他应交款		
17	其他应收款		
18	其他应付款		
19	主营业务收入		
20	生产成本		
21	应付工资		
22	应付福利费		
23	累计折旧		
24	营业外支出		
25	固定资产		
26	主营业务税金及附加		
27	库存商品		
28	主营业务成本		
29	本年利润		
30	合计		

图 6-29　从凭证明细表中提取不重复的科目名称

（3）单击 B4 单元格，然后输入下面的公式并按 Enter 键，计算第一个科目名称的借方金额

总和，如图 6-30 所示。

```
=SUMIF(凭证明细表!$F:$F,$A4,凭证明细表!D:D)
```

图 6-30　计算第一个科目名称的借方金额总和

交叉参考：有关 SUMIF 函数的详细内容，请参考本书第 3 章。

（4）将 B4 单元格中的公式复制到 C4 单元格，计算第一个科目名称的贷方金额总和，如图 6-31 所示。

图 6-31　通过复制公式计算第一个科目名称的贷方金额总和

（5）选择 B4 和 C4 单元格，将光标指向 C4 单元格右下角的填充柄，当光标变为十字形时双击，将 B4 和 C4 单元格中的公式复制到 B、C 两列数据的底部。

（6）单击借方合计所在的单元格，本例为 B30，然后输入下面的公式，计算出借方的金额总和，如图 6-32 所示。

```
=SUM(B4:B29)
```

（7）向右拖动 B30 单元格右下角的填充柄，将 B30 单元格中的公式复制到 C30，计算出贷方的金额总和。

（8）选择数据所在的 A ～ C 列，将光标指向任意两列之间的分隔线，当光标变为左右箭头时双击，将根据每列数据的多少自动调整这 3 列的宽度，如图 6-33 所示。

图 6-32　计算借方的金额总和

图 6-33　自动调整列宽

公式中的 SMALL 函数用于返回数据集中的第 k 个最小值，语法如下：

```
SMALL(array,k)
```

- array（必选）：要返回第 k 个最大值或最小值的单元格区域或数组。
- k（必选）：要返回的数据在单元格区域或数组中的位置。如果数据区域包含 n 个数据，则 k 为 1 时返回最大值，k 为 2 时返回第 2 大的值，k 为 n 时返回最小值，k 为 n–1 时返回第 2 小的值，以此类推。当使用 LARGE 和 SMALL 函数返回最大值和最小值时，效果等同于 MAX 和 MIN 函数。

6.3.3　保护凭证汇总表

为了避免别人随意修改凭证汇总表，可以使用"保护工作表"功能为其设置保护，操作步骤如下：

（1）打开前面制作完成的凭证汇总表，在功能区"审阅"|"保护"组中单击"保护工作表"按钮，打开"保护工作表"对话框，在文本框中输入密码，如 666，如图 6-34 所示。

图 6-34　输入密码

（2）单击"确定"按钮，再次输入相同的密码并单击"确定"按钮，凭证汇总表将处于保护状态，此时双击该工作表中的任意一个单元格，将显示如图 6-35 所示的提示信息，无法修改单元格中的数据。

图 6-35　禁止修改凭证汇总表中的数据

交叉参考：有关保护工作表的详细内容，请参考本书第 5 章。

6.4　创建总账表

总账也称为总分类账，它根据总分类科目开设账户，用于登记全部经济业务，并进行总分类核算。总分类账的账页格式通常采用"借方""贷方""余额"三栏式。总分类账的账页格式，也可以采用多栏式格式，如把序时记录和总分类记录结合在一起的联合账簿，即日记总账。总分类账提供的核算资料是编制会计报表的主要依据，创建总账表的操作步骤如下：

（1）以 6.3 节的凭证汇总表为基础，在其所在的工作簿中添加一个新的工作表，将其名称设置为"总账表"。

（2）在总账表的 A1、B1、A3:E3 单元格中输入标题和日期，如图 6-36 所示。

图 6-36　输入标题和日期

（3）选择 A1:E3 单元格区域，在功能区"开始"|"字体"组中单击"加粗"按钮，并在"字号"下拉列表中选择"12"。然后在该选项卡的"对齐方式"组中单击"居中"按钮，将标题和日期设置为加粗和居中对齐。

（4）选择 A1:E2 单元格区域，然后在功能区"开始"|"对齐方式"组中单击"合并后居中"按钮右侧的下拉按钮，在下拉菜单中单击"跨越合并"命令，将 A1:E1 以及 A2:E2 分别合并到一起，如图 6-37 所示。

图 6-37　单击"跨越合并"命令

（5）单击合并后的 A1 单元格，然后在功能区"开始"|"字体"组中的"字号"下拉列表中选择"16"，增大标题的字体大小，如图 6-38 所示。

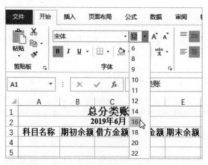

图 6-38　增大标题的字体大小

（6）单击合并后的 A2 单元格，然后在功能区"开始"|"字体"组中单击"加粗"按钮，取消日期的加粗格式。

（7）将光标指向第一行和第二行之间的分隔线，当光标变为上下箭头时双击，将自动调整第一行的高度，如图 6-39 所示。

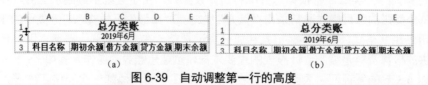

（a）　　　　　　　　　　　　　（b）

图 6-39　自动调整第一行的高度

（8）单击 A4 单元格，然后输入下面的公式并按 Enter 键，通过引用凭证汇总表 A4 单元格中的数据，在总账表中输入第一个科目名称，如图 6-40 所示。

```
=凭证汇总表!A4
```

（9）将光标指向 A4 单元格右下角的填充柄，当光标变为十字形时，向下拖动填充柄，直到显示"合计"为止，将凭证汇总表 A 列中的科目名称输入到总账表的 A 列。

（10）在总账表的 B 列输入上一期总账表的期末余额。然后单击 C4 单元格，输入下面的公式并按 Enter 键，通过引用凭证汇总表 B4 单元格中的数据，在总账表中输入第一个科目名称对应的借方金额，如图 6-41 所示。

```
=凭证汇总表!B4
```

图 6-40　输入第一个科目名称

图 6-41　输入第一个科目名称对应的借方金额

（11）将光标指向 C4 单元格的右下角填充柄，当光标变为十字形时向右拖动填充柄，将 C4 单元格中的公式复制到 D4 单元格，得到第一个科目名称对应的贷方金额，如图 6-42 所示。

（12）选择 C4 和 D4 单元格，将光标指向 D4 单元格右下角的填充柄，当光标变为十字形时向下拖动填充柄，将 C4 和 D4 单元格中的公式一直复制到 C29 和 D29 单元格，自动输入其他科目名称对应的借方金额和贷方金额，如图 6-43 所示。

图 6-42　得到第一个科目名称对应的贷方金额

图 6-43　输入其他科目名称对应的借、贷方金额

（13）单击 E4 单元格，然后输入下面的公式并按 Enter 键，计算出第一个科目名称的期末余额，如图 6-44 所示。

```
=B4+C4-D4
```

图 6-44　计算第一个科目名称的期末余额

（14）将光标指向 E4 单元格的右下角填充柄，当光标变为十字形时双击，将 E4 单元格中的公式向下复制到 E30 单元格，计算出其他科目名称的期末余额。

（15）单击 B30 单元格，然后输入下面的公式并按 Enter 键，计算出期初余额总和，如图 6-45 所示。

（16）将光标指向 B30 单元格的右下角填充柄，当光标变为十字形时向右拖动填充柄，将 B30 单元格中的公式复制到 E30 单元格，分别计算出借方金额、贷方金额和期末余额的总和，如图 6-46 所示。

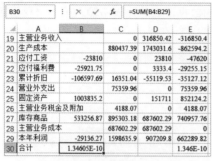

图 6-45　计算期初余额总和

图 6-46　通过复制公式计算其他 3 项金额的总和

（17）选择 B4:E30 单元格区域，按 Ctrl+1 组合键，打开"设置单元格格式"对话框，在"数字"选项卡的"分类"列表框中选择"数值"，然后在右侧将"小数位数"设置为 2，选中"使用千位分隔符"复选框，在"负数"列表框中选择如图 6-47 所示的数字样式。

图 6-47　设置数值格式的相关选项

（18）单击"确定"按钮，关闭"设置单元格格式"对话框，为所有金额数据设置货币格式并保留两位小数。选择 A ~ E 列，然后将光标指向任意两列之间的分隔线，当光标变为左右箭头时双击，根据每列的内容多少自动调整列宽，如图 6-48 所示。

（19）单击数据区域中的任意一个单元格，按 Ctrl+A 组合键，选中整个数据区域。然后在功能区"开始"|"字体"组中单击边框按钮右侧的下拉按钮，在下拉菜单中单击"所有框线"命令，如图 6-49 所示。

	A	B	C	D	E
1			总分类账		
2			2019年6月		
3	科目名称	期初余额	借方金额	贷方金额	期末余额
4	银行存款	260,248.00	247,806.00	10,500.00	497,554.00
5	现金	5,065.68	2,280.00	9,872.00	-2,526.32
6	应付账款	-2,037,059.25	1,388,055.66	1,193,555.66	-1,842,559.25
7	管理费用	-83,705.26	65,553.09	65,453.09	-83,605.26
8	营业费用		3,664.55	3,575.55	89.00
9	财务费用		461.91	456.91	5.00
10	原材料	153,618.50	69,104.27	12,777.00	209,945.77
11	应交税金	-22,645.23	74,153.16	85,066.82	-33,558.89
12	应收账款	2,267,417.91	1,496,687.90	1,557,468.90	2,206,636.91
13	预付账款	21,000.00	152,200.00	252,200.00	-79,000.00
14	制造费用		15,142.82	15,142.82	0.00
15	在建工程		155,933.08	55,933.08	100,000.00
16	其他应交款	-992.87	992.87	1,522.93	-1,522.93
17	其他应收款	18,071.00	20,000.00	20,000.00	18,071.00
18	其他应付款	-1,932,644.84	50,000.00	150,357.15	-2,033,001.99
19	主营业务收入			316,850.42	-316,850.42
20	生产成本		880,437.39	1,743,031.55	-862,594.16
21	应付工资	-23,810.00	0.00	23,810.00	-47,620.00
22	应付福利费	-25,921.75	0.00	3,333.40	-29,255.15
23	累计折旧	-106,597.69	16,351.04	-55,119.53	-35,127.12
24	营业外支出		75,359.96	0.00	75,359.96
25	固定资产	1,003,835.20	0.00	151,711.00	852,124.20
26	主营业务税金及附加		4,188.07	0.00	4,188.07
27	库存商品	533,256.87	895,303.18	687,602.29	740,957.76
28	主营业务成本		687,602.29	687,602.29	0.00
29	本年利润	-29,136.27	1,598,635.89	907,209.80	662,289.82
30	合计		7,899,913.13	7,899,913.13	

图 6-48　自动调整各列的宽度

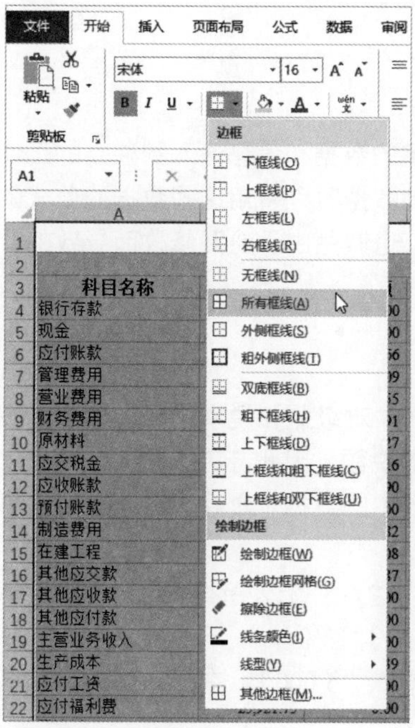

（a）

	A	B	C	D	E	F
1			总分类账			
2			2019年6月			
3	科目名称	期初余额	借方金额	贷方金额	期末余额	
4	银行存款	260,248.00	247,806.00	10,500.00	497,554.00	
5	现金	5,065.68	2,280.00	9,872.00	-2,526.32	
6	应付账款	-2,037,059.25	1,388,055.66	1,193,555.66	-1,842,559.25	
7	管理费用	-83,705.26	65,553.09	65,453.09	-83,605.26	
8	营业费用		3,664.55	3,575.55	89.00	
9	财务费用		461.91	456.91	5.00	
10	原材料	153,618.50	69,104.27	12,777.00	209,945.77	
11	应交税金	-22,645.23	74,153.16	85,066.82	-33,558.89	
12	应收账款	2,267,417.91	1,496,687.90	1,557,468.90	2,206,636.91	
13	预付账款	21,000.00	152,200.00	252,200.00	-79,000.00	
14	制造费用		15,142.82	15,142.82	0.00	
15	在建工程		155,933.08	55,933.08	100,000.00	
16	其他应交款	-992.87	992.87	1,522.93	-1,522.93	
17	其他应收款	18,071.00	20,000.00	20,000.00	18,071.00	
18	其他应付款	-1,932,644.84	50,000.00	150,357.15	-2,033,001.99	
19	主营业务收入		0.00	316,850.42	-316,850.42	
20	生产成本		880,437.39	1,743,031.55	-862,594.16	
21	应付工资	-23,810.00	0.00	23,810.00	-47,620.00	
22	应付福利费	-25,921.75	0.00	3,333.40	-29,255.15	
23	累计折旧	-106,597.69	16,351.04	-55,119.53	-35,127.12	
24	营业外支出		75,359.96	0.00	75,359.96	
25	固定资产	1,003,835.20	0.00	151,711.00	852,124.20	
26	主营业务税金及附加		4,188.07	0.00	4,188.07	
27	库存商品	533,256.87	895,303.18	687,602.29	740,957.76	
28	主营业务成本		687,602.29	687,602.29	0.00	
29	本年利润	-29,136.27	1,598,635.89	907,209.80	662,289.82	
30	合计		0.00	7,899,913.13	7,899,913.13	0.00
31						

（b）

图 6-49　为总账表添加边框

第 7 章
工资核算

工资核算是每个企业都要进行的一项财务活动，使用 Excel 中的公式和函数可以创建一个自动计算的工资核算系统，修改基础数据，就能自动得到工资的最新计算结果，方便快捷的同时也能避免出错。本章将介绍在 Excel 中进行工资核算的方法。

7.1　创建基础信息表

为了避免在计算工资时重复输入数据，应该将一些固定的数据和信息输入到独立的工作表中，以便在计算公式中引用这些数据。以后要修改这些基础数据时，引用这些数据的公式的计算结果会自动更新，从而提高了整个工资系统的修改效率，也避免由于遗漏修改而导致的计算错误。

7.1.1　创建个人所得税税率表

根据最新规定，个人所得税的起征点提高到 5 000 元，并对级距和税率进行了调整。在计算员工工资时，需要根据个人所得税税率表来计算需缴纳的税额。因此，应该在一个独立的工作表中创建个人所得税税率表，以便在计算工资时引用该表中的数据。创建个人所得税税率表的操作步骤如下：

（1）新建一个 Excel 工作簿，双击 Sheet1 工作表标签，输入"个人所得税税率表"，然后按 Enter 键确认。

（2）在 A1 单元格中输入"起征点"，在 B1 单元格中输入"5 000"。在 A2:E2 单元格区域中输入各列的标题，并设置加粗和居中对齐，如图 7-1 所示。

	A	B	C	D	E
1	起征点	5000			
2	级数	应纳税所得额	上限金额	税率	速算扣除数
3					

图 7-1　输入各列的标题并设置格式

（3）输入个人所得税税率表中的数据，然后选择 A ～ E 列，将光标指向任意两列之间的分隔线上，当光标变为左右箭头时双击，自动根据内容的多少调整 A ～ E 列的宽度，如图 7-2 所示。

	A	B	C	D	E
1	起征点	5000			
2	级数	应纳税所得额	上限金额	税率	速算扣除数
3	1	不超过3000元的部分	0	3%	0
4	2	超过3000元至12000元的部分	3000	10%	210
5	3	超过12000元至25000元的部分	12000	20%	1410
6	4	超过25000元至35000元的部分	25000	25%	2660
7	5	超过35000元至55000元的部分	35000	30%	4410
8	6	超过55000元至80000元的部分	55000	35%	7160
9	7	超过80000元的部分	80000	45%	15160

图 7-2　输入数据并调整列宽

7.1.2　创建员工基础资料表

与员工相关的一些信息通常不会经常变化，如员工的工号、姓名、所属部门、银行卡号、基本工资等，应该将这些内容创建到一个独立的工作表中，以便在计算工资时引用其中的数据。创建员工基础资料表的操作步骤如下：

（1）以 7.1.1 节的个人所得税税率表为基础，在其所在的工作簿中添加一个新的工作表，将其名称设置为“员工基础资料表”。

（2）在 A1:E1 单元格区域中输入各列的标题，并为它们设置加粗格式和居中对齐，如图 7-3 所示。

（3）单击 A2 单元格，输入第一个员工的工号，如 GH001，按 Enter 键确认。

（4）单击 A2 单元格，将光标指向 A2 单元格的右下角填充柄，当光标变为十字形时向下拖动填充柄，在 A 列输入编号连续的工号，如图 7-4 所示。

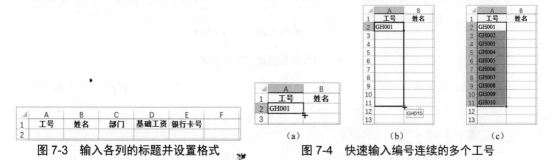

	A	B	C	D	E	F
1	工号	姓名	部门	基础工资	银行卡号	
2						

图 7-3　输入各列的标题并设置格式

（a）　（b）　（c）

图 7-4　快速输入编号连续的多个工号

（5）选择 E2:E10 单元格区域，然后在功能区“开始”|“数字”组中打开“数字格式”下拉列表，从中选择“文本”选项，如图 7-5 所示。

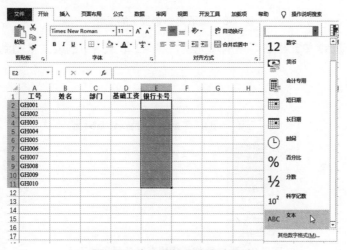

图 7-5　将 E 列设置为文本格式

（6）在 B2:E10 单元格区域中输入员工的相关资料，并适当调整各列的宽度，如图 7-6 所示。

	A	B	C	D	E
1	工号	姓名	部门	基础工资	银行卡号
2	GH001	程瑞秀	技术部	3000	6222000011112222330
3	GH002	方嘉娴	技术部	7800	6222000011112222331
4	GH003	沙稀韦	人力部	5600	6222000011112222332
5	GH004	茅万银	市场部	3800	6222000011112222333
6	GH005	应姗	技术部	6300	6222000011112222334
7	GH006	桑凌菲	人力部	6600	6222000011112222335
8	GH007	徐威	技术部	7700	6222000011112222336
9	GH008	龚嘉绚	人力部	5200	6222000011112222337
10	GH009	杜姝	市场部	7000	6222000011112222338
11	GH010	倪夕珍	市场部	7300	6222000011112222339

图 7-6　输入员工资料并调整各列的宽度

7.1.3 创建员工当月信息表

与员工当月相关的信息应该单独创建在一个工作表中，如出勤和缺勤天数、加班时长等，该工作表中的数据会根据员工当月的情况而有所不同。创建员工当月信息表的操作步骤如下：

（1）以 7.1.2 节的员工基础资料表为基础，在其所在的工作簿中添加一个新的工作表，将其名称设置为“员工当月信息表”。

（2）在 A1:H1 单元格区域中输入各列的标题，为它们设置加粗格式和居中对齐，并调整标题不能完整显示的列的宽度，如图 7-7 所示。

	A	B	C	D	E	F	G	H	I
1	工号	姓名	部门	应出勤天数	缺勤天数	实出勤天数	日常加班天数	节日加班天数	
2									

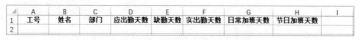

图 7-7　输入各列标题并设置格式

（3）单击 A2 单元格，然后输入下面的公式并按 Enter 键，从员工基础资料表中提取出第一个员工的工号，如图 7-8 所示。

```
=员工基础资料表!A2
```

A2　　=员工基础资料表!A2

	A	B	C	D	E
1	工号	姓名	部门	应出勤天数	缺勤天数
2	GH001				
3					

图 7-8　提取第一个员工的工号

（4）向下拖动 A2 单元格右下角的填充柄，将 A2 单元格中的公式复制到 A11 单元格，如图 7-9 所示。

A2　　=员工基础资料表!A2

	A	B	C	D	E
1	工号	姓名	部门	应出勤天数	缺勤天数
2	GH001				
3	GH002				
4	GH003				
5	GH004				
6	GH005				
7	GH006				
8	GH007				
9	GH008				
10	GH009				
11	GH010				

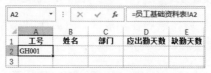

图 7-9　通过复制公式提取其他员工的工号

（5）单击 B2 单元格，然后输入下面的公式，根据 A2 单元格中的工号，从员工基础资料表中提取出对应的员工姓名，如图 7-10 所示。

```
=VLOOKUP($A2,员工基础资料表!$A$2:$C$11,COLUMN(B$1),0)
```

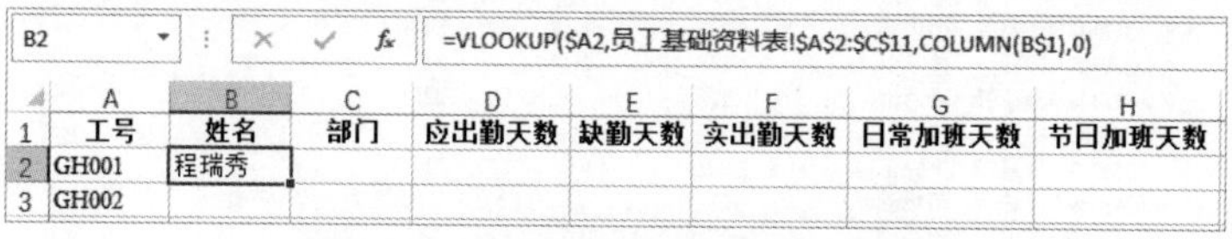

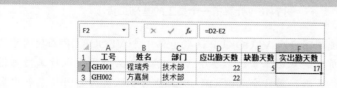

图 7-10　根据工号提取员工的姓名

交叉参考：有关 VLOOKUP 和 COLUMN 函数的详细内容，请参考本书第 3 章。

（6）向右拖动 B2 单元格右下角的填充柄，将 B2 单元格中的公式复制到 C2 单元格，根据 A2 单元格中的工号，从员工基础资料表中提取出对应的部门，如图 7-11 所示。

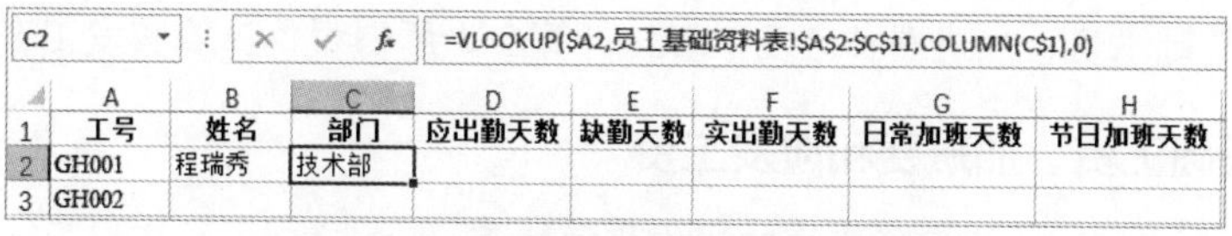

图 7-11　根据工号提取员工所属的部门

（7）选择 B2 和 C2 单元格，然后将光标指向 C2 单元格的右下角填充柄，当光标变为十字形时双击，将这两个单元格中的公式复制到 B11 和 C11 单元格，提取出其他员工的姓名和部门，如图 7-12 所示。

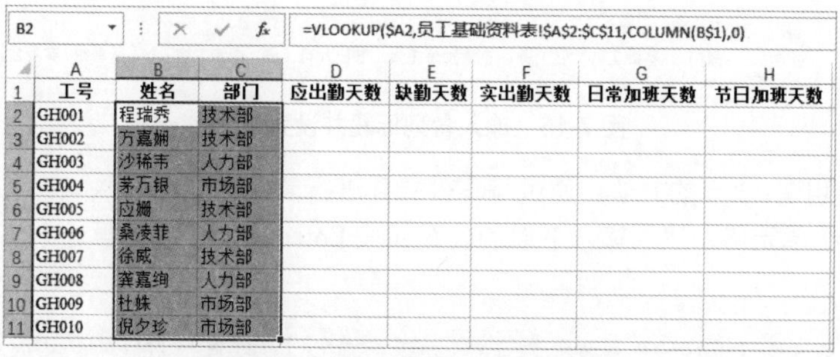

图 7-12　提取其他员工的姓名和部门

（8）在 D、E、G 和 H 列中输入员工的相关信息。然后单击 F2 单元格，输入下面的公式并按 Enter 键，计算出第一个员工的实际出勤天数，如图 7-13 所示。

```
=D2-E2
```

图 7-13　计算第一个员工的实际出勤天数

（9）双击 F2 单元格右下角的填充柄，将该单元格中的公式复制到 F11 单元格，计算出其他员工的实际出勤天数。选择 A ～ H 列，将光标指向任意两列之间的分隔线，当光标变为左右箭头时双击，自动根据内容的多少调整各列的宽度，如图 7-14 所示。

	A	B	C	D	E	F	G	H
1	工号	姓名	部门	应出勤天数	缺勤天数	实出勤天数	日常加班天数	节日加班天数
2	GH001	程瑞秀	技术部	22	5	17	2	
3	GH002	方嘉娴	技术部	22		22	3	2
4	GH003	沙稀韦	人力部	22		22		
5	GH004	茅万银	市场部	22	2	20		1
6	GH005	应姗	技术部	22	1	21		2
7	GH006	桑凌菲	人力部	22		22	5	
8	GH007	徐威	技术部	22	3	19	3	3
9	GH008	龚嘉绚	人力部	22	1	21		
10	GH009	杜姝	市场部	22		22	1	2
11	GH010	倪夕珍	市场部	22	2	20		1

图 7-14　制作完成的员工当月信息表

7.2　创建工资明细表

有了前面制作好的 3 张表，接下来就可以计算员工的工资了。本节将工资的计算过程分为 3 个部分：计算基础工资、加班费和应发工资、计算个人所得税、计算实发工资和各项合计。

7.2.1　计算基础工资、加班费和应发工资

计算基础工资、加班费和应发工资的操作步骤如下：

（1）以 7.1.3 节的员工当月信息表为基础，在其所在的工作簿中添加一个新的工作表，将其名称设置为“工资明细表”。

（2）在 A1:H1 单元格区域中输入各列的标题，为它们设置加粗格式和居中对齐，并调整标题不能完整显示的列的宽度，如图 7-15 所示。

	A	B	C	D	E	F	G	H	I	J	K
1	工号	姓名	部门	基础工资	日工资	正常加班工资	节日加班工资	应发工资	个人所得税	实发合计	
2											

图 7-15　输入各列标题并设置格式

（3）可以使用 7.1.3 节的方法，通过编写公式并进行复制来自动输入 A ～ C 列中的数据。

（4）单击 D2 单元格，然后输入下面的公式并按 Enter 键，计算出第一个员工的基础工资，如图 7-16 所示。

```
=ROUND(VLOOKUP(A2,员工基础资料表!$A$1:$D$11,4,0)/VLOOKUP(A2,员工当月信息表!$A$1:$F$11,4,0)*VLOOKUP(A2,员工当月信息表!$A$1:$F$11,6,0),2)
```

D2　=ROUND(VLOOKUP(A2,员工基础资料表!$A$1:$D$11,4,0)/VLOOKUP(A2,员工当月信息表!$A$1:$F$11,4,0)*VLOOKUP(A2,员工当月信息表!$A$1:$F$11,6,0),2)

	A	B	C	D	E	F	G	H	I	J	K	L	M	N	O	P
1	工号	姓名	部门	基础工资	日工资	正常加班工资	节日加班工资	应发工资	个人所得税	实发合计						
2	GH001	程瑞秀	技术部	2318.18												
3	GH002	方嘉娴	技术部													

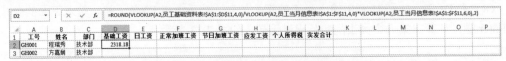

图 7-16　计算第一个员工的基础工资

公式说明：公式中使用了 3 个 VLOOKUP 函数，第 1 个 VLOOKUP 函数用于从员工基础资料表中提取相应工号的员工的基础工资，第 2 个 VLOOKUP 函数用于从员工当月信息表中提取相应工号的员工的应出勤天数，第 3 个 VLOOKUP 函数用于从员工当月信息表中提取相应工号的员工的实出勤天数，然后使用基础工资 ÷ 应出勤天数 × 实际出勤天数即可得到真正的基础工资。

交叉参考：有关 ROUND 和 VLOOKUP 函数的详细内容，请参考本书第 3 章。

（5）双击 D2 单元格右下角的填充柄，将该单元格中的公式复制到 D11 单元格，计算出其

他员工的基础工资。

（6）单击 E2 单元格，然后输入下面的公式并按 Enter 键，计算出第一个员工的日工资，再将该公式向下复制到 E11 单元格，计算出其他员工的日工资，如图 7-17 所示。

```
=ROUND(VLOOKUP(A2,员工基础资料表!$A$1:$D$11,4,0)/VLOOKUP(A2,员工当月信息
表!$A$1:$F$11,4,0),2)
```

图 7-17　计算其他员工的日工资

（7）单击 F2 单元格，然后输入下面的公式并按 Enter 键，计算出第一个员工的正常加班工资，按日工资的 2 倍计算，如图 7-18 所示。

```
=VLOOKUP(A2,员工当月信息表!$A$1:$H$11,7,0)*E2*2
```

图 7-18　计算第一个员工的正常加班工资

（8）双击 F2 单元格右下角的填充柄，将该单元格中的公式复制到 F11 单元格，计算出其他员工的正常加班工资，如图 7-19 所示。

图 7-19　计算其他员工的正常加班工资

（9）单击 G2 单元格，然后输入下面的公式并按 Enter 键，计算出第一个员工的节日加班工资，按日工资的 3 倍计算，如图 7-20 所示。

```
=VLOOKUP(A2,员工当月信息表!$A$1:$H$11,8,0)*E2*3
```

图 7-20　计算第一个员工的节日加班工资

（10）双击 G2 单元格右下角的填充柄，将该单元格中的公式复制到 G11 单元格，计算出其他员工的节日加班工资，如图 7-21 所示。

图 7-21 计算其他员工的节日加班工资

（11）单击 H2 单元格，然后输入下面的公式并按 Enter 键，计算出第一个员工的应发工资，如图 7-22 所示。

```
=D2+F2+G2
```

图 7-22 计算第一个员工的应发工资

（12）双击 H2 单元格右下角的填充柄，将该单元格中的公式复制到 H11 单元格，计算出其他员工的应发工资，如图 7-23 所示。

图 7-23 计算其他员工的应发工资

7.2.2 计算个人所得税

个人所得税的计算公式如下：

个人所得税 = 应纳税所得额 × 税率 - 速算扣除数

应纳税所得额 = 应发工资 - 5 000

以 7.2.1 节的工资明细表为基础，计算个人所得税的操作步骤如下：

（1）单击 I2 单元格，然后输入下面的公式并按 Enter 键，计算出第一个员工的个人所得税，如图 7-24 所示。

```
=ROUND(IF(H2-5000>0,(H2-5000)*LOOKUP((H2-5000),个人所得税税率表!$C$3:$D$9)-
LOOKUP((H2-5000),个人所得税税率表!$C$3:$E$9),0),2)
```

图 7-24　计算第一个员工的个人所得税

公式说明： 公式中使用了两个 LOOKUP 函数，根据应纳税所得额，分别从个人所得税税率表中提取对应的税率和速算扣除数。公式中的 H2-5000 计算出的是应纳税所得额。LOOKUP 函数只使用了两个参数，表示在第二个参数的第一列查找值，然后返回该参数最后一列对应的数据，因此，在查找税率和速算扣除数时，LOOKUP 函数第二个参数的区域范围有所不同。

交叉参考： 有关 ROUND、IF 和 LOOKUP 函数的详细内容，请参考本书第 3 章。

（2）双击 I2 单元格右下角的填充柄，将该单元格中的公式复制到 I11 单元格，计算出其他员工的个人所得税，如图 7-25 所示。

图 7-25　计算其他员工的个人所得税

7.2.3　计算实发工资和各项合计

以 7.2.2 节的工资明细表为基础，计算实发工资和各项合计的操作步骤如下：

（1）单击 J2 单元格，然后输入下面的公式并按 Enter 键，计算出第一个员工的实发工资，如图 7-26 所示。

```
=H2-I2
```

图 7-26　计算第一个员工的实发工资

（2）双击 J2 单元格右下角的填充柄，将该单元格中的公式复制到 J11 单元格，计算出其他员工的实发工资，如图 7-27 所示。

J2 =H2-I2

	A	B	C	D	E	F	G	H	I	J	K
1	工号	姓名	部门	基础工资	日工资	正常加班工资	节日加班工资	应发工资	个人所得税	实发合计	
2	GH001	程瑞秀	技术部	2318.18	136.36	545.44	0	2863.62	0	2863.62	
3	GH002	方嘉娴	技术部	7800	354.55	2127.3	2127.3	12054.6	495.46	11559.14	
4	GH003	沙稀韦	人力部	5600	254.55	0	0	5600	18	5582	
5	GH004	茅万银	市场部	3454.55	172.73	0	518.19	3972.74	0	3972.74	
6	GH005	应姗	技术部	6013.64	286.36	0	1718.16	7731.8	81.95	7649.85	
7	GH006	桑凌菲	人力部	6600	300	3000	0	9600	250	9350	
8	GH007	徐威	技术部	6650	350	2100	3150	11900	480	11420	
9	GH008	龚嘉绚	人力部	4963.64	236.36	0	0	4963.64	0	4963.64	
10	GH009	杜姝	市场部	7000	318.18	636.36	1909.08	9545.44	244.54	9300.9	
11	GH010	倪夕珍	市场部	6636.36	331.82	0	995.46	7631.82	78.95	7552.87	

图 7-27 计算其他员工的实发工资

（3）选择 A12:C12 单元格区域，在功能区“开始”|“对齐方式”组中单击“合并后居中”按钮，将这 3 个单元格合并到一起，然后在合并后的单元格中输入“合计”。

（4）单击 D12 单元格，然后输入下面的公式并按 Enter 键，计算出所有员工的基础工资总和，如图 7-28 所示。

```
=SUM(D2:D11)
```

D12 =SUM(D2:D11)

	A	B	C	D	E
1	工号	姓名	部门	基础工资	日工资
2	GH001	程瑞秀	技术部	2318.18	136.36
3	GH002	方嘉娴	技术部	7800	354.55
4	GH003	沙稀韦	人力部	5600	254.55
5	GH004	茅万银	市场部	3454.55	172.73
6	GH005	应姗	技术部	6013.64	286.36
7	GH006	桑凌菲	人力部	6600	300
8	GH007	徐威	技术部	6650	350
9	GH008	龚嘉绚	人力部	4963.64	236.36
10	GH009	杜姝	市场部	7000	318.18
11	GH010	倪夕珍	市场部	6636.36	331.82
12	合计			57036.37	

图 7-28 计算所有员工的基础工资总和

交叉参考：有关 SUM 函数的详细内容，请参考本书第 3 章。

（5）将光标指向 D12 单元格的右下角填充柄，当光标变为十字形时向右拖动，将 D12 单元格中的公式复制到 J12 单元格，计算出其他各项工资的总和，如图 7-29 所示。

	A	B	C	D	E	F	G	H	I	J
1	工号	姓名	部门	基础工资	日工资	正常加班工资	节日加班工资	应发工资	个人所得税	实发合计
2	GH001	程瑞秀	技术部	2318.18	136.36	545.44	0	2863.62	0	2863.62
3	GH002	方嘉娴	技术部	7800	354.55	2127.3	2127.3	12054.6	495.46	11559.14
4	GH003	沙稀韦	人力部	5600	254.55	0	0	5600	18	5582
5	GH004	茅万银	市场部	3454.55	172.73	0	518.19	3972.74	0	3972.74
6	GH005	应姗	技术部	6013.64	286.36	0	1718.16	7731.8	81.95	7649.85
7	GH006	桑凌菲	人力部	6600	300	3000	0	9600	250	9350
8	GH007	徐威	技术部	6650	350	2100	3150	11900	480	11420
9	GH008	龚嘉绚	人力部	4963.64	236.36	0	0	4963.64	0	4963.64
10	GH009	杜姝	市场部	7000	318.18	636.36	1909.08	9545.44	244.54	9300.9
11	GH010	倪夕珍	市场部	6636.36	331.82	0	995.46	7631.82	78.95	7552.87
12	合计			57036.37	2740.91	8409.1	10418.19	75863.66	1648.9	74214.76

图 7-29 计算其他各项工资的总和

7.3 创建银行发放表

如今的大多数企业都是通过银行来向员工发放工资，因此，本节将介绍银行发放表的制作方法，对于通过银行代发工资的企业来说会非常有用。创建银行发放表的操作步骤如下：

（1）以 7.2 节的工资明细表为基础，在其所在的工作簿中添加一个新的工作表，将其名称设置为"银行发放表"。

（2）在 A1:D1 单元格区域中输入各列的标题，并为它们设置加粗格式和居中对齐，如图 7-30 所示。

图 7-30　输入各列标题并设置格式

（3）单击 A2 单元格，输入下面的公式并按 Enter 键，从员工基础资料表中提取出第一个员工的工号。然后将该公式向下复制到 A11 单元格，提取其他员工的工号，如图 7-31 所示。

```
=员工基础资料表!A2
```

图 7-31　使用公式提取并输入员工的工号

（4）单击 B2 单元格，输入下面的公式，根据 A2 单元格中的工号，从员工基础资料表中提取出对应的员工姓名。然后将该公式向下复制到 B11 单元格，提取其他员工的姓名，如图 7-32 所示。

```
=VLOOKUP(A2,员工基础资料表!$A$1:$B$11,2,0)
```

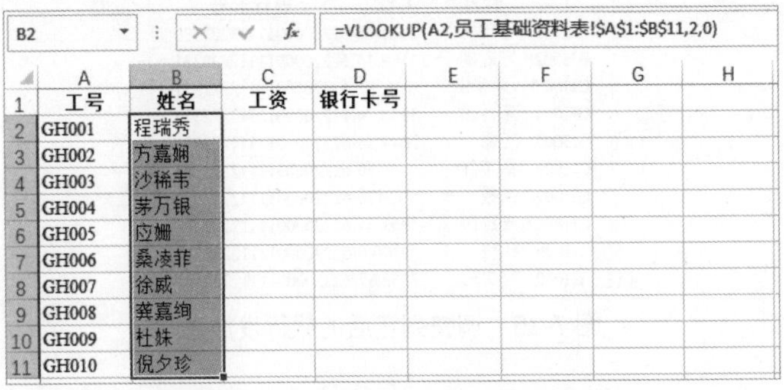

图 7-32　根据工号提取员工的姓名

（5）单击 C2 单元格，输入下面的公式，根据 A2 单元格中的工号，从工资明细表中提取出对应的工资。然后将该公式向下复制到 C11 单元格，提取其他员工的工资，如图 7-33 所示。

```
=VLOOKUP(A2,工资明细表!$A$1:$J$11,10,0)
```

C2 =VLOOKUP(A2,工资明细表!$A$1:$J$11,10,0)

	A	B	C	D	E	F	G	H
1	工号	姓名	工资	银行卡号				
2	GH001	程瑞秀	2863.62					
3	GH002	方嘉娴	11559.14					
4	GH003	沙稀韦	5582					
5	GH004	茅万银	3972.74					
6	GH005	应姗	7649.85					
7	GH006	桑凌菲	9350					
8	GH007	徐威	11420					
9	GH008	龚嘉绚	4963.64					
10	GH009	杜姝	9300.9					
11	GH010	倪夕珍	7552.87					

图 7-33　根据工号提取员工的工资

（6）单击 D2 单元格，输入下面的公式，根据 A2 单元格中的工号，从员工基础资料表中提取出对应的银行卡号。然后将该公式向下复制到 D11 单元格，提取其他员工的银行卡号，如图 7-34 所示。

```
=VLOOKUP(A2,员工基础资料表!$A$1:$E$11,5,0)
```

D2 =VLOOKUP(A2,员工基础资料表!$A$1:$E$11,5,0)

	A	B	C	D	E	F	G	H
1	工号	姓名	工资	银行卡号				
2	GH001	程瑞秀	2863.62	6222000011112222330				
3	GH002	方嘉娴	11559.14	6222000011112222331				
4	GH003	沙稀韦	5582	6222000011112222332				
5	GH004	茅万银	3972.74	6222000011112222333				
6	GH005	应姗	7649.85	6222000011112222334				
7	GH006	桑凌菲	9350	6222000011112222335				
8	GH007	徐威	11420	6222000011112222336				
9	GH008	龚嘉绚	4963.64	6222000011112222337				
10	GH009	杜姝	9300.9	6222000011112222338				
11	GH010	倪夕珍	7552.87	6222000011112222339				

图 7-34　根据工号提取员工的银行卡号

（7）选择 A ～ D 列，将光标指向任意两列之间的分隔线，当光标变为左右箭头时双击，自动根据内容的多少调整各列的宽度，如图 7-35 所示。

	A	B	C	D
1	工号	姓名	工资	银行卡号
2	GH001	程瑞秀	2863.62	6222000011112222330
3	GH002	方嘉娴	11559.14	6222000011112222331
4	GH003	沙稀韦	5582	6222000011112222332
5	GH004	茅万银	3972.74	6222000011112222333
6	GH005	应姗	7649.85	6222000011112222334
7	GH006	桑凌菲	9350	6222000011112222335
8	GH007	徐威	11420	6222000011112222336
9	GH008	龚嘉绚	4963.64	6222000011112222337
10	GH009	杜姝	9300.9	6222000011112222338
11	GH010	倪夕珍	7552.87	6222000011112222339

图 7-35　调整列宽后的银行发放表

7.4　创建工资条

在 Excel 中可以通过复制和粘贴的方法，为每个员工创建工资条。利用 Excel 中的公式和函数则可以自动生成工资条，不但效率高，而且还可以避免出错。创建工资条的操作步骤如下：

（1）以 7.3 节的银行发放表为基础，在其所在的工作簿中添加一个新的工作表，将其名称设置为“工资条”。

（2）单击 A1 单元格，然后输入下面的公式并按 Enter 键，提取出第一个列标题，如图 7-36 所示。

```
=IF(MOD(ROW(),3)=0,"",IF(MOD(ROW(),3)=1,工资明细表!A$1,INDEX(工资明细表!$A:$J,INT((ROW()-1)/3)+2,COLUMN())))
```

图 7-36　提取第一个列标题

公式说明：最外层的 IF 函数用于判断当前行是否是 3 的倍数，如果是，则返回空文本，以便确保第 3、6、9 等行都是空行；如果不是，则返回内层的 IF 函数的内容。内层的 IF 函数判断当前行号除以 3 的余数是否为 1，如果是，则返回工资明细表的标题行，以便确保第 1、4、7 等行都是标题行；如果不是，则说明当前行是第 2、5、8 等行，此时使用 INDEX 函数返回工资明细表 A:J 列中特定位置上的数据，该数据的行位置由 INT((ROW()-1)/3)+2 确定，列位置由 COLUMN() 决定。如果当前行是第 2 行，则 INT((ROW()-1)/3)+2 的结果为 2；如果当前行为 5，则 INT((ROW()-1)/3)+2 的结果为 3；如果当前行为 8，则 INT((ROW()-1)/3)+2 的结果为 4，以此类推，这样就从工资明细表的第 2 行开始，逐行提取数据到工资条的第 2、5、8 等行。

交叉参考：有关 IF、ROW、COLUMN 和 INDEX 函数的详细内容，请参考本书第 3 章。

（3）将光标指向 A1 单元格的右下角填充柄，当光标变为十字形时向右拖动，将 A1 单元格中的公式复制到 J1 单元格，提取出其他列标题，如图 7-37 所示。

A1				fx	=IF(MOD(ROW(),3)=0,"",IF(MOD(ROW(),3)=1,工资明细表!A$1,INDEX(工资明细表!$A:$J,INT((ROW()-1)/3)+2,COLUMN())))							
	A	B	C	D	E	F	G	H	I	J	K	L	M	N
1	工号	姓名	部门	基础工资	日工资	正常加班工	节日加班工	应发工资	个人所得税	实发合计				
2														

图 7-37　提取其他列标题

（4）选择 A1:J1 单元格区域，向下拖动 J1 单元格右下角的填充柄，将该区域中的公式复制到 A29:J29，提取出所有员工的工资信息，如图 7-38 所示。

	A	B	C	D	E	F	G	H	I	J
1	工号	姓名	部门	基础工资	日工资	正常加班工	节日加班工	应发工资	个人所得税	实发合计
2	GH001	程瑞秀	技术部	2318.18	136.36	545.44	0	2863.62	0	2863.62
3										
4	工号	姓名	部门	基础工资	日工资	正常加班工	节日加班工	应发工资	个人所得税	实发合计
5	GH002	方嘉娴	技术部	7800	354.55	2127.3	2127.3	12054.6	495.46	11559.14
6										
7	工号	姓名	部门	基础工资	日工资	正常加班工	节日加班工	应发工资	个人所得税	实发合计
8	GH003	沙稀韦	人力部	5600	254.55	0	0	5600	18	5582
9										
10	工号	姓名	部门	基础工资	日工资	正常加班工	节日加班工	应发工资	个人所得税	实发合计
11	GH004	茅万银	市场部	3454.55	172.73	0	518.19	3972.74	0	3972.74
12										
13	工号	姓名	部门	基础工资	日工资	正常加班工	节日加班工	应发工资	个人所得税	实发合计
14	GH005	应姗	技术部	6013.64	286.36	0	1718.16	7731.8	81.95	7649.85
15										
16	工号	姓名	部门	基础工资	日工资	正常加班工	节日加班工	应发工资	个人所得税	实发合计
17	GH006	桑凌菲	人力部	6600	300	3000	0	9600	250	9350
18										
19	工号	姓名	部门	基础工资	日工资	正常加班工	节日加班工	应发工资	个人所得税	实发合计
20	GH007	徐威	技术部	6650	350	2100	3150	11900	480	11420
21										
22	工号	姓名	部门	基础工资	日工资	正常加班工	节日加班工	应发工资	个人所得税	实发合计
23	GH008	龚嘉绚	人力部	4963.64	236.36	0	0	4963.64	0	4963.64
24										
25	工号	姓名	部门	基础工资	日工资	正常加班工	节日加班工	应发工资	个人所得税	实发合计
26	GH009	杜姝	市场部	7000	318.18	636.36	1909.08	9545.44	244.54	9300.9
27										
28	工号	姓名	部门	基础工资	日工资	正常加班工	节日加班工	应发工资	个人所得税	实发合计
29	GH010	倪夕珍	市场部	6636.36	331.82	0	995.46	7631.82	78.95	7552.87

图 7-38　提取所有员工的工资信息

（5）选择数据所在的区域，然后在功能区"开始"|"字体"组中单击边框按钮右侧的下拉按钮，在下拉菜单中单击"所有框线"命令，为选区添加边框，如图 7-39 所示。

▲	A	B	C	D	E	F	G	H	I	J
1	工号	姓名	部门	基础工资	日工资	正常加班工	节日加班工	应发工资	个人所得积	实发合计
2	GH001	程瑞秀	技术部	2318.18	136.36	545.44	0	2863.62	0	2863.62
3										
4	工号	姓名	部门	基础工资	日工资	正常加班工	节日加班工	应发工资	个人所得积	实发合计
5	GH002	方嘉娴	技术部	7800	354.55	2127.3	2127.3	12054.6	495.46	11559.14
6										
7	工号	姓名	部门	基础工资	日工资	正常加班工	节日加班工	应发工资	个人所得积	实发合计
8	GH003	沙稀韦	人力部	5600	254.55	0	0	5600	18	5582
9										
10	工号	姓名	部门	基础工资	日工资	正常加班工	节日加班工	应发工资	个人所得积	实发合计
11	GH004	茅万银	市场部	3454.55	172.73	0	518.19	3972.74	0	3972.74
12										
13	工号	姓名	部门	基础工资	日工资	正常加班工	节日加班工	应发工资	个人所得积	实发合计
14	GH005	应姗	技术部	6013.64	286.36	0	1718.16	7731.8	81.95	7649.85
15										
16	工号	姓名	部门	基础工资	日工资	正常加班工	节日加班工	应发工资	个人所得积	实发合计
17	GH006	桑凌菲	人力部	6600	300	3000	0	9600	250	9350
18										
19	工号	姓名	部门	基础工资	日工资	正常加班工	节日加班工	应发工资	个人所得积	实发合计
20	GH007	徐威	技术部	6650	350	2100	3150	11900	480	11420
21										
22	工号	姓名	部门	基础工资	日工资	正常加班工	节日加班工	应发工资	个人所得积	实发合计
23	GH008	龚嘉绚	人力部	4963.64	236.36	0	0	4963.64	0	4963.64
24										
25	工号	姓名	部门	基础工资	日工资	正常加班工	节日加班工	应发工资	个人所得积	实发合计
26	GH009	杜姝	市场部	7000	318.18	636.36	1909.08	9545.44	244.54	9300.9
27										
28	工号	姓名	部门	基础工资	日工资	正常加班工	节日加班工	应发工资	个人所得积	实发合计
29	GH010	倪夕珍	市场部	6636.36	331.82	0	995.46	7631.82	78.95	7552.87

图 7-39　为工资条添加边框

公式中的 MOD 函数用于计算两数相除的余数，语法如下：

```
MOD(number,divisor)
```

- number（必选）：表示被除数。
- divisor（必选）：表示除数。如果该参数为 0，MOD 函数将返回 #DIV/0! 错误值。

注意：MOD 函数的两个参数都必须为数值类型或可转换为数值的数据，否则 MOD 函数将返回 #VALUE! 错误值，MOD 函数的计算结果的正负号与除数相同。

公式中的 INT 函数用于将数字向下舍入到最接近的整数，无论原来是正数还是负数，舍入后都将得到小于原数字的最接近的整数，语法如下：

```
INT(number)
```

- number（必选）：要向下舍入取整的数字，可以是直接输入的数值或单元格引用。

注意：参数必须为数值类型或可转换为数值的数据，否则 INT 函数将返回 #VALUE! 错误值。

第8章
固定资产核算

固定资产核算是对固定资产的取得、折旧、清理等业务的核算，其中的折旧是指对固定资产使用过程中逐渐损耗的那部分价值，在其有效使用内进行分摊，形成折旧费用并计入当期成本。本章主要介绍使用 Excel 中的公式和函数对固定资产折旧进行计算的方法。

8.1 创建分类折旧表

开始计算固定资产折旧之前，应该先在一个独立的工作表中创建分类折旧年限，该表中的数据主要用于在计算折旧时查询设备的折旧年限。创建分类折旧表的操作步骤如下：

（1）新建一个 Excel 工作簿，双击 Sheet1 工作表标签，输入"分类折旧表"，然后按 Enter 键确认。

（2）在 A1 单元格中输入"工业企业固定资产分类折旧年限"，然后在 A2:B45 单元格区域中输入项目名称及对应的折旧年限，如图 8-1 所示。

（3）选择 A、B 两列，将光标指向 B、C 两列之间的分隔线，当光标变为左右箭头时双击，自动根据内容的多少调整 A、B 两列的宽度。

（4）选择 A1 和 B1 单元格，然后在功能区"开始"|"对齐方式"组中单击"合并后居中"按钮，将 A1 和 B1 合并起来，并使 A1 中的标题居中对齐，如图 8-2 所示。

图 8-1　输入项目及对应的折旧年限

图 8-2　合并 A1 和 B1 单元格并使标题跨单元格居中

（5）保持 A1 单元格的选中状态，在功能区"开始"|"字体"组中单击"加粗"按钮，然

后将字号设置为 16，如图 8-3 所示。

（6）选择以"一""二""三"开头的行，即选择 A2:B2、A16:B16 和 A36:B36，先选择其中任意一个，然后按住 Ctrl 键再选择其他两个，这样将同时选中这 3 个区域。然后在功能区"开始"|"字体"组中单击"填充色"按钮右侧的下拉按钮，在打开的颜色列表中选择一种背景色，如选择"灰色"，如图 8-4 所示。

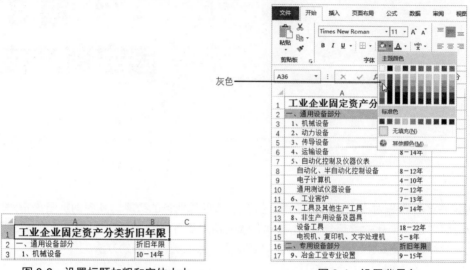

图 8-3　设置标题加粗和字体大小　　　　　图 8-4　设置背景色

交叉参考：有关设置单元格格式的详细内容，请参考本书第 2 章。

（7）单击 A1 单元格，按 Ctrl+A 组合键，选中整个数据区域，然后在功能区"开始"|"字体"组中单击"边框"按钮右侧的下拉按钮，在下拉菜单中单击"所有边框"命令，为数据区域添加边框，如图 8-5 所示。

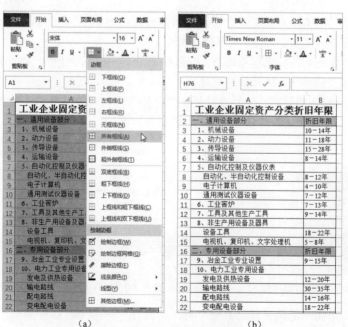

（a）　　　　　　　　　　　　（b）

图 8-5　为数据区域添加边框

（8）使用类似的方法，在 D1:E40 单元格区域中输入另一组项目及对应的折旧年限，并为其设置格式，结果如图 8-6 所示。

	A	B	C	D	E
1	工业企业固定资产分类折旧年限			商业流通企业固定资产分类折旧年限	
2	一、通用设备部分	折旧年限		一、通用设备分类	折旧年限
3	1、机械设备	10－14年		1、机械设备	10－14年
4	2、动力设备	11－18年		2、动力设备	11－18年
5	3、传导设备	15－28年		3、传导设备	15－28年
6	4、运输设备	8－14年		4、运输设备	8－14年
7	5、自动化控制及仪器仪表			5、自动化、半自动化控制设备	8－12年
8	自动化、半自动化控制设备	8－12年		电子计算机	4－10年
9	电子计算机	4－10年		空调器、空气压缩机、电器设备	10－15年
10	通用测试仪器设备	7－12年		通用测试仪器设备	7－12年
11	6、工业窑炉	7－13年		传真机、电传机、移动无线电话	5－10年
12	7、工具及其他生产工具	9－14年		电视机、复印机、文字处理机	5－8年
13	8、非生产用设备及器具			音响、录（摄）像机	10－15年
14	设备工具	18－22年		二、专用设备分类	折旧年限
15	电视机、复印机、文字处理机	5－8年		1、营业柜台、货架	3－6年
16	二、专用设备部分	折旧年限		2、加工设备	10－15年
17	9、冶金工业专业设置	9－15年		3、油池、油罐	4－14年
18	10、电力工业专用设备			4、制冷设备	10－15年

图 8-6　输入第二组项目及对应的折旧年限

8.2　创建固定资产台账表

固定资产台账表用于登记固定资产的购入日期、名称、类别、使用部门、原值、耐用年限、残值率、残值、年折旧额和月折旧额等信息。本节将介绍在 Excel 中创建固定资产台账表的方法。

8.2.1　使用公式和数据验证功能自动输入编号、使用部门和资产类别

首先输入固定资产台账表中的基础数据，操作步骤如下：

（1）以 8.1 节的分类折旧表为基础，在其所在的工作簿中添加一个新的工作表，将其名称设置为"固定资产台账表"。

（2）在 A1:L1 单元格区域中输入各列的标题，并为它们设置加粗格式和居中对齐，如图 8-7 所示。

	A	B	C	D	E	F	G	H	I	J	K	L	M
1	编号	使用部门	资产类别	名称	计量单位	始用日期	原值	耐用年限	残值率	残值	年折旧额	月折旧额	
2													

图 8-7　输入各列标题并设置格式

（3）选择 B2:B10 单元格区域，然后在功能区"数据"|"数据工具"组中单击"数据验证"按钮，打开"数据验证"对话框。在"设置"选项卡的"允许"下拉列表中选择"序列"，然后在"来源"文本框输入"生产车间,管理部门"，如图 8-8 所示。

（4）单击"确定"按钮，为 B2:B10 单元格区域设置数据验证。单击该区域中的任意一个单元格，然后单击单元格右侧的下拉按钮，可以在打开的下拉列表中选择使用资产的部门，如图 8-9 所示。

（5）使用类似的方法，为 C2:C10 单元格区域设置数据验证，在"数据验证"对话框的"来源"文本框中输入"电子设备,机械设备,运输设备,房屋建筑物"，如图 8-10 所示。

（6）单击"确定"按钮，为 C2:C10 单元格区域设置数据验证。单击该区域中的任意一个单元格，然后单击单元格右侧的下拉按钮，可以在打开的下拉列表中选择资产类别，如图 8-11 所示。

图 8-8　设置数据验证

图 8-9　从下拉列表中选择使用资产的部门

图 8-10　设置数据验证

图 8-11　从下拉列表中选择资产类别

（7）在 B、C 两列中输入资产的使用部门和类别。然后单击 A2 单元格，输入下面的公式并按 Enter 键，输入 B2 单元格中的部门在同部门中的编号，如图 8-12 所示。

```
=SUMPRODUCT(($B$2:B2=B2)*1)
```

（8）将光标指向 A2 单元格的右下角填充柄，当光标变为十字形时双击，将 A2 单元格中的公式向下复制到 A10 单元格，计算出 B 列其他部门对应的编号，每个部门都从 1 开始编号，如图 8-13 所示。

图 8-12　通过公式输入部门编号

	A	B	C
1	编号	使用部门	资产类别
2	1	生产车间	房屋建筑物
3	1	管理部门	电子设备
4	2	管理部门	电子设备
5	2	生产车间	运输设备
6	3	生产车间	机械设备
7	3	管理部门	电子设备
8	4	生产车间	机械设备
9	4	管理部门	运输设备
10	5	管理部门	电子设备

图 8-13　通过公式自动计算出其他部门的编号

（9）输入其他基础数据，如图 8-14 所示。

图 8-14　输入其他基础数据

公式中的 SUMPRODUCT 函数用于计算给定的几组数组中对应元素的乘积之和，即先将数组间对应的元素相乘，然后计算所有乘积之和，语法如下：

```
SUMPRODUCT(array1,[array2],[array3],…)
```

- array1（必选）：要参与计算的第 1 个数组。如果只为 SUMPRODUCT 函数提供了一个参数，则该函数将返回参数中各元素之和。
- array2,array3,…（可选）：要参与计算的第 2 ～ 255 个数组。

注意：参数中非数值型的数组元素会被 SUMPRODUCT 函数当作 0 处理，各数组的维数必须相同，否则 SUMPRODUCT 函数将返回 #VALUE! 错误值。

8.2.2　计算残值、年折旧额和月折旧额

计算残值、年折旧额和月折旧额的操作步骤如下：

（1）打开 8.2.1 节创建的固定资产台账表，单击 J2 单元格，然后输入下面的公式并按 Enter 键，计算出第一个资产的残值，如图 8-15 所示。

```
=ROUND(G2*I2,2)
```

图 8-15　计算第一个资产的残值

交叉参考：有关 ROUND 函数的详细内容，请参考本书第 3 章。

（2）将光标指向 J3 单元格的右下角填充柄，当光标变为十字形时双击，将 J3 单元格中的公式向下复制到 J10 单元格，计算出其他资产的残值，如图 8-16 所示。

图 8-16　计算其他资产的残值

（3）单击 K2 单元格，然后输入下面的公式并按 Enter 键，计算出第一个资产的年折旧额，

如图 8-17 所示。

```
=ROUND(SLN(G2,J2,H2),2)
```

图 8-17　计算第一个资产的年折旧额

（4）将光标指向 K3 单元格的右下角填充柄，当光标变为十字形时双击，将 K3 单元格中的公式向下复制到 K10 单元格，计算出其他资产的年折旧额，然后将 K2:K10 单元格区域的数字格式设置为"常规"，如图 8-18 所示。

G 原值	H 耐用年限	I 残值率	J 残值	K 年折旧额
300000	30	5%	15000	9500
2500	6	5%	125	395.83
5500	6	5%	275	870.83
90000	10	5%	4500	8550
50000	10	5%	2500	4750
5500	6	5%	275	870.83
4000	10	5%	200	380
350000	10	5%	17500	33250
2500	6	5%	125	395.83

图 8-18　计算其他资产的年折旧额

（5）单击 L2 单元格，然后输入下面的公式并按 Enter 键，计算出第一个资产的月折旧额，如图 8-19 所示。

```
=ROUND(K2/12,2)
```

图 8-19　计算第一个资产的月折旧额

（6）将光标指向 L3 单元格的右下角填充柄，当光标变为十字形时双击，将 L3 单元格中的公式向下复制到 L10 单元格，计算出其他资产的月折旧额。

（7）选择 A ～ L 列，将光标指向任意两列之间的分隔线，当光标变为左右箭头时双击，根据内容的多少自动调整各列的宽度，如图 8-20 所示。

	A 编号	B 使用部门	C 资产类别	D 名称	E 计量单位	F 始用日期	G 原值	H 耐用年限	I 残值率	J 残值	K 年折旧额	L 月折旧额
1												
2	1	生产车间	房屋建筑物	车间	座	2017/3/15	300000	30	5%	15000	9500	791.67
3	1	管理部门	电子设备	空调	台	2017/5/20	2500	6	5%	125	395.83	32.99
4	2	管理部门	电子设备	电脑	台	2017/5/20	5500	6	5%	275	870.83	72.57
5	2	生产车间	运输设备	卡车	辆	2017/5/30	90000	10	5%	4500	8550	712.5
6	3	生产车间	机械设备	数控机床	台	2017/5/30	50000	10	5%	2500	4750	395.83
7	3	生产车间	电子设备	电脑	台	2017/6/10	5500	6	5%	275	870.83	72.57
8	4	生产车间	机械设备	配电柜	台	2017/6/15	4000	10	5%	200	380	31.67
9	4	管理部门	运输设备	奥迪车	辆	2017/6/20	350000	10	5%	17500	33250	2770.83
10	5	管理部门	电子设备	空调	台	2017/6/30	2500	6	5%	125	395.83	32.99

图 8-20　制作完成的固定资产台账表

公式中的 SLN 函数用于计算某项资产在一个期间中的线性折旧值，语法如下：

```
SLN(cost,salvage,life)
```

- cost（必选）：资产原值。
- salvage（必选）：资产在使用寿命结束时的残值。
- life（必选）：折旧期限，也可称为资产的使用寿命。

8.3　创建月折旧表

本节将基于 8.2 节制作好的固定资产台账表，创建一个日期为 2019 年 6 月的月折旧表，操作步骤如下：

（1）以 8.2 节的固定资产台账表为基础，在其所在的工作簿中添加一个新的工作表，将其名称设置为"月折旧表"。

（2）在 A1:O1 单元格区域中输入各列的标题，并为它们设置加粗格式和居中对齐，如图 8-21 所示。

图 8-21　输入各列标题并设置格式

（3）单击 A2 单元格，然后输入下面的公式并按 Enter 键，从固定资产台账表中引用第一个编号，如图 8-22 所示。

```
=固定资产台账表!A2
```

（4）将光标指向 A2 单元格的右下角填充柄，当光标变为十字形时向右拖动填充柄，将 A2 单元格中的公式复制到 D2 单元格，自动输入第一个资产的使用部门、资产类别和名称，如图 8-23 所示。

图 8-22　引用固定资产台账表中的第一个编号　图 8-23　输入第一个资产的使用部门、资产类别和名称

（5）选择 A2:D2 单元格区域，然后向下拖动 D2 单元格右下角的填充柄，将这 4 个单元格中的公式向下复制到 A10:D10 单元格区域，自动输入其他资产的编号、使用部门、资产类别和名称，如图 8-24 所示。

图 8-24　自动输入其他资产的编号、使用部门、资产类别和名称

（6）单击 E2 单元格，然后输入下面的公式并按 Enter 键，从固定资产台账表中引用第一个资产的上期原值，如图 8-25 所示。

E2 =固定资产台账表!G2

	A	B	C	D	E	F
1	编号	使用部门	资产类别	名称	上期原值	上期折旧
2	1	生产车间	房屋建筑物	车间	300000	
3	1	管理部门	电子设备	空调		
4	2	管理部门	电子设备	电脑		
5	2	生产车间	运输设备	卡车		
6	3	生产车间	机械设备	数控机床		
7	3	管理部门	电子设备	电脑		
8	4	生产车间	机械设备	配电柜		
9	4	管理部门	运输设备	奥迪车		
10	5	管理部门	电子设备	空调		

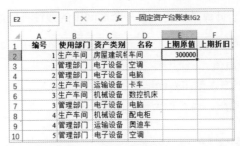

图 8-25　从固定资产台账表中引用第一个资产的上期原值

```
=固定资产台账表!G2
```

（7）将光标指向 E2 单元格的右下角填充柄，当光标变为十字形时双击，将 E2 单元格中的公式复制到 E10 单元格，自动输入其他资产的上期原值，如图 8-26 所示。

E2 =固定资产台账表!G2

	A	B	C	D	E	F
1	编号	使用部门	资产类别	名称	上期原值	上期折旧
2	1	生产车间	房屋建筑物	车间	300000	
3	1	管理部门	电子设备	空调	2500	
4	2	管理部门	电子设备	电脑	5500	
5	2	生产车间	运输设备	卡车	90000	
6	3	生产车间	机械设备	数控机床	50000	
7	3	管理部门	电子设备	电脑	5500	
8	4	生产车间	机械设备	配电柜	4000	
9	4	管理部门	运输设备	奥迪车	350000	
10	5	管理部门	电子设备	空调	2500	

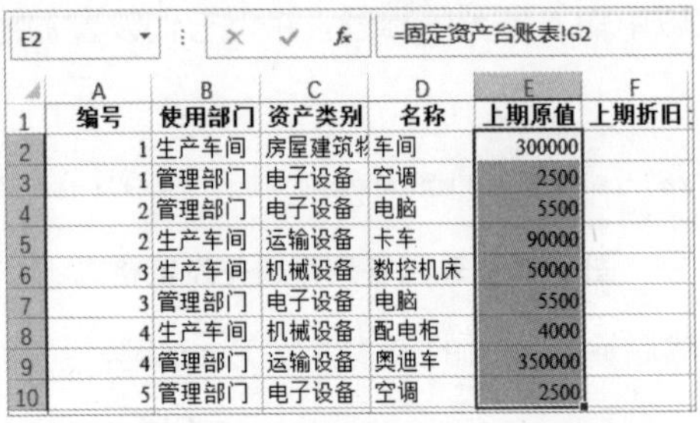

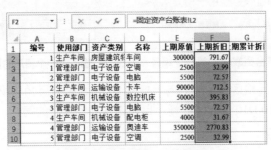

图 8-26　自动输入其他资产的上期原值

（8）单击 F2 单元格，然后输入下面的公式并按 Enter 键，将固定资产台账表中第一个资产的月折旧额引用到当前工作表的上期折旧中，并将该公式向下复制到 F10 单元格，如图 8-27 所示。

```
=固定资产台账表!L2
```

F2 =固定资产台账表!L2

	A	B	C	D	E	F	G
1	编号	使用部门	资产类别	名称	上期原值	上期折旧	上期累计折旧
2	1	生产车间	房屋建筑物	车间	300000	791.67	
3	1	管理部门	电子设备	空调	2500	32.99	
4	2	管理部门	电子设备	电脑	5500	72.57	
5	2	生产车间	运输设备	卡车	90000	712.5	
6	3	生产车间	机械设备	数控机床	50000	395.83	
7	3	管理部门	电子设备	电脑	5500	72.57	
8	4	生产车间	机械设备	配电柜	4000	31.67	
9	4	管理部门	运输设备	奥迪车	350000	2770.83	
10	5	管理部门	电子设备	空调	2500	32.99	

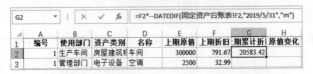

图 8-27　自动输入上期折旧

（9）单击 G2 单元格，然后输入下面的公式并按 Enter 键，计算出第一个资产的上期累计折旧，如图 8-28 所示。

```
=F2*--DATEDIF(固定资产台账表!F2,"2019/5/31","m")
```

G2 =F2*--DATEDIF(固定资产台账表!F2,"2019/5/31","m")

	A	B	C	D	E	F	G	H
1	编号	使用部门	资产类别	名称	上期原值	上期折旧	上期累计折旧	原值变化
2	1	生产车间	房屋建筑物	车间	300000	791.67	20583.42	
3	1	管理部门	电子设备	空调	2500	32.99		

图 8-28　计算第一个资产的上期累计折旧

交叉参考：有关 DATEDIF 函数的详细内容，请参考本书第 3 章。

（10）将光标指向 G2 单元格的右下角填充柄，当光标变为十字形时双击，将 G2 单元格中的公式复制到 G10 单元格，自动输入其他资产的上期累计折旧，如图 8-29 所示。

图 8-29　通过复制公式自动计算其他资产的上期累计折旧

（11）单击 K2 单元格，然后输入下面的公式并按 Enter 键，计算出第一个资产的本月折旧，如图 8-30 所示。

```
=F2+I2
```

图 8-30　计算第一个资产的本月折旧

（12）将光标指向 K2 单元格的右下角填充柄，当光标变为十字形时双击，将 K2 单元格中的公式复制到 K10 单元格，自动计算出其他资产的本月折旧，如图 8-31 所示。

图 8-31　计算其他资产的本月折旧

（13）单击 L2 单元格，输入下面的公式并按 Enter 键，计算出第一个资产的本月原值，然后将该公式向下复制到 L10 单元格，计算出其他资产的本月原值，如图 8-32 所示。

```
=E2+H2
```

（14）单击 M2 单元格，输入下面的公式并按 Enter 键，计算出第一个资产的本月累计折旧，然后将该公式向下复制到 M10 单元格，计算出其他资产的本月累计折旧，如图 8-33 所示。

```
=F2+G2+I2-J2
```

图 8-32　计算其他资产的本月原值

图 8-33　计算其他资产的本月累计折旧

（15）单击 N2 单元格，输入下面的公式并按 Enter 键，计算出第一个资产的本月净值，然后将该公式向下复制到 N10 单元格，计算出其他资产的本月净值，如图 8-34 所示。

```
=L2-M2
```

图 8-34　计算其他资产的本月净值

（16）单击 O2 单元格，输入下面的公式并按 Enter 键，计算出第一个到期提示的值，然后将该公式向下复制到 O10 单元格，计算出其他到期提示的值，如图 8-35 所示。

```
=L2-固定资产台账表!J2-M2
```

图 8-35　计算其他到期提示的值

（17）选择 A11:D11 单元格区域，然后在功能区"开始"|"对齐方式"组中单击"合并后居中"按钮，将该区域中的单元格合并到一起。

（18）单击 E11 单元格，然后输入下面的公式并按 Enter 键，计算 E 列中的上期原值的总和，如图 8-36 所示。

```
=SUM(E2:E10)
```

图 8-36　计算上期原值的总和

交叉参考：有关 SUM 函数的详细内容，请参考本书第 3 章。

（19）将光标指向 E11 单元格的右下角填充柄，当光标变为十字形时向右拖动填充柄，将 E11 单元格中的公式复制到 O11 单元格，对其他项进行求和，如图 8-37 所示。

A	B	C	D	E	F	G	H	I	J	K	L	M	N	O
编号	使用部门	资产类别	名称	上期原值	上期折旧	期累计折	原值变化	折旧变化	累积变化	本月折旧	本月原值	月累计折	本月净值	到期提示
1	生产车间	房屋建筑物	车间	300000	791.67	20583.42				791.67	300000	21375.09	278624.91	263624.91
1	管理部门	电子设备	空调	2500	32.99	791.76				32.99	2500	824.75	1675.25	1550.25
2	管理部门	电子设备	电脑	5500	72.57	1741.68				72.57	5500	1814.25	3685.75	3410.75
2	生产车间	运输设备	卡车	90000	712.5	17100				712.5	90000	17812.5	72187.5	67687.5
3	生产车间	机械设备	数控机床	50000	395.83	9499.92				395.83	50000	9895.75	40104.25	37604.25
3	管理部门	电子设备	电脑	5500	72.57	1669.11				72.57	5500	1741.68	3758.32	3483.32
4	生产车间	机械设备	配电柜	4000	31.67	728.41				31.67	4000	760.08	3239.92	3039.92
4	管理部门	运输设备	奥迪车	350000	2770.83	63729.09				2770.83	350000	66499.92	283500.08	266000.08
5	管理部门	电子设备	空调	2500	32.99	758.77				32.99	2500	791.76	1708.24	1583.24
		合计		810000	4913.62	116602.16	0	0	0	4913.62	810000	121515.78	688484.22	647984.22

图 8-37　对其他项进行求和

（20）选择 O2:O10 单元格区域，然后在功能区"开始"|"样式"组中单击"条件格式"按钮，在下拉菜单中单击"突出显示单元格规则"|"小于"命令，如图 8-38 所示。

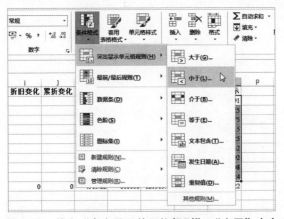

图 8-38　单击"突出显示单元格规则"|"小于"命令

（21）打开"小于"对话框，将左侧文本框设置为"=K2"，在右侧的下拉列表中选择一种颜色，这里设置为"浅红填充色深红色文本"，如图 8-39 所示。

图 8-39　设置条件格式

（22）单击"确定"按钮，关闭"小于"对话框。选择 A ～ O 列，将光标指向任意两列之间的分隔线，当光标变为左右箭头时双击，自动根据内容的多少调整各列的宽度，如图 8-40 所示。

	A	B	C	D	E	F	G	H	I	J	K	L	M	N	O
1	编号	使用部门	资产类别	名称	上期原值	上期折旧	上期累计折旧	原值变化	折旧变化	累折变化	本月折旧	本月原值	本月累计折旧	本月净值	到期提示
2	1	生产车间	房屋建筑物	车间	300000	791.67	20583.42				791.67	300000	21375.09	278624.91	263624.91
3	1	管理部门	电子设备	空调	2500	32.99	791.76				32.99	2500	824.75	1675.25	1550.25
4	2	管理部门	电子设备	电脑	5500	72.57	1741.68				72.57	5500	1814.25	3685.75	3410.75
5	2	生产车间	运输设备	卡车	90000	712.5	17100				712.5	90000	17812.5	72187.5	67687.5
6	3	生产车间	机械设备	数控机床	50000	395.83	9499.92				395.83	50000	9895.75	40104.25	37604.25
7	3	管理部门	电子设备	电脑	5500	72.57	1669.11				72.57	5500	1741.68	3758.32	3483.32
8	4	生产车间	机械设备	配电柜	4000	31.67	728.41				31.67	4000	760.08	3239.92	3039.92
9	4	管理部门	运输设备	奥迪车	350000	2770.83	63729.09				2770.83	350000	66499.92	283500.08	266000.08
10	5	管理部门	电子设备	空调	2500	32.99	758.77				32.99	2500	791.76	1708.24	1583.24
11			合计		810000	4913.62	116602.16	0	0	0	4913.62	810000	121515.78	688484.22	647984.22

图 8-40　制作完成的月折旧表

第 9 章
销售数据分析

定期对阶段性的销售数据进行统计和分析，是企业经营活动中的一项重要工作，不但可以及时地了解和总结当前的销售状况，还可以对未来的销售策略和计划进行调整，以适应日新月异的市场变化。本章将从 3 个方面来介绍对销售数据进行处理和分析的方法，包括销售费用预测分析、销售额分析和产销率分析。

9.1　销售费用预测分析

销售费用是指在销售过程中产生的一些费用，包括广告费、材料费、场地费、餐饮费、差旅费等。由于销售费用具有很多不确定的因素，因此通常较难控制。为了减少企业的销售成本，需要对销售费用进行严格控制。使用 Excel 中的公式、函数和图表，可以预测未来的销售费用，以便在更合理的范围内控制销售费用，创造出更大的利润空间。

9.1.1　使用公式和函数预测销售费用

使用 TREND 或 FORECAST 函数可以对销售费用进行预测，操作步骤如下：

（1）新建一个 Excel 工作簿，双击 Sheet1 工作表标签，输入"TREND 函数"，然后按 Enter 键确认。

（2）在 A1:B8 单元格区域中输入基础数据，A 列为 1～7 月，B 列为每月支出的销售费用，保持 B8 单元格为空，该单元格用于存放预测的数据，如图 9-1 所示。

	A	B
1	月份	销售费用
2	1月	12717
3	2月	13031
4	3月	25738
5	4月	17388
6	5月	20609
7	6月	29691
8	7月	

图 9-1　输入基础数据

（3）单击 B8 单元格，输入下面的公式并按 Enter 键，根据前 6 个月的销售费用，预测出 7
月份的销售费用，如图 9-2 所示。

```
=ROUND(TREND(B2:B7,--LEFT(A2:A7),--LEFT(A8)),0)
```

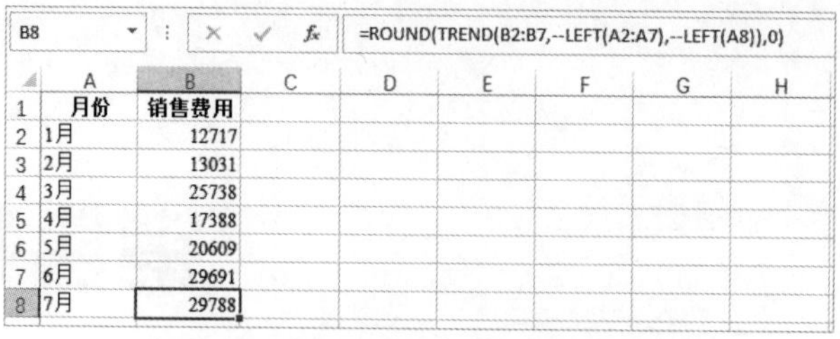

图 9-2　使用 TREND 函数预测销售费用

公式说明：TREND 函数的几个参数都必须使用数值类型的数据，而 A 列中的月份是掺杂
了"月"字的文本格式，因此使用 LEFT 函数提取 A 列每个单元格左侧的第一个字符，即月份
的数字，然后使用负负符号"--"将文本型数字转换为数值。TREND 函数的第三个参数，即 --
LEFT(A8) 部分的设置方法与此相同。

TREND 函数用于计算一条线性回归拟合线的值，即找到适合已知数组 known_y's 和
known_x's 的直线（最小二乘法），并返回指定数组 new_x's 在直线上对应的 y 值，语法如下：

```
TREND(known_y's,[known_x's],[new_x's],[const])
```

- known_y's（必选）：指定从属变量（因变量）的实测值，可以是数组或单元格区域。
- known_x's（可选）：指定独立变量（自变量）的实测值，可以是数组或单元格区域。如
  果省略该参数，则假设该参数为数组 {1,2,3,...}，其大小与 known_y's 参数相同。
- new_x's（可选）：要通过 TREND 函数返回对应 y 值的一组新的 x 值，可以是数组或单
  元格区域。如果省略该参数，则假设它与 known_x's 参数相同。如果同时省略 known_x's
  和 new_x's 参数，则假设它们为数组 {1,2,3,...}，其大小与 known_y's 参数相同。
- const（可选）：一个逻辑值，用于指定是否将常量 b 强制设置为 0。如果 const 参数为
  TRUE 或省略，b 将按正常计算；如果 const 参数为 FALSE，b 将被设置为 0，m 值将被
  调整以满足公式 y=mx。

注意：如果 known_y's 参数中的任何数小于或等于 0，TREND 函数将返回 #NUM! 错
误值。known_y's 和 known_x's 参数都必须为数值，如果是其他类型的值，TREND 函数将返
回 #VALUE! 错误值。如果 known_y's 和 known_x's 参数中有一个为空，TREND 函数将返回
#VALUE! 错误值。new_x's 参数中的第一个值必须为数值，如果是其他类型的值，TREND 函数
将返回 #VALUE! 错误值。

使用 FORECAST 函数也可以预测销售费用，操作步骤如下：

（4）复制前面制作完成的"TREND 函数"工作表，并将其名称修改为"FORECAST 函数"。

（5）在"FORECAST 函数"工作表中单击 B8 单元格，然后输入下面的公式并按 Enter 键，
预测出 7 月份的销售费用，与使用 TREND 函数进行预测的结果相同，如图 9-3 所示。

```
=ROUND(FORECAST(--LEFT(A8),B2:B7,--LEFT(A2:A7)),0)
```

交叉参考：有关 ROUND 和 LEFT 函数的详细内容，请参考本书第 3 章。

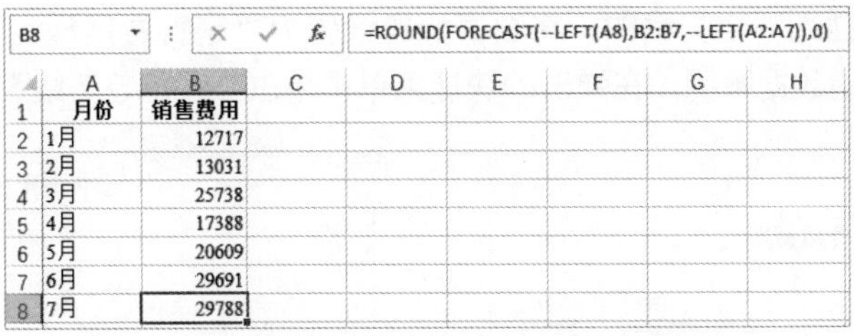

| B8 | | : | × | ✓ | fx | =ROUND(FORECAST(--LEFT(A8),B2:B7,--LEFT(A2:A7)),0) | | |

▲	A	B	C	D	E	F	G	H
1	月份	销售费用						
2	1月	12717						
3	2月	13031						
4	3月	25738						
5	4月	17388						
6	5月	20609						
7	6月	29691						
8	7月	29788						

图 9-3　使用 FORECAST 函数预测销售费用

FORECAST 函数用于根据已有的数值计算或预测未来值，该预测值为基于给定的 x 值推导出 y 值，已知的数值为已有的 x 值和 y 值，再利用线性回归对新值进行预测，语法如下：

```
FORECAST(x,known_y's,known_x's)
```

- x：要进行预测的数据点，可以是直接输入的数字或单元格引用。
- known_y's（必选）：指定从属变量（因变量）的实测值，可以是数组或单元格区域。
- known_x's（必选）：指定独立变量（自变量）的实测值，可以是数组或单元格区域。

注意：x 参数必须为数值类型或可转换为数值的数据，否则 FORECAST 函数将返回 #VALUE! 错误值。known_y's 和 known_x's 参数都必须为数值，其他类型的值都将被忽略。如果 known_y's 和 known_x's 参数包含的数据点的个数不同，FORECAST 函数将返回 #N/A 错误值。如果 known_y's 和 known_x's 参数中有一个为空，或者 known_y's 或 known_x's 参数包含的数据点的个数小于 2 个，FORECAST 函数将返回 #DIV/0! 错误值。如果 known_x's 参数的方差为 0，FORECAST 函数将返回 #DIV/0! 错误值。

9.1.2　使用图表预测销售费用

利用 Excel 中的图表来预测销售费用，使销售趋势更加清晰直观。以 9.1.1 节中的数据为基础，使用图表预测销售费用的操作步骤如下：

（1）选择 A1:B7 单元格区域，然后在功能区"插入"｜"图表"组中单击"插入折线图或面积图"按钮，在打开的列表中选择"折线图"，如图 9-4 所示。

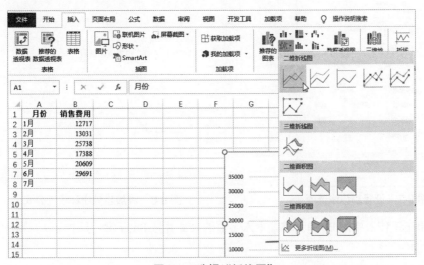

图 9-4　选择"折线图"

（2）在工作表中插入一个折线图，将图表标题设置为"销售费用预测"，如图9-5所示。

（3）右击图表中的数据系列，在弹出的快捷菜单中单击"添加趋势线"命令，如图9-6所示。

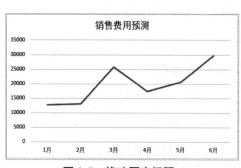

图9-5　修改图表标题

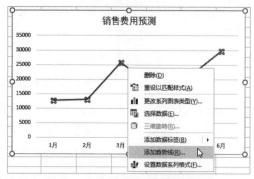

图9-6　单击"添加趋势线"命令

（4）打开"设置趋势线格式"窗格，在"趋势线选项"选项卡的"趋势线选项"类别中选中"线性"单选按钮，然后在下方选中"显示公式"复选框，如图9-7所示。

（5）关闭"设置趋势线格式"窗格，设置后的折线图如图9-8所示，添加了一条趋势线，并在趋势线附近显示一个线性公式。

```
y=2835.8x+9936.9
```

图9-7　设置趋势线选项

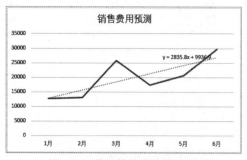

图9-8　添加趋势线和线性公式

（6）单击工作表中的 B8 单元格，输入下面的公式并按 Enter 键，预测出 7 月份的销售费用，如图9-9所示。

```
=ROUND(2835.8*LEFT(A8)+9936.9,0)
```

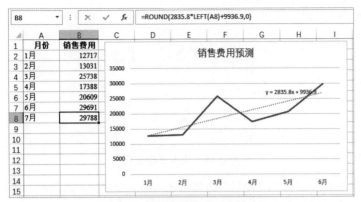

图 9-9　使用图表预测销售费用

交叉参考：有关图表的详细内容，请参考本书第 4 章。

9.1.3　制作可显示指定时间段内的销售费用图表

将销售费用绘制到图表中，可以直观了解和对比不同时间的销售费用情况。但是有时可能只关心某个时间段的销售费用情况，而不是所有时间的销售费用。如图 9-10 所示，图表中显示的销售费用由 E1 和 E2 单元格中的数字所对应的数据区域中的行数决定。通过控件调整 E1 和 E2 单元格中的值，图表中绘制的数据范围会自动更新。

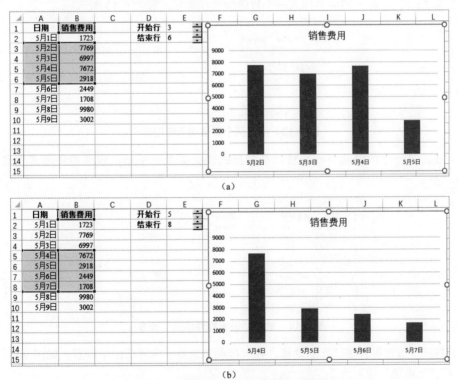

图 9-10　使用控件控制图表中显示的数据

借助控件，可以制作出由用户指定的时间段内的销售费用图表，操作步骤如下：

（1）新建一个工作簿，在 Sheet1 工作表的 A1:B10 单元格区域中输入基础数据。然后在 D1

和 D2 单元格中输入"开始行"和"结束行",如图 9-11 所示。

	A	B	C	D
1	日期	销售费用		开始行
2	5月1日	1723		结束行
3	5月2日	7769		
4	5月3日	6997		
5	5月4日	7672		
6	5月5日	2918		
7	5月6日	2449		
8	5月7日	1708		
9	5月8日	9980		
10	5月9日	3002		

图 9-11　输入基础数据

(2)在功能区"开发工具"|"控件"组中单击"插入"按钮,然后在列表框的"表单控件"类别中单击"数值调节钮(窗体控件)",如图 9-12 所示。

图 9-12　单击"数值调节钮(窗体控件)"

(3)在 E1 和 E2 单元格中各插入一个数值调节钮控件,如图 9-13 所示。

	A	B	C	D	E
1	日期	销售费用		开始行	
2	5月1日	1723		结束行	
3	5月2日	7769			
4	5月3日	6997			
5	5月4日	7672			
6	5月5日	2918			
7	5月6日	2449			
8	5月7日	1708			
9	5月8日	9980			
10	5月9日	3002			

图 9-13　插入两个数值调节钮控件

(4)右击第一个数值调节钮控件,在弹出的快捷菜单中单击"设置控件格式"命令,如图 9-14 所示。

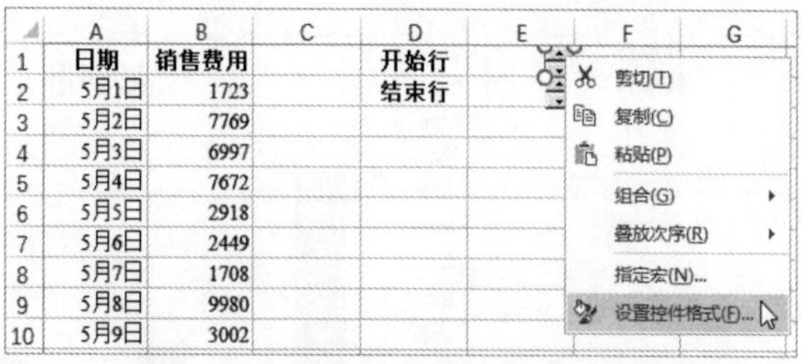

	A	B	C	D	E	F	G
1	日期	销售费用		开始行		✂ 剪切(T)	
2	5月1日	1723		结束行		复制(C)	
3	5月2日	7769				粘贴(P)	
4	5月3日	6997					
5	5月4日	7672				组合(G) ▶	
6	5月5日	2918				叠放次序(R) ▶	
7	5月6日	2449				指定宏(N)...	
8	5月7日	1708					
9	5月8日	9980				设置控件格式(F)...	
10	5月9日	3002					

图 9-14　单击"设置控件格式"命令

(5)打开"设置控件格式"对话框,在"控制"选项卡中进行以下设置,如图 9-15 所示。
- 将"当前值"设置为 2。
- 将"最小值"设置为 2。
- 将"最大值"设置为 10。
- 将"步长"设置为 1。

- 将"单元格链接"设置为 E1。
- 选中"三维阴影"复选框。

（6）单击"确定"按钮，完成第一个数值调节钮控件的设置。第二个数值调节钮控件的设置方法与此类似，唯一区别是将"单元格链接"设置为 E2 单元格，如图 9-16 所示。

图 9-15　设置第 1 个数值调节钮控件

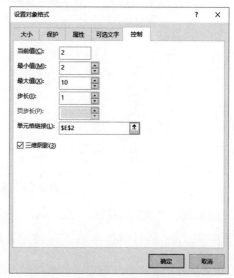

图 9-16　设置第 2 个数值调节钮控件

（7）选择 E1 和 E2 单元格，然后在功能区"开始"|"对齐方式"组中单击"左对齐"按钮，将这两个单元格中的内容设置为靠左对齐，以防默认右对齐的数据被控件盖住，如图 9-17所示。

图 9-17　设置单元格的对齐方式

（8）单击 A1:B10 单元格区域中的任意一个单元格，然后在功能区"插入"|"图表"组中单击"插入柱形图或条形图"按钮，在下拉菜单中单击"簇状柱形图"命令，如图 9-18 所示，在工作表中插入一个柱形图。

（9）创建两个名称。确保没有选中图表，然后在功能区"公式"|"定义的名称"组中单击"定义名称"按钮，打开"新建名称"对话框，在"名称"文本框中输入"日期"，在"引用位置"

文本框中输入下面的公式，如图 9-19 所示。

```
=OFFSET(Sheet1!$A$2,$E$1-2,0,$E$2-$E$1+1,1)
```

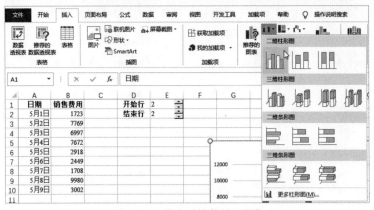

图 9-18 单击"簇状柱形图"

（10）单击"确定"按钮，创建名称"日期"。

```
=OFFSET(Sheet1!$B$2,$E$1-2,0,$E$2-$E$1+1,1)
```

交叉参考：有关 OFFSET 函数的详细内容，请参考本书第 3 章。

（11）使用相同的方法创建名称"销售费用"，将该名称的"引用位置"设置为下面的公式，如图 9-20 所示。单击"确定"按钮，创建名称"销售费用"。

图 9-19 创建名称"日期"

图 9-20 创建名称"销售费用"

（12）单击图表中的数据系列，将在编辑栏中显示下面的公式，如图 9-21 所示。

```
=SERIES(Sheet1!$B$1,Sheet1!$A$2:$A$10,Sheet1!$B$2:$B$10,1)
```

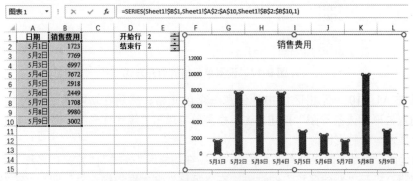

图 9-21 图表的 SERIES 公式

（13）使用前面创建的"日期"和"销售费用"两个名称替换上面公式中的 $A$2:$A$10 和 $B$2:$B$10，修改后的公式如下，如图 9-22 所示。

```
=SERIES(Sheet1!$B$1,Sheet1!日期,Sheet1!销售费用,1)
```

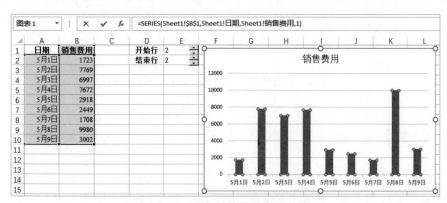

图 9-22　修改后的 SERIES 公式

（14）按 Enter 键确认公式的修改，图表中显示的内容会根据 E1 和 E2 单元格中的值自动更新。

9.2　销售额分析

销售额是衡量产品是否符合市场需求的重要依据和指标，可以基于销售额进行多方面的分析，如按照销售额进行排名、根据销售额计算员工的提成奖金额等。本节除了介绍以上这些常用的分析方法之外，还将介绍利用图表展示销售额的多种方式。

9.2.1　对销售额进行中国式排名

使用 RANK 函数进行排名时，将根据同名次的商品数量而自动跳过某些名次。而在中国式排名中，无论某个名次是否有重复，都不会影响下一个名次的产生。例如，如果存在两个第一名，那么下一个名次仍然为第二名，而不是第三名。对销售额进行中国式排名的操作步骤如下：

（1）新建一个 Excel 工作簿，在 Sheet1 工作表中输入基础数据，如图 9-23 所示。

	A	B	C
1	姓名	销售额	排名
2	瞿易蝶	1100	
3	商沁罄	3000	
4	解昕璇	2900	
5	许诗翠	2300	
6	蒲务	2000	
7	臧寻阳	1700	
8	明恺	2700	
9	郑争	1300	
10	历筱睿	2300	
11	虞外	1700	

图 9-23　输入基础数据

（2）单击 C2 单元格，输入下面的数组公式并按 Ctrl+Shift+Enter 组合键，计算出第一个员工的销售额的中国式排名，如图 9-24 所示。

```
=SUM(--IF(FREQUENCY($B$2:$B$11,$B$2:$B$11)>0,$B$2:$B$11>B2))+1
```

图 9-24   计算第一个员工销售额的中国式排名

公式说明：首先以每个销售额作为区间统计频率分布，然后通过 IF 函数忽略重复值并汇总大于 B2 单元格的个数，B2 单元格中的值在区域中的排名，等于不计重复值的情况下大于 B2 值的个数加 1。

（3）将光标指向 C2 单元格右下角的填充柄，当光标变为十字形时双击，将 C2 单元格中的公式向下复制到 C11 单元格，计算出其他员工销售额的中国式排名，如图 9-25 所示。

	A	B	C
1	姓名	销售额	排名
2	瞿易蝶	1100	8
3	商沁馨	3000	1
4	解昕璇	2900	2
5	许诗翠	2300	4
6	蒲务	2000	5
7	臧寻阳	1700	6
8	明恺	2700	3
9	郑争	1300	7
10	历筱睿	2300	4
11	虞外	1700	6

图 9-25   计算其他员工销售额的中国式排名

交叉参考：有关 SUM 和 IF 函数的详细内容，请参考本书第 3 章。

公式中的 FREQUENCY 用于计算数值在区域中出现的频率并返回一个垂直数组，语法如下：

```
FREQUENCY(data_array,bins_array)
```

- data_array（必选）：要计算出现频率的一组数值，可以是单元格区域或数组。如果该参数不包含任何数值，FREQUENCY 函数将返回一个零数组。
- bins_array（必选）：用于对 data_array 参数中的数值进行分组的单元格区域或数组，该参数用于设置多个区间的上、下限，且全部为"左开右闭"区间。如果该参数不包含任何数值，FREQUENCY 函数返回的值与 data_array 参数中的元素个数相等，否则 FREQUENCY 函数返回的元素个数比 bins_array 参数中的元素多一个。

9.2.2   制作销售额提成表

每个公司都会根据员工的销售业绩给予相应的奖励，通常是按照销售额的百分比作为员工的提成奖金。以 9.2.1 节制作完成的工作表为基础，制作销售额提成表的操作步骤如下：

（1）在 D1 和 E1 单元格中输入"提成比例"和"奖金"，并设置为加粗和居中对齐，如图 9-26 所示。

（2）在 G1 单元格中输入"提成标准"，然后选择 G1 和 H1 单元格，在功能区"开始"|"对齐方式"组中单击"合并后居中"按钮，将这两个单元格合并到一起，并为该单元格设置加粗格式，如图 9-27 所示。

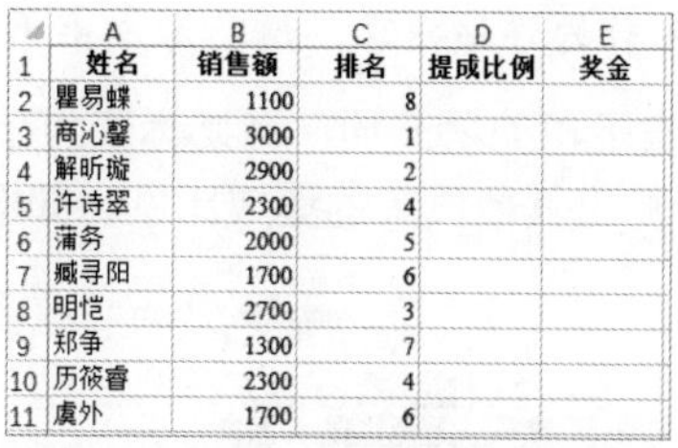

图 9-26　输入标题并设置格式

图 9-27　合并单元格使标题跨单元格居中

（3）在 G2:H6 单元格区域中输入提成标准，如图 9-28 所示。本例的提成标准为：销售额小于 1 000 没有提成，大于或等于 1 000 且小于 2 000 的提成比例为 10%，大于或等于 2 000 且小于 3 000 的提成比例为 15%，大于或等于 3 000 的提成比例为 20%。

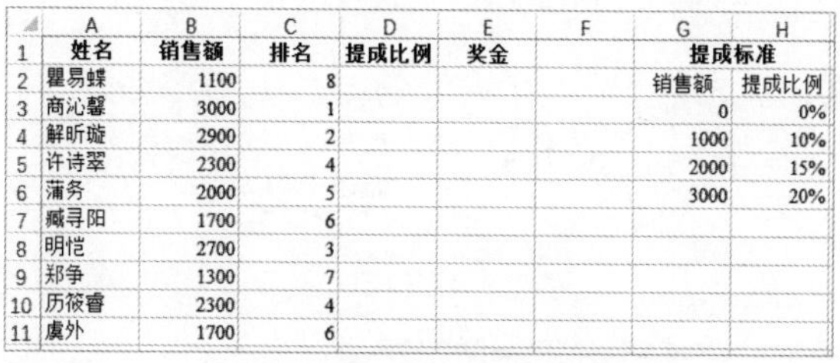

图 9-28　输入提成标准

（4）单击 D2 单元格，输入下面的公式并按 Enter 键，计算出第一个员工的提成比例，如图 9-29 所示。

```
=LOOKUP(B2,$G$3:$H$6)
```

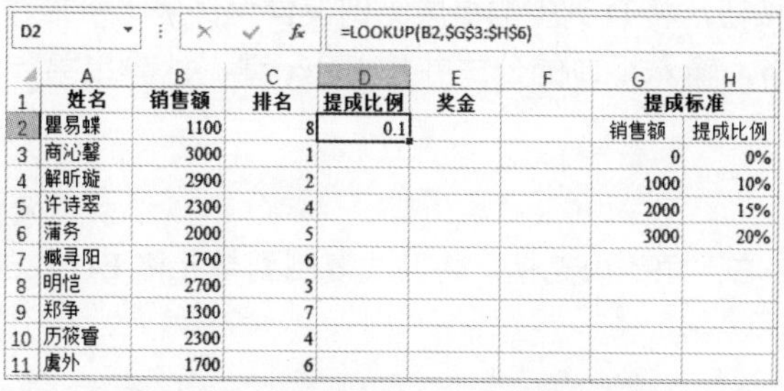

图 9-29　计算第一个员工的提成比例

交叉参考：有关 LOOKUP 函数的详细内容，请参考本书第 3 章。

（5）将光标指向 D2 单元格右下角的填充柄，当光标变为十字形时双击，将 D2 单元格中的公式向下复制到 D11 单元格，计算出其他员工的提成比例，如图 9-30 所示。

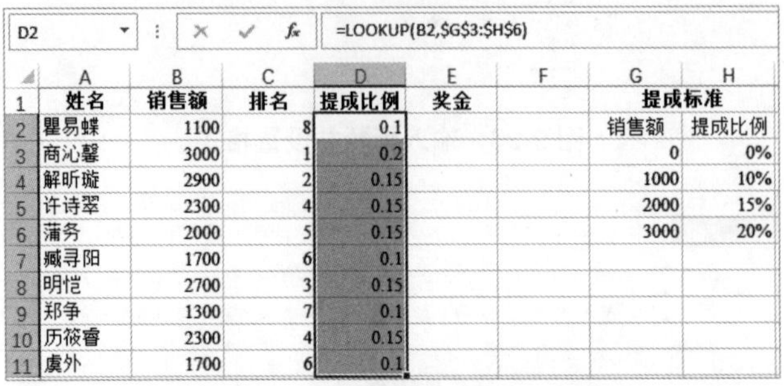

图 9-30　计算其他员工的提成比例

（6）为了让 D 列中的提成比例以百分比格式显示，需要选择 D2:D11 单元格区域，按 Ctrl+1 组合键打开"设置单元格格式"对话框，在"数字"选项卡的"分类"下拉列表中选择"百分比"选项，然后将"小数位数"设置为 0，如图 9-31 所示。

图 9-31　将提成比例设置为百分比格式

（7）单击"确定"按钮，将 D 列中的提成比例设置为百分比格式。

（8）单击 E2 单元格，输入下面的公式并按 Enter 键，计算出第一个员工的提成奖金额，如图 9-32 所示。

```
=B2*D2
```

（9）双击单元格 E2 右下角的填充柄，将公式复制到单元格 E11，自动计算出其他员工的提成奖金额，如图 9-33 所示。

```
=ROUND(C3*D3,0)
```

E2			▼	×	✓	f_x	=B2*D2	
	A	B	C	D	E	F	G	H
1	姓名	销售额	排名	提成比例	奖金		提成标准	
2	瞿易蝶	1100	8	10%	110		销售额	提成比例
3	商沁馨	3000	1	20%			0	0%
4	解昕璇	2900	2	15%			1000	10%
5	许诗翠	2300	4	15%			2000	15%
6	蒲务	2000	5	15%			3000	20%
7	臧寻阳	1700	6	10%				
8	明恺	2700	3	15%				
9	郑争	1300	7	10%				
10	历筱睿	2300	4	15%				
11	虞外	1700	6	10%				

图 9-32　计算第一个员工的提成奖金额

M21			▼	×	✓	f_x		
	A	B	C	D	E	F	G	H
1	姓名	销售额	排名	提成比例	奖金		提成标准	
2	瞿易蝶	1100	8	10%	110		销售额	提成比例
3	商沁馨	3000	1	20%	600		0	0%
4	解昕璇	2900	2	15%	435		1000	10%
5	许诗翠	2300	4	15%	345		2000	15%
6	蒲务	2000	5	15%	300		3000	20%
7	臧寻阳	1700	6	10%	170			
8	明恺	2700	3	15%	405			
9	郑争	1300	7	10%	130			
10	历筱睿	2300	4	15%	345			
11	虞外	1700	6	10%	170			

图 9-33　计算其他员工的提成奖金额

9.2.3　使用滚动条控制柱形图中销售额的显示

当柱形图中包含多个数据系列时,同时显示在柱形图中的所有数据系列会紧密排列在一起,图表的显示效果和直观清晰程度会大打折扣。如果不需要一次性浏览所有数据,那么可以为图表添加一个滚动条,使用滚动条来控制图表中显示数据的多少,如图 9-34 所示。

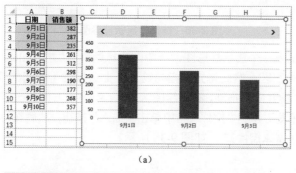

（a）

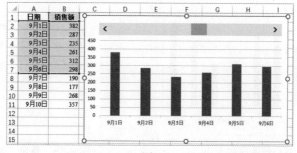

（b）

图 9-34　使用滚动条控制柱形图中销售额的显示

使用滚动条控制柱形图中销售额的显示的操作步骤如下：

（1）新建一个 Excel 工作簿，在 Sheet1 工作表中输入基础数据，如图 9-35 所示。

	A	B
1	日期	销售额
2	9月1日	382
3	9月2日	287
4	9月3日	235
5	9月4日	261
6	9月5日	312
7	9月6日	298
8	9月7日	190
9	9月8日	177
10	9月9日	268
11	9月10日	357

图 9-35 输入基础数据

（2）单击数据区域中的任意一个单元格，然后在功能区"插入"|"图表"组中单击"插入柱形图或条形图"按钮，在打开的列表中选择"簇状柱形图"，如图 9-36 所示。

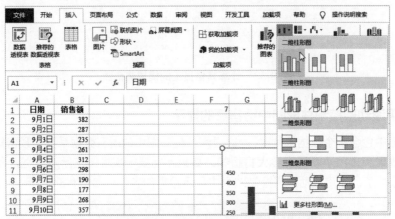

图 9-36 选择"簇状柱形图"

（3）在工作表中插入一个簇状柱形图，选中图表标题，然后按 Delete 键将其删除。

（4）选择图表的绘图区，然后将光标指向绘图区上边框位于中间的控制点，当光标变为上下箭头时，按住鼠标左键并向下拖动，减小绘图区的大小，为上方留出一定空间，如图 9-37 所示。

（5）在功能区"开发工具"|"控件"组中单击"插入"按钮，然后在打开列表的"表单控件"类别中单击"滚动条（窗体控件）"，如图 9-38 所示。

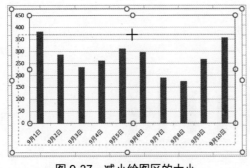

图 9-37 减小绘图区的大小

图 9-38 单击"滚动条（窗体控件）"

（6）在绘图区上方的空白处拖动鼠标插入一个滚动条控件，然后右击该控件，在弹出的快捷菜单中单击"设置控件格式"命令，如图 9-39 所示。

（7）打开"设置控件格式"对话框，在"控制"选项卡中进行以下设置，如图 9-40 所示。

● 将"最小值"设置为"1"，将"最大值"设置为"10"，该值需要根据数据源除了标题行以外的其他行的总数决定。

● 将"步长"设置为"1"，将"页步长"设置为"3"，这两项决定在单击滚动条两端的箭头或空白处时，滑块在滚动条中移动的距离。

● 将"单元格链接"设置为"D1"，该单元格可以是任意一个没被占用的单元格。

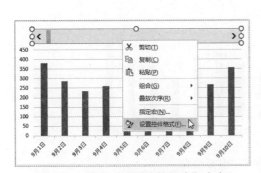

图 9-39　单击"设置控件格式"命令

图 9-40　设置滚动条

提示：*如果使用"单元格链接"右侧的*↑*按钮，在工作表中选择单元格，则对话框顶部的名称会变为"设置对象格式"。*

（8）单击"确定"按钮关闭对话框，然后单击滚动条控件以外的其他位置，取消滚动条的选中状态。

（9）创建两个名称。确保没有选中图表，然后在功能区"公式"|"定义的名称"组中单击"定义名称"按钮，打开"新建名称"对话框，在"名称"文本框中输入"日期"，在"引用位置"文本框中输入下面的公式，如图 9-41 所示。

```
=OFFSET(Sheet1!$A$2,0,0,$D$1,1)
```

（10）单击"确定"按钮，创建名称"日期"。

```
=OFFSET(Sheet1!$B$2,0,0,$D$1,1)
```

交叉参考：*有关创建名称的详细内容，请参考本书第 3 章。*

（11）使用相同的方法创建名称"销售额"，将该名称的"引用位置"设置为下面的公式，如图 9-42 所示。单击"确定"按钮，创建名称"销售额"。

（12）单击图表中的数据系列，将在编辑栏中显示下面的公式，如图 9-43 所示。

```
=SERIES(Sheet1!$B$1,Sheet1!$A$2:$A$11,Sheet1!$B$2:$B$11,1)
```

（13）使用前面创建的"日期"和"销售额"两个名称替换上面公式中的 $A$2:$A$11 和 $B$2:$B$11，修改后的公式如下，如图 9-44 所示。

=SERIES(Sheet1!$B$1,Sheet1!日期,Sheet1!销售额,1)

图 9-41　创建名称"日期"

图 9-42　创建名称"销售额"

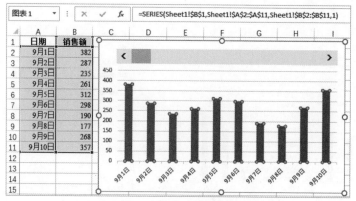

图 9-43　图表的 SERIES 公式

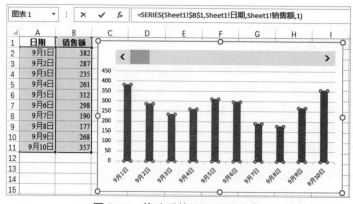

图 9-44　修改后的 SERIES 公式

（14）按 Enter 键确认公式的修改，之后就可以使用滚动条来控制柱形图上显示数据的多少，数据的数量由 D1 单元格中的值决定，该单元格中的值由每次拖动滚动条来动态改变。

9.2.4　在饼图中切换显示不同月份的销售额

饼图每次只能显示一个数据系列，如果创建的饼图包含多个数据系列，为了便于显示不同的数据系列，可以在饼图上添加一个下拉列表，其中包含所有数据系列的名称，用户可以从中选择要在饼图中显示的数据系列，如图 9-45 所示。

在饼图中切换显示不同月份的销售额的操作步骤如下：

（1）新建一个 Excel 工作簿，在 Sheet1 工作表中输入基础数据，如图 9-46 所示。

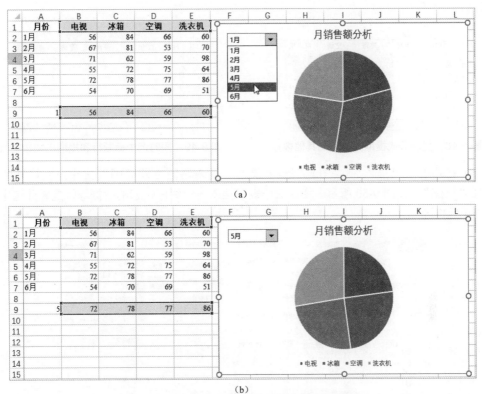

图 9-45　在饼图中切换显示不同月份的销售额

（2）根据数据区域中除去标题行以外的其他行的总数，在数据区域之外的一个单元格中输入总数范围内的任意一个数字。本例的数据区域位于 A1:E7，该区域共 7 行，除去标题行后共 6 行，因此，输入的数字位于 1 ～ 6。在 A9 单元格中输入 3，然后在 B9 单元格中输入下面的公式，使用 INDEX 函数在 B 列查找由 A9 单元格表示的行号所对应的数据，如图 9-47 所示。

```
=INDEX(B2:B7,$A$9)
```

图 9-46　输入基础数据

图 9-47　使用 INDEX 函数提取数据

交叉参考：有关 INDEX 函数的详细内容，请参考本书第 3 章。

（3）将光标指向 A9 单元格右下角的填充柄，当光标变为十字形时，向右拖动填充柄，将 A9 单元格中的公式向右复制到 E9 单元格，提取出由 A9 单元格表示的行号所对应的其他数据，如图 9-48 所示。

（4）选择 B1:E1 单元格区域，按住 Ctrl 键再选择 B9:E9 单元格区域，同时选中这两个区域，如图 9-49 所示。

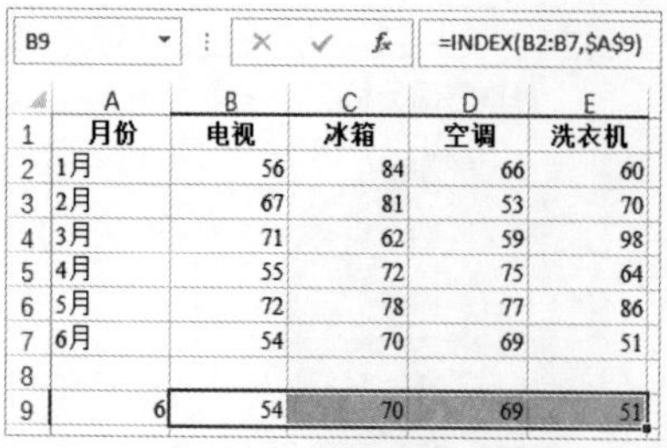

| B9 | | : | × | ✓ | f_x | =INDEX(B2:B7,$A$9) |

	A	B	C	D	E
1	月份	电视	冰箱	空调	洗衣机
2	1月	56	84	66	60
3	2月	67	81	53	70
4	3月	71	62	59	98
5	4月	55	72	75	64
6	5月	72	78	77	86
7	6月	54	70	69	51
8					
9	6	54	70	69	51

图 9-48　复制公式提取同行中的其他数据

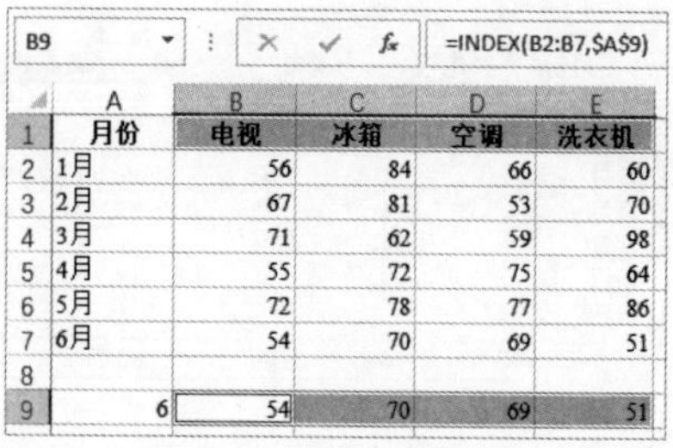

| B9 | | : | × | ✓ | f_x | =INDEX(B2:B7,$A$9) |

	A	B	C	D	E
1	月份	电视	冰箱	空调	洗衣机
2	1月	56	84	66	60
3	2月	67	81	53	70
4	3月	71	62	59	98
5	4月	55	72	75	64
6	5月	72	78	77	86
7	6月	54	70	69	51
8					
9	6	54	70	69	51

图 9-49　同时选中标题行和提取出的数据行

（5）在功能区"插入"|"图表"组中单击"插入饼图或圆环图"按钮，在打开的列表中选择"饼图"，如图 9-50 所示。将在工作表中插入一个饼图，它的数据源就是之前选中的两个独立单元格区域。

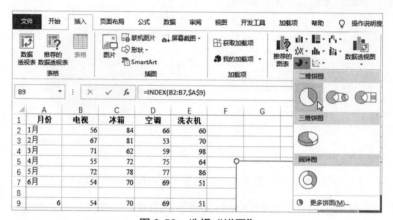

图 9-50　选择"饼图"

（6）在功能区"开发工具"|"控件"组中单击"插入"按钮，然后在打开列表的"表单控件"类别中单击"组合框（窗体控件）"，如图 9-51 所示。

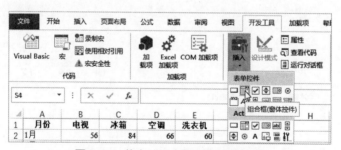

图 9-51　单击"组合框（窗体控件）"

（7）在图表上的适当位置拖动鼠标插入一个组合框控件，然后右击该控件，在弹出的快捷菜单中单击"设置控件格式"命令，如图 9-52 所示。

（8）打开"设置控件格式"对话框，在"控制"选项卡中进行以下设置，如图 9-53 所示。

● 将"数据源区域"设置为"A2:A7"。
● 将"单元格链接"设置为"A9"。

（9）单击"确定"按钮关闭对话框。单击组合框控件以外的其他位置，取消组合框的选中状态，最后将图表标题设置为"月销售额分析"。

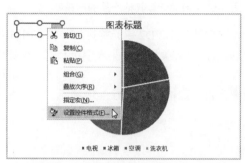

图 9-52　单击"设置控件格式"命令

图 9-53　设置组合框

9.3　产销率分析

产销率是指企业在一段时期内，已经销售的产品总量与可供销售的产品总量之比。产销率反映了产品生产实现销售的程度，产销率越高，说明产品符合市场的需求程度越大，反之则越小。产销率的计算公式如下：

```
销售产值/总产值×100%
```

可以将产品出库数看作销售产值，将产品入库数看作总产值，因此下面的公式与上面的公式等效。

```
产品出库数/产品入库数×100%
```

9.3.1　计算产销率

本节首先创建产品入库与出库的数据，然后根据它们来计算产销率，操作步骤如下：

（1）新建一个 Excel 工作簿，在 Sheet1 工作表中输入基础数据，如图 9-54 所示。

	A	B	C	D
1	产品编号	入库数	出库数	产销率
2	CP-001	2000	1000	
3	CP-002	1000	600	
4	CP-003	3000	2700	
5	CP-004	2500	2000	
6	CP-005	1500	900	
7	CP-006	1000	800	

图 9-54　输入基础数据

（2）单击 D2 单元格，输入下面的公式并按 Enter 键，计算出第一个产品的产销率，如图 9-55 所示。

```
=C2/B2
```

（3）将光标指向 D2 单元格的右下角填充柄，当光标变为十字形时双击，将 D2 单元格中的公式向下复制到 D7 单元格，计算出其他产品的产销率，如图 9-56 所示。

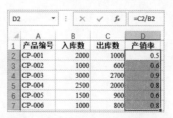

图 9-55　计算第一个产品的产销率　　　　图 9-56　自动计算其他产品的产销率

（4）为了让 D 列中的产销率以百分比格式显示，需要选择 D2:D7 单元格区域，按 Ctrl+1 组合键打开"设置单元格格式"对话框，在"数字"选项卡的"分类"下拉列表中选择"百分比"选项，然后将"小数位数"设置为 0，如图 9-57 所示。

（5）单击"确定"按钮，将 D 列中的产销率设置为百分比格式，如图 9-58 所示。

图 9-57　设置百分比格式不包含小数　　　　图 9-58　将产销率设置为百分比格式

9.3.2　创建动态的产销率进度表

如图 9-59 所示是利用条件格式功能，以进度条的形式显示产销率的值。当产品入库数或出库数发生变化时，进度条的长度会动态改变，以反映产销率的最新值。

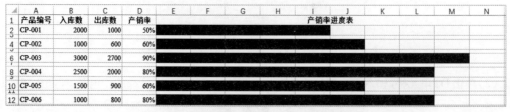

图 9-59　进度条的长度自动随产销率而变化

创建动态的产销率进度表的操作步骤如下：

（1）以 9.3.1 节制作完成的工作表为基础，选择 E1:N1 单元格区域，然后在功能区"开始"|

"对齐方式"组中单击"合并后居中"按钮，将选区中的所有单元格合并到一起，如图 9-60 所示。

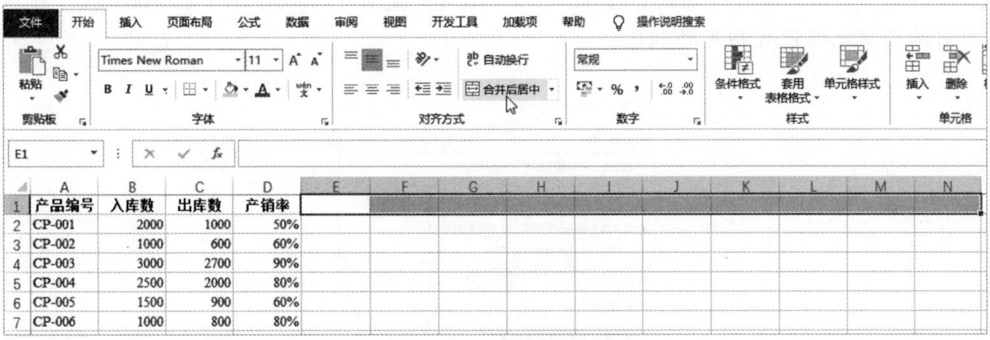

图 9-60 合并 10 个单元格

（2）在合并后的单元格中输入"产销率进度表"，然后为其设置加粗格式，如图 9-61 所示。

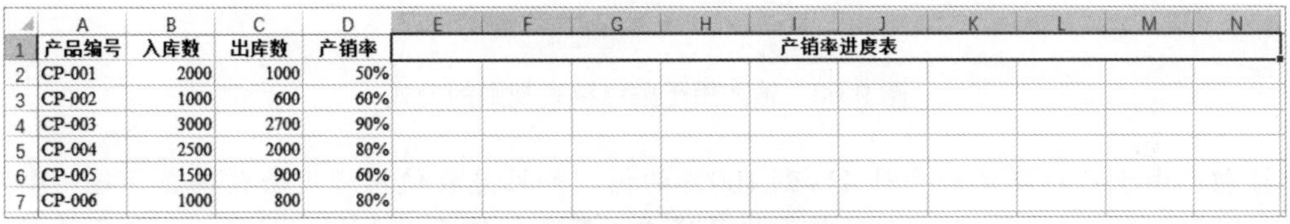

图 9-61 输入标题并设置加粗格式

（3）选择 E2:N7 单元格区域，然后在功能区"开始"|"样式"组中单击"条件格式"按钮，在下拉菜单中单击"新建规则"命令，如图 9-62 所示。

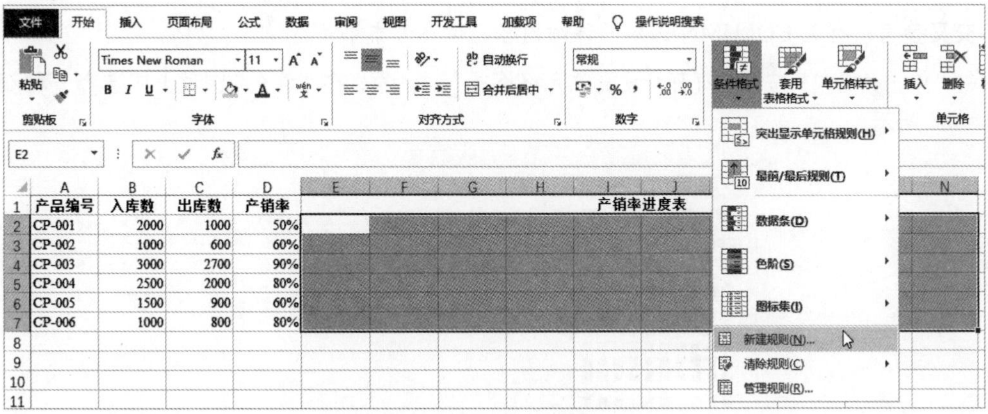

图 9-62 单击"新建规则"命令

交叉参考：有关条件格式的详细内容，请参考本书第 2 章。

（4）打开"新建格式规则"对话框，在"选择规则类型"列表框中选择"使用公式确定要设置格式的单元格"，然后在"为符合此公式的值设置格式"文本框中输入下面的公式，如图 9-63 所示。

```
=(COLUMN()-4)*10<=$D2*100
```

公式说明：COLUMN() 表示选区中活动单元格的列号，由于选区是从 E 列开始，因此 COLUMN()-4 返回数字 1。而选区共有 10 列，COLUMN()-4 就会依次返回 1 ～ 10，每个单元格表示 10%，10 个单元格就可以表示 100%。由于 COLUMN()-4 返回的是 1 ～ 10，将其结果乘以 10 就可以返回 10 ~ 100。为了保持度量上的统一，需要将 D 列中的产销率乘以 100，将产销率由小数变为整数。最后判断 (COLUMN()-4)*10 部分是否小于或等于 $D2*100 部分，如果是，则为当前活动单元格设置指定的颜色。

图 9-63　输入用于条件格式规则的公式

注意：由于产销率是一个从 1% 到 100% 的值，如果想要使用进度条精确显示每一个可能的值，则需要在一个包含 100 列的单元格区域中设置条件格式，也就是说每一个单元格对应于一个百分点。但是为了更好地展示本例效果并简化烦琐的操作步骤，本例只在一个包含 10 列的单元格区域中设置条件格式，因此当产销率的个位数是一个非 0 的数字时，本例中的进度条无法精确显示产销率的值，但是读者可以根据本例中介绍的方法来举一反三。

交叉参考：有关 COLUMN 函数的详细内容，请参考本书第 3 章。

（5）单击"格式"按钮，打开"设置单元格格式"对话框，在"填充"选项卡中选择一种颜色，如图 9-64 所示。

图 9-64　选择符合条件格式规则时设置的颜色

（6）单击"确定"按钮，返回"新建格式规则"对话框，上一步选择的颜色会显示在"预览"区域中，如图 9-65 所示。

图 9-65　查看设置的颜色

（7）单击"确定"按钮，将在 E2:N7 单元格区域中显示如图 9-66 所示的进度条，每一行中的进度条的长度由同行 D 列中的单元格的值决定。

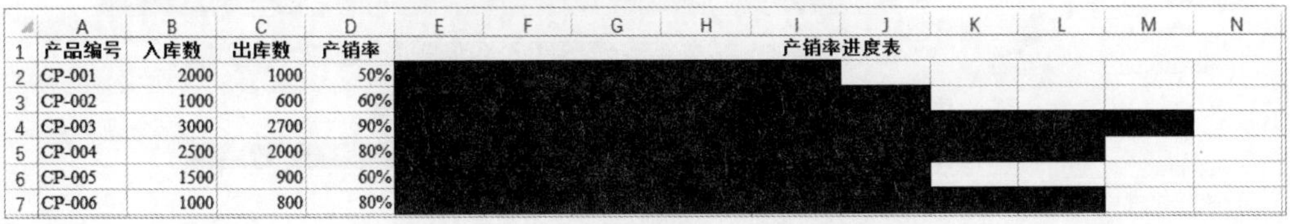

	A	B	C	D	E	F	G	H	I	J	K	L	M	N
1	产品编号	入库数	出库数	产销率				产销率进度表						
2	CP-001	2000	1000	50%										
3	CP-002	1000	600	60%										
4	CP-003	3000	2700	90%										
5	CP-004	2500	2000	80%										
6	CP-005	1500	900	60%										
7	CP-006	1000	800	80%										

图 9-66　使用进度条显示产销率的值

（8）右击第 3 行的行号，在弹出的快捷菜单中单击"插入"命令，在第 3 行的上方插入一个空行，如图 9-67 所示。

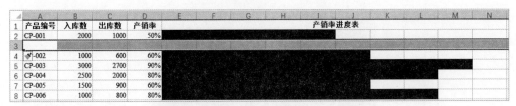

图 9-67　单击"插入"命令插入一个空行

（9）使用相同的方法，在原来的第 4 ～ 7 行之上都插入一个空行，完成后的效果如图 9-68 所示。

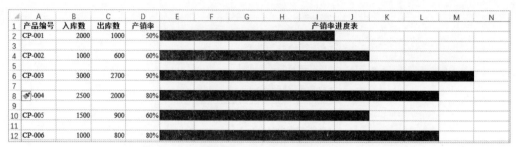

图 9-68　插入多个空行

（10）选择任意一个空行，按住 Ctrl 键再选择其他所有空行。然后右击任意一个选中的空行的行号，在弹出的快捷菜单中单击"行高"命令，如图 9-69 所示。

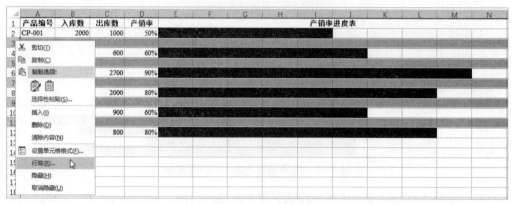

图 9-69　单击"行高"命令

（11）打开"行高"对话框，在"行高"文本框中输入一个较小的值，如输入"6"，如图 9-70 所示，然后单击"确定"按钮即可。

图 9-70　设置行高

第10章
成本费用分析

成本费用分析是财会工作中的一个重要环节，本章将以材料成本对比分析为例，通过 Excel 中的公式、函数和图表，对不同时期的材料成本进行计算和对比分析，并通过图表以可视化的方式展示出来。本章还将介绍收费统计表的创建和分析方法。

10.1　材料成本对比表

本节首先创建材料成本对比表，对本期与上一年同期的成本水平进行对比分析，然后将成本对比表中的数据以图表的形式展示出来，使数据清晰直观易于理解。

10.1.1　创建材料成本对比表

创建材料成本对比表的操作步骤如下：

（1）新建一个 Excel 工作簿，双击 Sheet1 工作表标签，输入"材料成本对比表"，然后按 Enter 键确认。

（2）在相应的单元格中输入标题，如图 10-1 所示。

	A	B	C	D	E	F	G	H	I	J	K	L	M
1	材料成本对比表												
2	日期：	2019/6/30								本月产量：	168.86		
3	名称	单位	单价	按上年同期耗量计算的成本				本月实际成本				成本降低率	
4				单位耗量	单位成本	总消耗量	总成本	单位耗量	单位成本	总消耗量	总成本		
5	原材料：												

图 10-1　输入标题

（3）开始合并单元格，将 A1:L1 单元格区域合并，将 A3 和 A4 单元格合并，将 B2 和 C2 单元格合并，将 B3 和 B4 单元格合并，将 C3 和 C4 单元格合并，将 D3:G3 单元格区域合并，将 H3:K3 单元格区域合并，将 L3 和 L4 单元格合并。以上这些单元格和单元格区域的合并使用的都是功能区"开始"|"对齐方式"组中的"合并后居中"命令，合并后的结果如图 10-2 所示。

（4）选择 A1:L4 单元格区域，为它们设置加粗格式和居中对齐。然后单击 A1 单元格，将字号设置为 16。再选择 B2 和 K2 单元格，取消加粗格式。最后调整列宽，使各列内容完整显示，如图 10-3 所示。

图 10-2　合并单元格和单元格区域

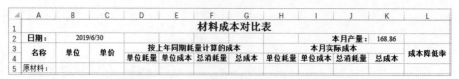

图 10-3　设置字体格式和对齐方式

（5）在 A ～ E 列输入基础数据，然后单击 E5 单元格，输入下面的公式并按 Enter 键，计算出所有材料的单位成本总和，如图 10-4 所示。

```
=SUM(E6:E11)
```

图 10-4　计算所有材料的单位成本总和

交叉参考：有关 SUM 函数的详细内容，请参考本书第 3 章。

（6）选择 F6:F11 单元格区域，然后输入下面的公式并按 Ctrl+Enter 组合键，一次性计算出各个材料的总消耗量，如图 10-5 所示。

```
=D6:D11*$K$2
```

图 10-5　计算各个材料的总消耗量

（7）选择 F6:F11 单元格区域，将光标指向 F11 单元格的右下角填充柄，当光标变为十字形时向右拖动，将 F6:F11 单元格区域中的公式复制到 G6:G11 单元格区域，一次性计算出各个材料的总成本，如图 10-6 所示。

图 10-6　计算各个材料的总成本

（8）单击 G5 单元格，然后输入下面的公式并按 Enter 键，计算出所有材料的总成本总和，如图 10-7 所示。

```
=SUM(G6:G11)
```

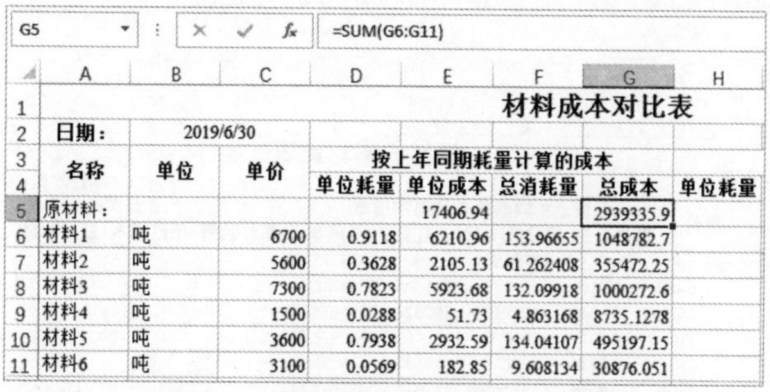

图 10-7　计算所有材料的总成本总和

（9）选择 F6:F11 单元格区域，按 Ctrl+1 组合键，打开"设置单元格格式"对话框，在"数字"选项卡的"分类"列表框中选择"数值"选项，然后将小数位数设置为"4"，如图 10-8 所示。

图 10-8　设置小数位数

（10）单击"确定"按钮，将F列数据的小数位数统一保留4位。使用类似的方法，将
G5:G11单元格区域中的数据的小数位数设置为2位，结果如图10-9所示。

	A	B	C	D	E	F	G
1						材料成本对比表	
2	日期：		2019/6/30				
3	名称	单位	单价	按上年同期耗量计算的成本			
4				单位耗量	单位成本	总消耗量	总成本
5	原材料：				17406.94		2939335.89
6	材料1	吨	6700	0.9118	6210.96	153.9665	1048782.71
7	材料2	吨	5600	0.3628	2105.13	61.2624	355472.25
8	材料3	吨	7300	0.7823	5923.68	132.0992	1000272.60
9	材料4	吨	1500	0.0288	51.73	4.8632	8735.13
10	材料5	吨	3600	0.7938	2932.59	134.0411	495197.15
11	材料6	吨	3100	0.0569	182.85	9.6081	30876.05

图 10-9　设置数据的小数位数

（11）在J6:J11单元格区域中输入本期总消耗量的相关数据。然后单击K6单元格，输入下
面的公式并按Enter键，计算出第一个材料的本期总成本，如图10-10所示。

```
=J6*C6
```

图 10-10　计算第一个材料的本期总成本

（12）将光标指向K6单元格的右下角填充柄，当光标变为十字形时双击，将K6单元格中
的公式向下复制到K11单元格，计算出其他材料的本期总成本。

（13）单击K5单元格，然后输入下面的公式并按Enter键，计算出所有材料的本期总成
本总和，如图10-11所示。

```
=SUM(K6:K11)
```

K5	▼ : × ✓	fx	=SUM(K6:K11)									
	A	B	C	D	E	F	G	H	I	J	K	L
1						材料成本对比表						
2	日期：		2019/6/30						本月产量：		168.86	
3	名称	单位	单价	按上年同期耗量计算的成本				本月实际成本				成本降低率
4				单位耗量	单位成本	总消耗量	总成本	单位耗量	单位成本	总消耗量	总成本	
5	原材料：				17406.94		2939335.89				2817210.3	
6	材料1	吨	6700	0.9118	6210.96	153.9665	1048782.71			152.6231	1022574.8	
7	材料2	吨	5600	0.3628	2105.13	61.2624	355472.25			56.8903	318585.68	
8	材料3	吨	7300	0.7823	5923.68	132.0992	1000272.60			130.7268	954305.64	
9	材料4	吨	1500	0.0288	51.73	4.8632	8735.13			6.1597	9239.55	
10	材料5	吨	3600	0.7938	2932.59	134.0411	495197.15			132.3829	476578.44	
11	材料6	吨	3100	0.0569	182.85	9.6081	30876.05			11.5891	35926.21	

图 10-11　计算所有材料的本期总成本总和

（14）单击H6单元格，然后输入下面的公式并按Enter键，计算出第一个材料的本期单位耗量。
将该单元格中的公式向下复制到H11单元格，计算出其他材料的本期单位耗量，如图10-12所示。

```
=J6/$K$2
```

图 10-12 计算其他材料的本期单位耗量

（15）单击 I6 单元格，然后输入下面的公式并按 Enter 键，计算出第一个材料的本期单位成本。将该单元格中的公式向下复制到 I11 单元格，计算出其他材料的本期单位成本，如图 10-13 所示。

```
=K6/$K$2
```

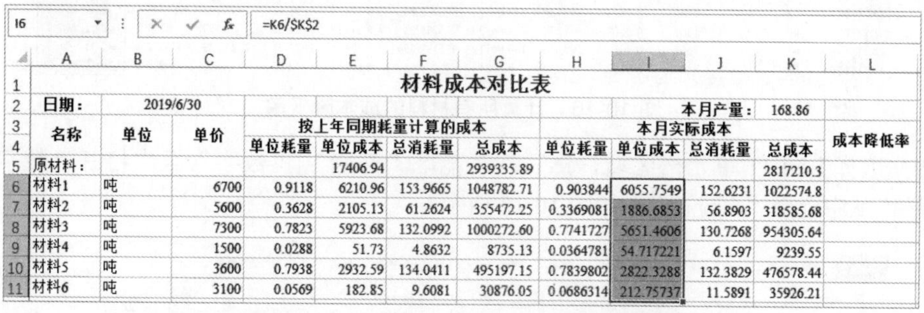

图 10-13 计算其他材料的本期单位成本

（16）单击 I5 单元格，然后输入下面的公式并按 Enter 键，计算出所有材料的本期单位成本总和，如图 10-14 所示。

```
=SUM(I6:I11)
```

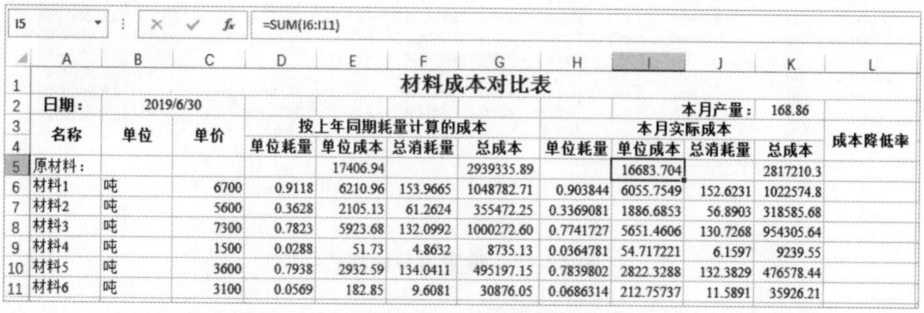

图 10-14 计算所有材料的本期单位成本总和

（17）选择 H6:H11 单元格区域，将小数位数设置为 4 位。然后选择 I5:I11 和 K5:K11 单元格区域，将小数位数设置为 2 位，结果如图 10-15 所示。

（18）单击 L5 单元格，输入下面的公式并按 Enter 键，然后将该单元格中的公式向下复制到 L11 单元格，计算出所有材料的成本降低率，如图 10-16 所示。

```
=(G5-K5)/G5
```

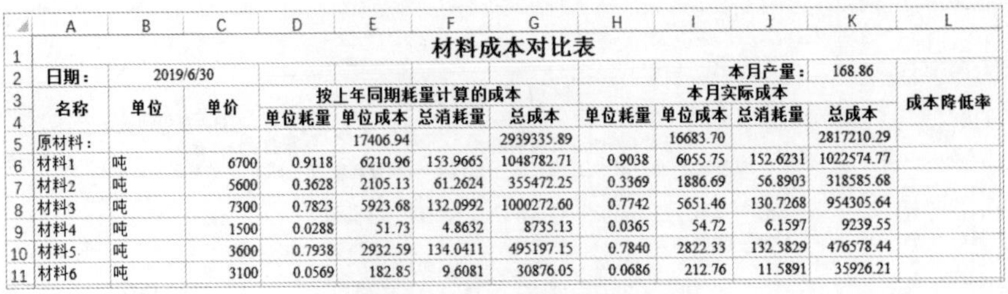

图 10-15　设置小数位数

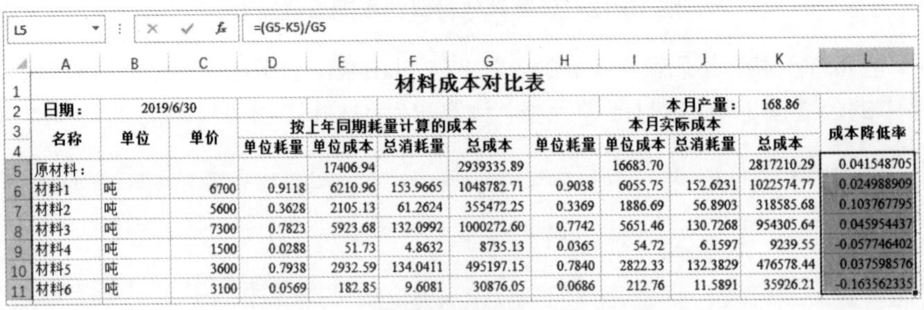

图 10-16　计算所有材料的成本降低率

（19）选择 L5:L11 单元格区域，然后在功能区"开始"|"数字"组中打开"数字格式"下拉列表，从中选择"百分比"，如图 10-17 所示。

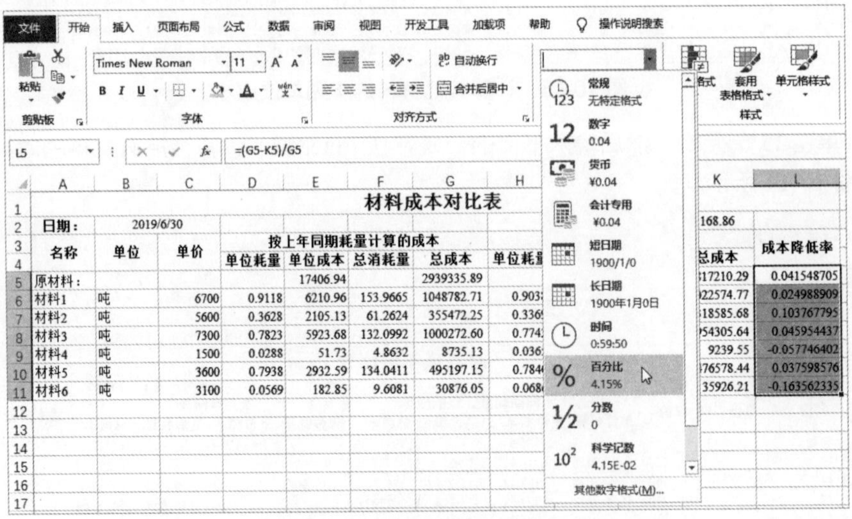

图 10-17　设置百分比格式

制作完成的材料成本对比表如图 10-18 所示。

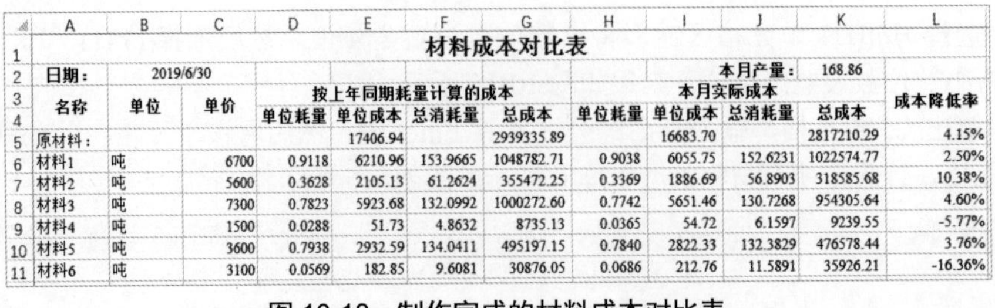

图 10-18　制作完成的材料成本对比表

10.1.2　绘制本期成本占比图

以 10.1.1 节的材料成本对比表为基础，绘制本期成本构成图的操作步骤如下：

（1）在材料成本对比表中选择 A6:A11 单元格区域，按住 Ctrl 键，然后选择 K6:K11 单元格区域，此时将同时选中这两个区域，如图 10-19 所示。

	A	B	C	D	E	F	G	H	I	J	K	L
1					材料成本对比表							
2	日期：	2019/6/30								本月产量：	168.86	
3	名称	单位	单价	按上年同期耗量计算的成本				本月实际成本				成本降低率
4				单位耗量	单位成本	总消耗量	总成本	单位耗量	单位成本	总消耗量	总成本	
5	原材料：				17406.94		2939335.89		16683.70		2817210.29	4.15%
6	材料1	吨	6700	0.9118	6210.96	153.9665	1048782.71	0.9038	6055.75	152.6231	1022574.77	2.50%
7	材料2	吨	5600	0.3628	2105.13	61.2624	355472.25	0.3369	1886.69	56.8903	318585.68	10.38%
8	材料3	吨	7300	0.7823	5923.68	132.0992	1000272.60	0.7742	5651.46	130.7268	954305.64	4.60%
9	材料4	吨	1500	0.0288	51.73	4.8632	8735.13	0.0365	54.72	6.1597	9239.55	-5.77%
10	材料5	吨	3600	0.7938	2932.59	134.0411	495197.15	0.7840	2822.33	132.3829	476578.44	3.76%
11	材料6	吨	3100	0.0569	182.85	9.6081	30876.05	0.0686	212.76	11.5891	35926.21	-16.36%

图 10-19　同时选择材料名称和本期总成本所在的区域

（2）在功能区"插入"|"图表"组中单击"插入饼图或圆环图"按钮，在下拉菜单中单击"饼图"命令，如图 10-20 所示。

图 10-20　单击"饼图"命令

（3）在材料成本对比表中插入一个饼图，单击饼图以将其选中，然后单击图表标题，按 Delete 键将其删除，使用同样的方法删除图例，如图 10-21 所示。

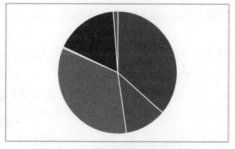

图 10-21　删除图表标题和图例

（4）右击饼图的数据系列，在弹出的快捷菜单中单击"添加数据标签"|"添加数据标注"命令，如图 10-22 所示。

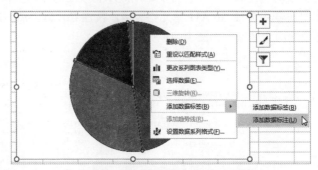

图 10-22　单击"添加数据标注"命令

（5）在饼图中添加数据标注，单击任意一个标注将选择所有标注，再次单击某个标注，将只选择该标注，然后拖动鼠标可以调整特定标注的位置，如图 10-23 所示。

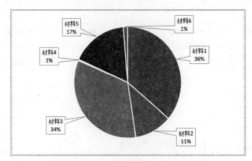

图 10-23　为饼图添加数据标注

交叉参考：有关图表的详细内容，请参考本书第 3 章。

10.2　收费统计表

本节首先创建收费记录表，其中包含各公司缴费的记录，为了使这些记录更有价值，需要改变记录表的结构，将其转变为有意义的报表。本节将介绍使用数据透视表功能对收费统计表进行多角度分析的方法。

10.2.1　创建收费记录表

创建收费记录表的操作步骤如下：

（1）新建一个 Excel 工作簿，双击 Sheet1 工作表标签，输入"收费记录表"，然后按 Enter 键确认。

（2）在 A1:E1 单元格区域中输入各列的标题，并设置加粗和居中对齐，如图 10-24 所示。

（3）在 A、B 和 E 列输入基础数据，如图 10-25 所示。

（4）单击 C2 单元格，输入下面的公式并按 Enter 键，提取 B2 单元格中的年份。然后将 C2 单元格中公式向下复制到数据底部，提取其他交费时间中的年份，如图 10-26 所示。

```
=YEAR(B2)
```

	A	B	C	D	E
1	公司名称	交费时间	所属年度	所属月份	金额
2	公司3	2018/11/17			3067
3	公司2	2019/3/2			4613
4	公司2	2019/3/20			3200
5	公司3	2019/2/16			1987
6	公司1	2018/10/31			4197
7	公司3	2018/11/19			2380
8	公司1	2018/12/17			1959
9	公司1	2018/11/21			4406
10	公司3	2018/11/11			3226
11	公司1	2018/12/26			2279
12	公司1	2019/2/13			2400
13	公司1	2019/2/15			4314
14	公司2	2018/10/7			4228
15	公司2	2019/1/14			4313
16	公司2	2018/11/24			3278
17	公司1	2018/10/7			2003
18	公司1	2019/2/18			3829
19	公司3	2018/12/17			1821
20	公司1	2019/3/1			2607

	A	B	C	D	E	F
1	公司名称	交费时间	所属年度	所属月份	金额	
2						

图 10-24　输入各列标题并设置格式　　　　图 10-25　输入基础数据

（5）单击 D2 单元格，输入下面的公式并按 Enter 键，提取 B2 单元格中的月份。然后将 D2 单元格中公式向下复制到数据底部，提取其他交费时间中的月份，如图 10-27 所示。

```
=MONTH(B2)
```

C2		fx	=YEAR(B2)

	A	B	C	D	E
1	公司名称	交费时间	所属年度	所属月份	金额
2	公司3	2018/11/17	2018		3067
3	公司2	2019/3/2	2019		4613
4	公司2	2019/3/20	2019		3200
5	公司3	2019/2/16	2019		1987
6	公司1	2018/10/31	2018		4197
7	公司1	2018/11/19	2018		2380
8	公司1	2018/12/17	2018		1959
9	公司3	2018/11/21	2018		4406
10	公司3	2018/11/11	2018		3226
11	公司1	2018/12/26	2018		2279
12	公司1	2019/2/13	2019		2400
13	公司1	2019/2/15	2019		4314
14	公司2	2018/10/7	2018		4228
15	公司2	2019/1/14	2019		4313
16	公司2	2018/11/24	2018		3278
17	公司1	2018/10/7	2018		2003
18	公司1	2019/2/18	2019		3829
19	公司3	2018/12/17	2018		1821
20	公司1	2019/3/1	2019		2607

D2		fx	=MONTH(B2)

	A	B	C	D	E
1	公司名称	交费时间	所属年度	所属月份	金额
2	公司3	2018/11/17	2018	11	3067
3	公司2	2019/3/2	2019	3	4613
4	公司2	2019/3/20	2019	3	3200
5	公司3	2019/2/16	2019	2	1987
6	公司1	2018/10/31	2018	10	4197
7	公司1	2018/11/19	2018	11	2380
8	公司1	2018/12/17	2018	12	1959
9	公司3	2018/11/21	2018	11	4406
10	公司3	2018/11/11	2018	11	3226
11	公司1	2018/12/26	2018	12	2279
12	公司1	2019/2/13	2019	2	2400
13	公司1	2019/2/15	2019	2	4314
14	公司2	2018/10/7	2018	10	4228
15	公司2	2019/1/14	2019	1	4313
16	公司2	2018/11/24	2018	11	3278
17	公司1	2018/10/7	2018	10	2003
18	公司1	2019/2/18	2019	2	3829
19	公司3	2018/12/17	2018	12	1821
20	公司1	2019/3/1	2019	3	2607

图 10-26　使用公式提取交费时间中的年份　　　图 10-27　使用公式提取交费时间中的月份

交叉参考：有关 YEAR 和 MONTH 函数的详细内容，请参考本书第 3 章。

10.2.2　使用数据透视表创建收费统计表

以 10.2.1 节的收费记录表为基础，使用数据透视表创建收费统计表的操作步骤如下：

（1）单击收费记录表的数据区域中的任意一个单元格，然后在功能区"插入"|"表格"组中单击"数据透视表"按钮，如图 10-28 所示。

图 10-28　单击"数据透视表"按钮

（2）打开"创建数据透视表"对话框，在"表 / 区域"文本框中会自动填入整个数据区域，如图 10-29 所示。

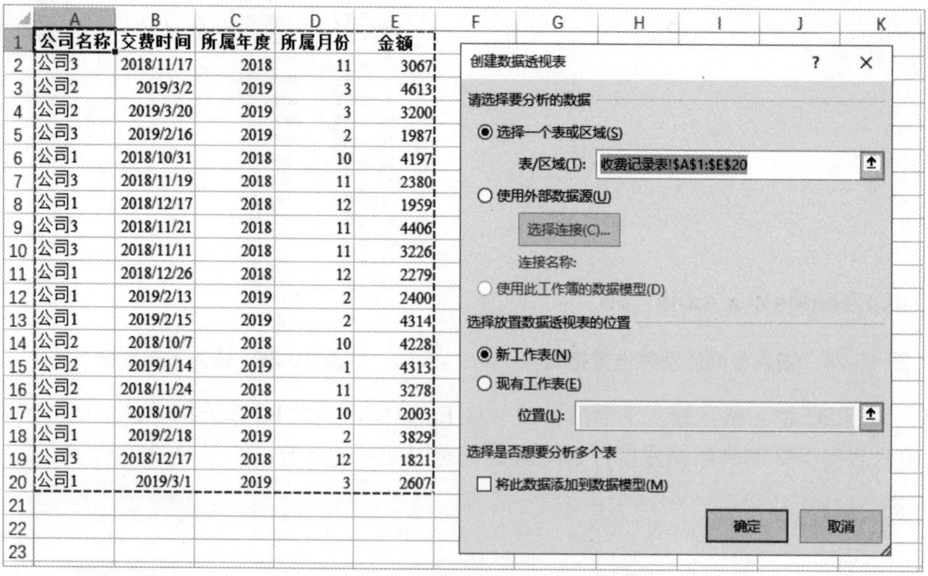

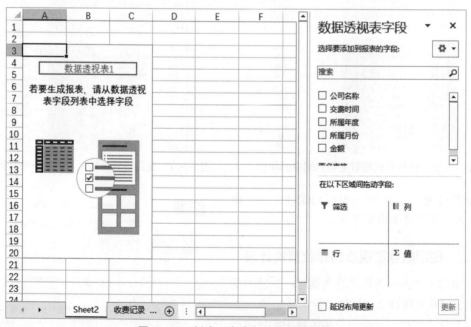

图 10-29 "创建数据透视表"对话框

（3）无须做任何更改，直接单击"确定"按钮，将在一个新建的工作表中创建一个空白的数据透视表，并打开"数据透视表字段"窗格，如图 10-30 所示。

图 10-30 创建一个空白的数据透视表

（4）对字段进行以下布局，结果如图 10-31 所示。

- 将"公司名称"字段移动到行区域。
- 将"所属年度"和"所属月份"字段移动到列区域。

● 将"金额"字段移动到值区域。

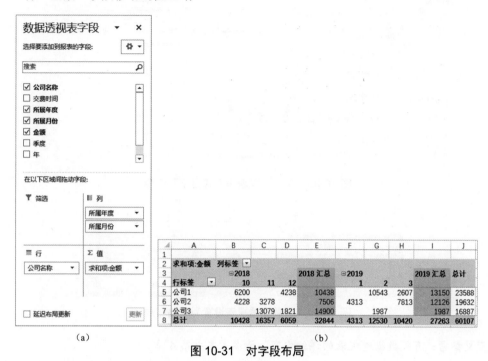

（a）　　　　　　　　　　　　　　　　　　　　（b）

图 10-31　对字段布局

（5）右击数据透视表中的任意一个单元格，在弹出的快捷菜单中单击"分类汇总'所属年度'"命令，隐藏年度的汇总数据，如图 10-32 所示。

图 10-32　单击"分类汇总'所属年度'"命令

（6）在功能区"数据透视表工具"|"设计"|"布局"组中单击"报表布局"按钮，在下拉菜单中单击"以表格形式显示"命令，如图 10-33 所示。

（7）将数据透视表设置为表格布局，该数据透视表展示了各公司在 2018 年 10 ～ 12 月，以及 2019 年 1 ～ 3 月的交费记录，还对各公司所有时间，以及同一时间所有公司的交费进行了汇总求和，如图 10-34 所示。

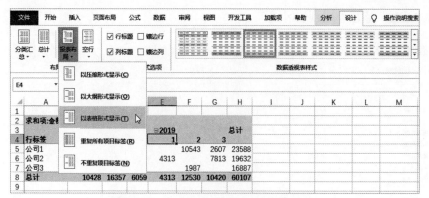

图 10-33 单击"以表格形式显示"命令

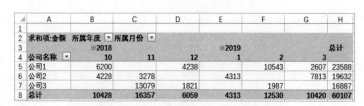

图 10-34 将数据透视表设置为表格布局

交叉参考：有关数据透视表的详细内容，请参考本书第 4 章。

第11章
往来账分析

往来账分析是每个财务人员都要进行的财务活动。往来账分析的主要任务是对不同账户的账龄进行分析，以便于企业根据账龄时间的长短来采取不同的应对策略，减少企业的经济损失。本章将介绍使用 Excel 中的筛选功能，以及公式和函数对往来账进行分析的方法。

11.1 往来账的基本分析

本节主要介绍通过 Excel 中的筛选功能，对特定时间段内的往来账进行分析。在分析之前，需要先创建往来账数据表。

11.1.1 创建往来账数据表

创建往来账数据表的操作步骤如下：

（1）新建一个 Excel 工作簿，双击 Sheet1 工作表标签，输入"往来账数据表"，然后按 Enter 键确认。

（2）在 A1 单元格中输入"截止日期"，在 B1 单元格中输入截止日期，如输入"2019/6/30"，如图 11-1 所示。

图 11-1 输入往来账统计的截止日期

（3）在 A3:D3 单元格区域中输入各列的标题，然后同时选择该区域，以及 A1 和 B1 单元格，为它们设置加粗和居中对齐，如图 11-2 所示。

（4）单击任意一个单元格，取消上一步中的选区。然后将光标指向 C、D 两列之间的分隔线，当光标变为左右箭头时双击，自动根据内容的多少调整 C 列的宽度。

（5）在 A ～ C 列输入往来账的基础数据，然后单击 D4 单元格，输入下面的公式并按 Enter 键，计算出第一个公司的账龄，如图 11-3 所示。

```
=DATEDIF(C4,$B$1,"m")
```

图 11-2　为标题设置加粗和居中对齐

交叉参考：有关 DATEDIF 函数的详细内容，请参考本书第 3 章。

（6）将光标指向 D4 单元格的右下角填充柄，当光标变为十字形时双击，将 D4 单元格中的公式向下复制到数据区域结尾对应的 D 列单元格，本例为 D23，如图 11-4 所示。

图 11-3　计算第一个公司的账龄　　　　图 11-4　通过复制公式自动计算其他公司的账龄

11.1.2　使用筛选功能对往来账进行分析

利用 Excel 中的筛选功能，可以非常方便地查看往来账中符合条件的数据。以 11.1 节的往来账数据表为基础，假设要查看账龄在一年以上的往来账记录，操作步骤如下：

（1）单击 A3:D23 区域中的任意一个单元格，然后在功能区"数据"|"排序和筛选"组中单击"筛选"按钮，进入筛选模式。

（2）单击"月数"标题右侧的下拉按钮，在打开的列表中单击"数字筛选"|"大于"命令，如图 11-5 所示。

（3）打开"自定义自动筛选方式"对话框，第一行的第一个文本框自动设置为"大于"，在其右侧的文本框中输入"12"，如图 11-6 所示。

交叉参考：有关筛选功能的详细内容，请参考本书第 4 章。

（4）单击"确定"按钮，将只显示"月数"列中大于 12（即一年以上）的往来账记录，如图 11-7 所示。

图 11-5　单击"数字筛选"中的"大于"命令

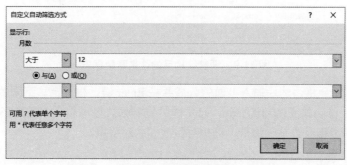

图 11-6　设置筛选条件

（5）在 A24 单元格中输入"合计"，然后单击 B24 单元格，输入下面的公式并按 Enter 键，计算在当前筛选状态下的所有期末余额总和，如图 11-8 所示。

```
=SUBTOTAL(9,B4:B23)
```

⿰	A	B	C	D
1	截止日期	2019/6/30		
2				
3	公司名▼	期末余▼	末笔交易日▼	月数⊤
4	公司1	3900	2016/1/18	41
5	公司2	17700	2016/2/16	40
6	公司3	16600	2016/7/5	35
7	公司4	18200	2016/9/2	33
8	公司5	11500	2017/3/18	27
9	公司6	13700	2017/8/20	22
10	公司7	6300	2017/9/21	21
11	公司8	8800	2017/11/3	19
12	公司9	5900	2018/3/7	15
13	公司10	17500	2018/3/13	15
14	公司11	4500	2018/5/17	13

图 11-7　查看账龄在一年以上的往来账记录

B24		⋮	× ✓ fx	=SUBTOTAL(9,B4:B23)	
⿰	A	B	C	D	E
1	截止日期	2019/6/30			
2					
3	公司名▼	期末余▼	末笔交易日▼	月数⊤	
4	公司1	3900	2016/1/18	41	
5	公司2	17700	2016/2/16	40	
6	公司3	16600	2016/7/5	35	
7	公司4	18200	2016/9/2	33	
8	公司5	11500	2017/3/18	27	
9	公司6	13700	2017/8/20	22	
10	公司7	6300	2017/9/21	21	
11	公司8	8800	2017/11/3	19	
12	公司9	5900	2018/3/7	15	
13	公司10	17500	2018/3/13	15	
14	公司11	4500	2018/5/17	13	
24	合计	124600			

图 11-8　计算筛选状态下的所有期末余额总和

交叉参考：有关 SUBTOTAL 函数的详细内容，请参考本书第 3 章。

11.2　账龄统计

本节将按不同的时间间隔对往来账的账龄进行分段处理，从而可以清晰显示处于不同账龄区间中的往来账情况，操作步骤如下：

（1）以 11.1.2 节的往来账数据表为基础，对该表的格式稍加修改，结果如图 11-9 所示。

	A	B	C	D	E	F	G
1	截止日期	2019/6/30	上限天数	30天	180天	365天	1825天
2			下限天数	0天	30天	180天	365天
3	公司名称	期末余额	末笔交易日期	金额	金额	金额	金额
4	公司1	3900	2016/1/18				
5	公司2	17700	2016/2/16				
6	公司3	16600	2016/7/5				
7	公司4	18200	2016/9/2				
8	公司5	11500	2017/3/18				
9	公司6	13700	2017/8/20				
10	公司7	6300	2017/9/21				
11	公司8	8800	2017/11/3				
12	公司9	5900	2018/3/7				
13	公司10	17500	2018/3/13				
14	公司11	4500	2018/5/17				
15	公司12	10800	2018/6/15				
16	公司13	7800	2018/7/13				
17	公司14	19700	2018/9/6				
18	公司15	8600	2018/12/27				
19	公司16	8300	2019/2/6				
20	公司17	19300	2019/3/21				
21	公司18	18200	2019/5/17				
22	公司19	3500	2019/6/12				
23	公司20	7500	2019/6/25				
24	合计						

图 11-9　调整结构后的往来账数据表

（2）单击 D4 单元格，然后输入下面的公式并按 Enter 键，根据上、下限的天数，计算出第一个账龄区间的金额，如图 11-10 所示。为了通过复制公式自动得到其他账龄区间的金额，需要注意公式中为单元格设置正确的行、列相对引用和绝对引用。

```
=IF(AND($B$1-$C4>=--LEFT(D$2,LEN(D$2)-1),$B$1-$C4<--LEFT(D$1,LEN(D$1)-1)),$B4,"")
```

D4			fx	=IF(AND($B$1-$C4>=--LEFT(D$2,LEN(D$2)-1),$B$1-$C4<--LEFT(D$1,LEN(D$1)-1)),$B4,"")						
	A	B	C	D	E	F	G	H	I	J	K
1	截止日期	2019/6/30	上限天数	30天	180天	365天	1825天			
2			下限天数	0天	30天	180天	365天			
3	公司名称	期末余额	末笔交易日期	金额	金额	金额	金额			
4	公司1	3900	2016/1/18							
5	公司2	17700	2016/2/16							

图 11-10　计算第一个公司在第一个账龄区间的金额

公式说明：由于 D1:G2 单元格区域中的天数都包含"天"字，因此，在参与计算时需要提取"天"字左侧的数字。由于"天"字的长度为 1，因此，可以使用 LEN(D$2)-1 得到"天"字左侧的数字长度，然后使用 LEFT 函数提取该长度的数字。由于 LEFT 函数的返回值是文本类型，因此使用负负"--"将其转换为数值类型。

交叉参考：有关 IF、LEFT 和 LEN 函数的详细内容，请参考本书第 3 章。

（3）将光标指向 D4 单元格的右下角填充柄，当光标变为十字形时向右拖动填充柄，将 D4 单元格中的公式复制到 G4 单元格，计算出第一个公司位于其他账龄区间的金额，如图 11-11 所示。

（4）选择 D4:G4 单元格区域，然后向下拖动 G4 单元格右下角的填充柄，将这 4 个单元格中的公式复制到 D23:G23，计算出其他公司位于各个账龄区间的金额，如图 11-12 所示。

图 11-11　计算第一个公司位于其他账龄区间的金额

D4 单元格公式：`=IF(AND($B$1-$C4>=--LEFT(D$2,LEN(D$2)-1),$B$1-$C4<--LEFT(D$1,LEN(D$1)-1)),$B4,"")`

图 11-12　计算其他公司位于各个账龄区间的金额

（5）单击 B24 单元格，然后输入下面的公式并按 Enter 键，计算出所有公司期末余额的总和，如图 11-13 所示。

```
=SUM(B4:B23)
```

图 11-13　计算所有公司期末余额的总和

交叉参考：有关 SUM 函数的详细内容，请参考本书第 3 章。

（6）将光标指向 B24 单元格的右下角填充柄，当光标变为十字形时向右拖动，将 B24 单元格中的公式复制到 G24 单元格，计算出位于各个账龄区间中的金额总和，最后将 C24 单元格中的公式删除，如图 11-14 所示。

	A	B	C	D	E	F	G
1	截止日期	2019/6/30	上限天数	30天	180天	365天	1825天
2			下限天数	0天	30天	180天	365天
3	公司名称	期末余额	末笔交易日期	金额	金额	金额	金额
4	公司1	3900	2016/1/18				3900
5	公司2	17700	2016/2/16				17700
6	公司3	16600	2016/7/5				16600
7	公司4	18200	2016/9/2				18200
8	公司5	11500	2017/3/18				11500
9	公司6	13700	2017/8/20				13700
10	公司7	6300	2017/9/21				6300
11	公司8	8800	2017/11/3				8800
12	公司9	5900	2018/3/7				5900
13	公司10	17500	2018/3/13				17500
14	公司11	4500	2018/5/17				4500
15	公司12	10800	2018/6/15				10800
16	公司13	7800	2018/7/13			7800	
17	公司14	19700	2018/9/6			19700	
18	公司15	8600	2018/12/27			8600	
19	公司16	8300	2019/2/6		8300		
20	公司17	19300	2019/3/21		19300		
21	公司18	18200	2019/5/17		18200		
22	公司19	3500	2019/6/12	3500			
23	公司20	7500	2019/6/25	7500			
24	合计	228300		11000	45800	36100	135400

图 11-14　制作完成的账龄统计表

公式中的 AND 函数用于判断多个条件是否同时成立，如果所有参数都为逻辑值 TRUE，AND 函数将返回 TRUE，只要其中一个参数为逻辑值 FALSE，AND 函数就返回 FALSE，语法如下：

```
AND(logical1,[logical2],…)
```

- logical1（必选）：要测试的第 1 个条件。
- logical2,…（可选）：要测试的第 2 ～ 255 个条件。

第 12 章
投资决策

本章将介绍使用 Excel 中的公式和函数，对投资决策中的投资现值、投资终值、等额还款和投资回收期等常用参数进行计算的方法，这些参数反映项目投资获利的能力。

12.1　计算投资现值、终值和等额还款

企业在做投资决策分析时，需要计算和分析项目的投入和预计回报，包括对投资现值、投资终值、等额还款等指标的计算。通过 Excel 中的财务函数，可以使计算过程变得更加容易。

12.1.1　计算投资现值

计算投资现值的操作步骤如下：

（1）新建一个 Excel 工作簿，双击 Sheet1 工作表标签，输入"投资现值"，然后按 Enter 键确认。

（2）单击 A1 单元格，然后输入"计算投资现值"并按 Enter 键，如图 12-1 所示。

（3）选择 A1 和 B1 单元格，然后在功能区"开始"|"对齐方式"组中单击"合并后居中"按钮，将这两个单元格合并到一起，如图 12-2 所示。

图 12-1　输入标题

图 12-2　合并 A1 和 B1 单元格

（4）在 A2:A5 单元格区域中依次输入各行的标题，然后将光标指向 A、B 两列之间的分隔线，当光标变为左右箭头时双击，自动调整 A 列的宽度，如图 12-3 所示。

（5）将 A1 单元格设置为加粗字体，然后在 B2、B3、B4 单元格中输入要计算的基础数据，如图 12-4 所示。

图 12-3　输入各行的标题

图 12-4　输入基础数据

（6）单击 B2 单元格，然后在功能区"开始"|"数字"组中打开"数字格式"下拉列表中，从中选择"货币"选项，如图 12-5 所示。

图 12-5　将每月投资额设置为货币格式

（7）单击 B4 单元格，按 Ctrl+1 组合键打开"设置单元格格式"对话框，在"数字"选项卡的"类别"列表框中选择"自定义"，然后在右侧"类型"文本框中输入下面的数字格式代码，如图 12-6 所示。

```
0"年"
```

图 12-6　自定义设置投资年限的显示方式

（8）单击“确定”按钮，为 B2 和 B4 单元格设置数字格式后的效果如图 12-7 所示。

（9）单击 B5 单元格，输入下面的公式并按 Enter 键，计算出投资现值，如图 12-8 所示。由于每月投资额属于现金流出，因此在公式中应该为 B2 单元格添加负号。

```
=PV(B3/12,B4*12,-B2,,0)
```

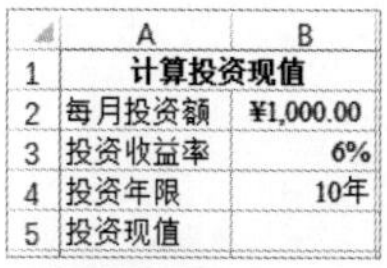

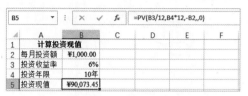

	A	B
1	计算投资现值	
2	每月投资额	¥1,000.00
3	投资收益率	6%
4	投资年限	10年
5	投资现值	

图 12-7　设置数字格式后的效果

	A	B	C	D	E	F
1	计算投资现值					
2	每月投资额	¥1,000.00				
3	投资收益率	6%				
4	投资年限	10年				
5	投资现值	¥90,073.45				

图 12-8　计算投资现值

交叉参考：有关 PV 函数的详细内容，请参考本书第 3 章。

12.1.2　计算投资终值

计算投资终值的操作步骤如下：

（1）将 12.1.1 节制作完成的“投资现值”工作表所在的工作簿，另存为“计算投资终值”名称的工作簿，然后将另存后的工作簿中的工作表的名称修改为“投资终值”。

（2）在“投资终值”工作表中单击 A1 单元格，然后将其中的名称修改为“计算投资终值”，如图 12-9 所示。

（3）将 A2:A5 单元格区域中的内容修改为“各期应付金额”“年利率”“付款期数”和“投资终值”。然后将光标指向 A、B 两列之间的分隔线，当光标变为左右箭头时双击，自动调整 A 列的宽度，如图 12-10 所示。

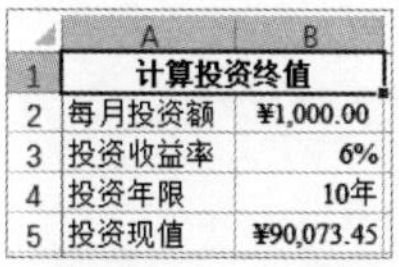

	A	B
1	计算投资终值	
2	每月投资额	¥1,000.00
3	投资收益率	6%
4	投资年限	10年
5	投资现值	¥90,073.45

图 12-9　修改 A1 单元格中的内容

	A	B
1	计算投资终值	
2	各期应付金额	¥1,000.00
3	年利率	6%
4	付款期数	10年
5	投资终值	¥90,073.45

图 12-10　修改各行的标题

（4）将 B2、B3 和 B4 单元格中的内容修改为 1 500、8% 和 36（以“月”为单位），并删除 B5 单元格中的内容，如图 12-11 所示。

	A	B
1	计算投资终值	
2	各期应付金额	¥1,500.00
3	年利率	8%
4	付款期数	36年
5	投资终值	

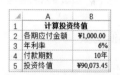

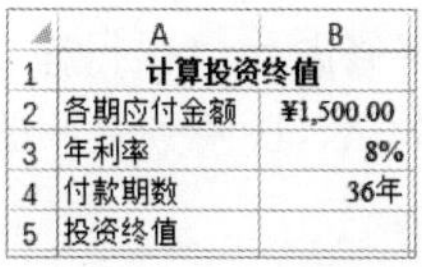

图 12-11　输入基础数据

（5）单击 B4 单元格，然后在功能区“开始”|“数字”组中打开“数字格式”下拉列表，从中选择“常规”，如图 12-12 所示。

（6）单击 B5 单元格，输入下面的公式并按 Enter 键，计算出投资终值，如图 12-13 所示。由于各期应付金额属于现金流出，因此在公式中应该为 B2 单元格添加负号。而 B4 单元格中的付款期数是以“月”为单位，因此公式中的 B4 不需要乘以 12。

```
=FV(B3/12,B4,-B2,,0)
```

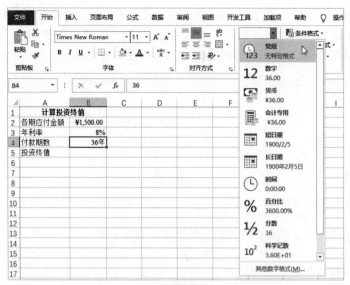

图 12-12　将付款期数设置为常规格式

图 12-13　计算投资终值

交叉参考：有关 FV 函数的详细内容，请参考本书第 3 章。

12.1.3　计算等额还款

计算等额还款的操作步骤如下：

（1）将 12.1.2 节制作完成的"投资终值"工作表所在的工作簿，另存为"计算等额还款"名称的工作簿，然后将另存后的工作簿中的工作表名称修改为"等额还款"。

（2）在"等额还款"工作表中单击 A1 单元格，然后将其中的名称修改为"计算等额还款"，如图 12-14 所示。

（3）将 A2:A5 单元格区域中的内容修改为"银行按揭贷款额""年利率""计划支付总月份数"和"每月还款额"。然后将光标指向 A、B 两列之间的分隔线，当光标变为左右箭头时双击，自动调整 A 列的宽度，如图 12-15 所示。

图 12-14　修改 A1 单元格中的内容　　　　图 12-15　修改各行的标题

（4）将 B2、B3 和 B4 单元格中的内容修改为所需的数据，如 300 000、5% 和 360（以"月"为单位），并删除 B5 单元格中的内容，如图 12-16 所示。

（5）单击 B5 单元格，输入下面的公式并按 Enter 键，计算出每月还款额，如图 12-17 所示。

由于每月还款额属于现金流出，因此计算结果为负数。由于银行按揭贷款额属于现金流入，因此在公式中不需要为 B2 单元格添加负号。

```
=PMT(B3/12,B4,B2)
```

	A	B
1	计算等额还款	
2	银行按揭还款额	¥300,000.00
3	年利率	5%
4	计划支付总月份数	360
5	每月还款额	

图 12-16　输入基础数据

B5　=PMT(B3/12,B4,B2)

	A	B	C	D
1	计算等额还款			
2	银行按揭还款额	¥300,000.00		
3	年利率	5%		
4	计划支付总月份数	360		
5	每月还款额	¥-1,610.46		

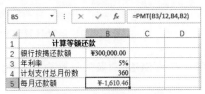

图 12-17　计算每月还款额

交叉参考：有关 PMT 函数的详细内容，请参考本书第 3 章。

12.2　计算累计净现金流量和投资回收期

在投资任何一个项目时，从投资到产出回报和收益都需要一个过程，这个过程的时间长短称为投资回收期。投资人最关心的指标是回收期，该指标直接影响投资人做出的决策。本节首先输入年净现金流量，然后利用公式和函数计算投资回收期。

投资回收期由投资回收期整数年和投资回收期小数年两部分组成，其中的整数年是累计净现金流量由负值变为正值的年份，小数年使用下面的公式计算，公式中的 -1 是确保投资回收期小数年是正数。

```
投资回收期以前年份累计净现金流量×(-1/投资回收期当年净现金流量)
```

12.2.1　计算累计净现金流量

计算累计净现金流量的操作步骤如下：

（1）新建一个 Excel 工作簿，双击 Sheet1 工作表标签，输入“投资回收期”，然后按 Enter 键确认。

（2）在 A1:A3 单元格区域中输入各行的标题，然后输入“年度”和“年净现金流量”的数据，如图 12-18 所示。

	A	B	C	D	E	F	G	H	I	J
1	年度	2010	2011	2012	2013	2014	2015	2016	2017	2018
2	年净现金流量	-100000	15000	20000	13000	30000	26000	10000	12000	28000
3	累计净现金流量									

图 12-18　输入基础数据

（3）单击 B3 单元格，输入下面的公式并按 Enter 键，计算出第一个年度的累计净现金流量，如图 12-19 所示。由于第一个年度只有它自己参与计算，因此计算结果与该年度的年净现金流量相同。

```
=SUM($B$2:B2)
```

	A	B	C	D	E	F	G	H	I	J
1	年度	2010	2011	2012	2013	2014	2015	2016	2017	2018
2	年净现金流量	-100000	15000	20000	13000	30000	26000	10000	12000	28000
3	累计净现金流量	-100000								

图 12-19　计算第一个累计净现金流量

（4）将光标指向 B3 单元格右下角的填充柄，当光标变为十字形时按住鼠标左键并向右拖动，将公式复制到 J3 单元格，自动计算出其他年度的累计净现金流量，如图 12-20 所示。

	A	B	C	D	E	F	G	H	I	J
1	年度	2010	2011	2012	2013	2014	2015	2016	2017	2018
2	年净现金流量	-100000	15000	20000	13000	30000	26000	10000	12000	28000
3	累计净现金流量	-100000	-85000	-65000	-52000	-22000	4000	14000	26000	54000

图 12-20　自动计算其他年度的累计净现金流量

交叉参考：有关 SUM 函数的详细内容，请参考本书第 3 章。

12.2.2　计算投资回收期

以 12.2.1 节制作完成的"投资回收期"工作表为基础，计算投资回收期的操作步骤如下：

（1）在"投资回收期"工作表的 A5:A7 单元格区域中输入"整数年""小数年"和"投资回收期"，如图 12-21 所示。

	A	B	C	D	E	F	G	H	I	J
1	年度	2010	2011	2012	2013	2014	2015	2016	2017	2018
2	年净现金流量	20000	-15000	30000	-10000	25000	-18000	-13000	28000	-12000
3	累计净现金流量	20000	5000	35000	25000	50000	32000	19000	47000	35000
4										
5	整数年									
6	小数年									
7	投资回收期									

图 12-21　输入基础数据

（2）单击 B5 单元格，输入下面的公式并按 Enter 键，计算出投资回收期的整数年，如图 12-22 所示。

```
=MATCH(0,B3:J3,1)
```

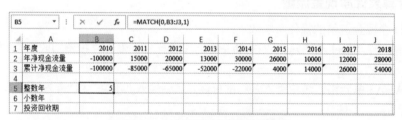

图 12-22　计算投资回收期的整数年

（3）单击 B6 单元格，输入下面的公式并按 Enter 键，计算出投资回收期的小数年，如图 12-23 所示。

```
=INDEX(B3:J3,MATCH(0,B3:J3,1))*-1/INDEX(B2:J2,MATCH(0,B3:J3,1)+1)
```

B6		× ✓ fx	=INDEX(B3:J3,MATCH(0,B3:J3,1))*-1/INDEX(B2:J2,MATCH(0,B3:J3,1)+1)							
	A	B	C	D	E	F	G	H	I	J
1	年度	2010	2011	2012	2013	2014	2015	2016	2017	2018
2	年净现金流量	-100000	15000	20000	13000	30000	26000	10000	12000	28000
3	累计净现金流量	-100000	-85000	-65000	-52000	-22000	4000	14000	26000	54000
4										
5	整数年	5								
6	小数年	0.8461538								
7	投资回收期									

图 12-23　计算投资回收期的小数年

　　公式说明：INDEX(B3:J3,MATCH(0,B3:J3,1)) 部分用于计算投资回收期整数年所对应的累计净现金流量，INDEX(B2:J2,MATCH(0,B3:J3,1)+1) 部分用于计算下一年的年净现金流量。如果换个角度看，将 INDEX(B2:J2,MATCH(0,B3:J3,1)+1) 部分视为当年的年净现金流量，那么 INDEX(B3:J3,MATCH(0,B3:J3,1)) 部分就是投资回收期以前年份累计净现金流量，这样就正好符合投资回收期的计算公式中对各个参数的要求。

　　交叉参考：有关 MATCH 和 INDEX 函数的详细内容，请参考本书第 3 章。

　　（4）单击 B7 单元格，输入下面的公式并按 Enter 键，计算出投资回收期的完整时间，如图 12-24 所示。

```
=B5+B6
```

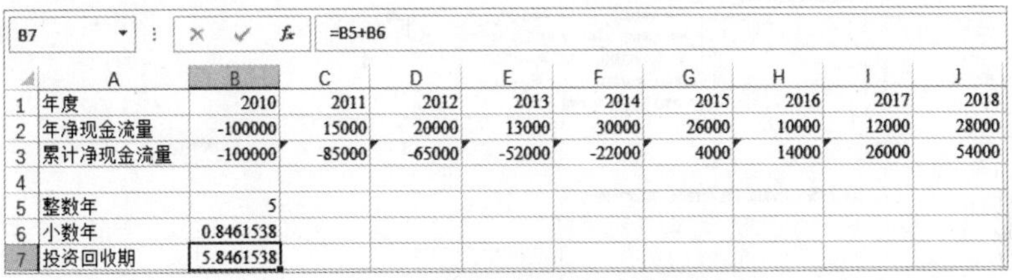

图 12-24　计算投资回收期的完整时间

　　（5）选择 B5 单元格区域，按 Ctrl+1 组合键打开"设置单元格格式"对话框，在"数字"选项卡的"分类"列表框中选择"自定义"，然后在右侧的"类型"文本框中输入下面的数字格式代码，如图 12-25 所示。

```
0"年"
```

图 12-25　设置整数年的数字格式

　　（6）单击"确定"按钮完成设置。选择 B6 和 B7 单元格，再次打开"设置单元格格式"对话框，在"数字"选项卡的"分类"列表框中选择"自定义"，然后在右侧的"类型"文本框中输入下面的数字格式代码，如图 12-26 所示。

```
0.00"年"
```

图 12-26　设置小数年的数字格式

（7）单击"确定"按钮，设置后的年份的显示效果如图 12-27 所示。

⏴	A	B	C	D	E	F	G	H	I	J
1	年度	2010	2011	2012	2013	2014	2015	2016	2017	2018
2	年净现金流量	-100000	15000	20000	13000	30000	26000	10000	12000	28000
3	累计净现金流量	-100000	-85000	-65000	-52000	-22000	4000	14000	26000	54000
4										
5	整数年	5年								
6	小数年	0.85年								
7	投资回收期	5.85年								

图 12-27　设置数字格式后的年份显示方式

交叉参考：有关设置数字格式的详细内容，请参考本书第 2 章。

附录
Excel 快捷键和组合键

本部分列出了 Excel 中可以使用的快捷键和组合键，不止一个按键时，各按键之间以 + 号相连。

附表 1　工作簿基本操作

快捷键和组合键	功　能
F10	打开或关闭功能区命令的按键提示
F12	打开"另存为"对话框
Ctrl+F1	显示或隐藏功能区
Ctrl+F4	关闭选定的工作簿窗口
Ctrl+F5	恢复选定工作簿窗口的大小
Ctrl+F6	切换到下一个工作簿窗口
Ctrl+F7	使用方向键移动工作簿窗口
Ctrl+F8	调整工作簿窗口大小
Ctrl+F9	最小化工作簿窗口
Ctrl+N	创建一个新的空白工作簿
Ctrl+O	打开"打开"对话框
Ctrl+S	保存工作簿
Ctrl+W	关闭选定的工作簿窗口
Ctrl+F10	最大化或还原选定的工作簿窗口

附表 2　在工作表中移动和选择

快捷键和组合键	功　能
Tab	在工作表中向右移动一个单元格
Enter	默认向下移动单元格，可在"Excel 选项"对话框的"高级"选项卡中设置

续表

快捷键和组合键	功　能
Shift+Tab	移到工作表中的前一个单元格
Shift+Enter	向上移动单元格
方向键	在工作表中向上、下、左、右移动单元格
Ctrl+ 方向键	移到数据区域的边缘
Ctrl+ 空格键	选择工作表中的整列
Shift+ 方向键	将单元格的选定范围扩大一个单元格
Shift+ 空格键	选择工作表中的整行
Ctrl+A	选择整个工作表。如果工作表包含数据，则选择当前区域 当插入点位于公式中某个函数名称的右边，将打开"函数参数"对话框
Ctrl+Shift+ 空格键	选择整个工作表。如果工作表中包含数据，则选择当前区域 当某个对象处于选定状态时，选择工作表上的所有对象
Ctrl+Shift+ 方向键	将单元格的选定范围扩展到活动单元格所在列或行中的最后一个非空单元格。如果下一个单元格为空，则将选定范围扩展到下一个非空单元格
Home	移到行首；当 Scroll Lock 处于开启状态时，移到窗口左上角的单元格
End	当 Scroll Lock 处于开启状态时，移动到窗口右下角的单元格
PageUp	在工作表中上移一个屏幕
PageDown	在工作表中下移一个屏幕
Alt+PageUp	在工作表中向左移动一个屏幕
Alt+PageDown	在工作表中向右移动一个屏幕
Ctrl+End	移动到工作表中的最后一个单元格
Ctrl+Home	移到工作表的开头
Ctrl+PageUp	移到工作簿中的上一个工作表
Ctrl+PageDown	移到工作簿中的下一个工作表
Ctrl+Shift+*	选择环绕活动单元格的当前区域。在数据透视表中选择整个数据透视表
Ctrl+Shift+End	将单元格选定区域扩展到工作表中所使用的右下角的最后一个单元格
Ctrl+Shift+Home	将单元格的选定范围扩展到工作表的开头
Ctrl+Shift+PageUp	选择工作簿中的当前和上一个工作表
Ctrl+Shift+PageDown	选择工作簿中的当前和下一个工作表

附表3　在工作表中编辑

快捷键和组合键	功　能
Esc	取消单元格或编辑栏中的输入
Delete	在公式栏中删除光标右侧的一个字符
Backspace	在公式栏中删除光标左侧的一个字符
F2	进入单元格编辑状态
F3	打开"粘贴名称"对话框

快捷键和组合键	功　　能
F4	重复上一个命令或操作
F5	打开"定位"对话框
F8	打开或关闭扩展模式
F9	计算所有打开的工作簿中的所有工作表
F11	创建当前范围内数据的图表
Ctrl+'	将公式从活动单元格上方的单元格复制到单元格或编辑栏中
Ctrl+;	输入当前日期
Ctrl+`	在工作表中切换显示单元格值和公式
Ctrl+0	隐藏选定的列
Ctrl+6	在隐藏对象、显示对象和显示对象占位符之间切换
Ctrl+8	显示或隐藏大纲符号
Ctrl+9	隐藏选定的行
Ctrl+C	复制选定的单元格。连续按两次 Ctrl+C 组合键将打开 Office 剪贴板
Ctrl+D	使用"向下填充"命令，将选定范围内最顶层单元格的内容和格式复制到下面的单元格中
Ctrl+F	打开"查找和替换"对话框的"查找"选项卡
Ctrl+G	打开"查找和替换"对话框的"定位"选项卡
Ctrl+H	打开"查找和替换"对话框的"替换"选项卡
Ctrl+K	打开"插入超链接"对话框或为现有超链接打开"编辑超链接"对话框
Ctrl+R	使用"向右填充"命令，将选定范围最左边单元格的内容和格式复制到右边的单元格中
Ctrl+T	打开"创建表"对话框
Ctrl+V	粘贴已复制的内容
Ctrl+X	剪切选定的单元格
Ctrl+Y	重复上一个命令或操作
Ctrl+Z	撤销上一个命令或删除最后键入的内容
Ctrl+F2	打开打印面板
Ctrl+ 减号	打开用于删除选定单元格的"删除"对话框
Ctrl+Enter	使用当前内容填充选定的单元格区域
Alt+F8	打开"宏"对话框
Alt+F11	打开 Visual Basic 编辑器
Alt+Enter	在同一单元格中另起一个新行，即在一个单元格中换行输入
Shift+F2	添加或编辑单元格批注
Shift+F4	重复上一次查找操作
Shift+F5	打开"查找和替换"对话框的"查找"选项卡

快捷键和组合键	功　能
Shift+F8	使用方向键将非邻近单元格或区域添加到单元格的选定范围中
Shift+F9	计算活动工作表
Shift+F11	插入一个新工作表
Ctrl+Alt+F9	计算所有打开的工作簿中的所有工作表
Ctrl+Shift+"	将值从活动单元格上方的单元格复制到单元格或编辑栏中
Ctrl+Shift+(	取消隐藏选定范围内所有隐藏的行
Ctrl+Shift+)	取消隐藏选定范围内所有隐藏的列
Ctrl+Shift+A	当插入点位于公式中某个函数名称的右边时，将会插入参数名称和括号
Ctrl+Shift+U	在展开和折叠编辑栏之间切换
Ctrl+Shift+ 加号	打开用于插入空白单元格的"插入"对话框
Ctrl+Shift+;	输入当前时间

附表 4　在工作表中设置格式

快捷键和组合键	功　能
Ctrl+B	应用或取消加粗格式设置
Ctrl+I	应用或取消倾斜格式设置
Ctrl+U	应用或取消下画线
Ctrl+1	打开"设置单元格格式"对话框
Ctrl+2	应用或取消加粗格式设置
Ctrl+3	应用或取消倾斜格式设置
Ctrl+4	应用或取消下画线
Ctrl+5	应用或取消删除线
Ctrl+Shift+ ～	应用"常规"数字格式
Ctrl+Shift+!	应用带有千位分隔符且负数用负号表示的"货币"格式
Ctrl+Shift+%	应用不带小数位的"百分比"格式
Ctrl+Shift+^	应用带有两位小数的"指数"格式
Ctrl+Shift+#	应用带有日、月和年的"日期"格式
Ctrl+Shift+@	应用带有小时和分钟以及 AM 或 PM 的"时间"格式
Ctrl+Shift+&	对选定单元格设置外边框
Ctrl+Shift+_	删除选定单元格的外边框
Ctrl+Shift+F、Ctrl+Shift+P	打开"设置单元格格式"对话框并切换到"字体"选项卡